Landeskunde
Schlesien

von

Fedor Sommer
Königl. Präparandenanstalts-Vorsteher

Vierte, durchgesehene Auflage

Mit 91 Bildern und Karten im Text

Ferdinand Hirt
Königliche Universitäts- und Verlagsbuchhandlung
Breslau VI, Königsplatz 1
1913

© 1993 3. Auflage Aufstieg-Verlag, Landshut
REPRINT-AUSGABE
Erschienen 1987 im Aufstieg-Verlag, München
ISBN 3-7612-0063-3

Vorwort zur vierten Auflage.

Der Text des Buches hat in dieser neuen Auflage eine wesentliche Er=
weiterung erfahren, indem zu jedem Landschaftsbilde ein „Rückblick" hin=
zugefügt worden ist, der den unterrichtlichen Merkstoff kurz zusammenfaßt
und eine bessere Übersicht vermittelt.

Das Zahlenmaterial ist — soweit es angängig war — nach den
neuesten Ergebnissen abgeändert, vielfach aber mit großen Zahlen ab=
gerundet worden.

Die Zahl der Abbildungen ist erheblich vermehrt worden.

Ich lasse auch diesmal wieder das Büchlein mit dem Wunsche hinaus=
gehen, den ich im Vorwort zur dritten Auflage aussprach, und weise darauf
hin, daß demnächst von mir im Verlage von W a g n e r & D e b e s in
L e i p z i g ein h e i m a t k u n d l i c h e r A t l a s herausgegeben wird, der
als kartographische Ergänzung dieser Landeskunde anzusehen ist.

S t r i e g a u , im Oktober 1912.

F. Sommer.

Vorwort zur dritten Auflage.

Abgesehen davon, daß das Zahlenmaterial und die topographischen An=
gaben in dieser neuen Auflage des Buches sorgfältig durchgesehen und mit
den gegenwärtigen Zuständen in Übereinstimmung gebracht wurden, sind
auch einzelne Kapitel gänzlich umgearbeitet und erweitert worden. Es ge=
schah dies teils zur Vervollständigung, teils aber auch zu besserer Abrundung
und Vereinfachung sowie zum Zweck einer noch klareren Gliederung des
Stoffes. Diese Veränderungen betreffen einige Abschnitte aus dem Ka=
pitel „Bewohner", besonders aber die Abschnitte „Klima", „Pflanzenwelt"
und „Tierwelt".

Einige Abbildungen wurden als entbehrlich weggelassen, die Abb. 13
durch eine andere ersetzt; die Kartenskizze vom „Waldenburger Gebirge"
ist den übrigen Skizzen in der Art angeglichen worden.

Auch diesmal wiederhole ich die Bitte an alle Fachgenossen und Freunde
dieses Büchleins, durch geeignete Verbesserungsvorschläge seine Brauchbarkeit
erhöhen zu helfen, und sage auch an dieser Stelle dem Herrn Verleger
herzlichsten Dank für die vortreffliche, abermals reicher gestaltete Aus=
stattung des Werkchens.

S c h m i e d e b e r g i. R., im August 1906.

F. Sommer.

Aus dem Vorwort zur zweiten Auflage.

Indem der Verfasser dem Zuge der modernen Geographie-Methodik gefolgt ist, den geographischen Lehrstoff in abgerundeten „Landschaftsbildern" zu bieten, konnte er sich doch nicht entschließen, mit diesen „Landschaftsbildern" zu beginnen. Vielmehr hielt er es — wegen der besonderen Bestimmung dieses Buches — für geboten, zunächst eine Übersicht über das ganze Land zu vermitteln. Auch war es sein Bestreben, in diese Bilder nicht zu viel hineinzudrängen, weil ihn die Erfahrung gelehrt hat, daß gerade bei der Betrachtung Schlesiens dadurch Zusammengehöriges zu sehr auseinandergerissen und die Gesamtvorstellung vom Lande im Geiste des Schülers künstlich zerstückelt und zerfasert wird. So ist nur das in diese Schilderungen aufgenommen worden, was ein aufmerksamer und kundiger Wanderer in der Landschaft selbst ohne besondere Erkundigungen und Forschungen wahrnehmen kann, allerdings unter Hinzufügung der durch die Natur der Gegenden wesentlich mitbedingten g e s c h i c h t l i c h e n Ereignisse. Dagegen ist vorgezogen worden, Eingehenderes über Klima, Erzeugnisse und Volkskunde im Zusammenhange g e s o n d e r t zu behandeln.

Erklärungen technischer Ausdrücke wurden — um den Umfang des Buches zu beschränken — tunlichst vermieden. Zu ihrer Vermittelung ist ja der Lehrer da, und außerdem findet sich ein Anhalt dafür in einschlägigen andern Werken.

Dem Kundigen wird nicht entgehen, daß die Hauptquellen für dieses Büchlein die größeren Werke: P a r t s c h, Schlesien, und S c h r o l l e r, Schlesien, sind. Außer ihnen und der eigenen Landeskenntnis des Verfassers wurden noch fleißig benutzt: L e t z n e r, Führer ins Riesengebirge und in die Grafschaft Glatz — die „Bunten Bilder" des Pestalozzi-Vereins — alle erreichbaren K r e i s b e s c h r e i b u n g e n — K o r n s Handbuch von Schlesien — F i e k, Flora von Schlesien — S a c h s, Bodenschätze Schlesiens — und sämtliche neuesten H a n d e l s - und L a n d w i r t s c h a f t s k a m m e r - B e r i c h t e. Wörtliche Anführungen wurden auf ein Mindestmaß beschränkt.

Die neuen Pläne für Präparandenanstalt und Seminar weisen allein der ersteren die H e i m a t k u n d e und erst dem letzteren den Unterricht in G e o l o g i e zu. So sah sich der Verfasser zu einer Trennung der geologischen Voraussetzungen von den geographischen Erörterungen genötigt. Sie ist durch verschiedenen Druck angedeutet. Der Verfasser hofft, dem Seminarunterricht dadurch ein Hilfsmittel geboten zu haben, 1. die Behandlung der Gesteinshülle der Erde (die Erdgeschichte) an ein naheliegendes, bereits geographisch bekanntes Gebiet anlehnen und 2. das geographische Verständnis der Heimatprovinz nachträglich in der notwendigen Weise vertiefen und begründen zu können. Der geologischen Betrachtung liegen zugrunde: B e h r i c h u. a., Geognostische Karte Niederschlesiens in neun Blättern (Berlin, Schoop), R ö m e r, Geognostische Karte Oberschlesiens (ebenda), beide mit Text, G ü r i c h, Geologischer Führer ins Riesengebirge, und D a t h e, Geologische Karte der Umgebung Salzbrunns (mit Text).

Inhaltsübersicht.

A. Name, Lage, Grenzen, Größe und Bestandteile.

Der Name „Schlesien"

stammt wohl von dem germanischen Volksstamme der **Silinger** her[1]), die Ptolemäus im 2. Jahrhundert nach Christo als Bewohner unserer Provinz nennt. Dieser Stamm, zu dem suevischen Stamme der **Lugier** gehörig, zog während der Völkerwanderung nach Spanien und ging dort im Kampfe mit den Westgoten unter (418). An die Silinger erinnerte später der Name der Lohe, deren Tal noch im 13. Jahrhundert **Slenza** hieß, und der des Zobten, der bis ins 15. Jahrhundert **Slenz** („z" als sanftes „s" zu sprechen) genannt wurde. Im 9. Jahrhundert werden ein Gau **Slenzane**, ein Gau **Boberane** (am Bober), ein Gau **Dedosesi** (zwischen Oder und Bober) und ein Gau **Opole** (das heutige Oppeln) angeführt. Für ihre Verschmelzung kam erst viel später (im 15. Jahrhundert) der Name „Schlesien" auf.

Schlesiens

Weltlage

ist eigenartig und bedeutungsvoll.

Es liegt zwischen 13° 42′ und 19° 15′ ö. L. und 49° 50′ und 52° 5′ n. Br. (also mit dem Südende des U r a l , dem A l t a i = G e b i r g e , den Inseln S a c h a l i n und V a n c o u v e r , dem Südende der H u d s o n = B a i und der Südküste E n g l a n d s ungefähr unter gleicher Breite).

Schlesien liegt auf der G r e n z l i n i e z w i s c h e n (dem mehr geschlossenen) O st = und (dem mehr aufgelösten und zerrissenen) W e s t e u r o p a da, wo diese Grenzlinien von dem Zuge des Deutschen Mittelgebirges durchkreuzt wird.

Diese Lage ist nicht nur bedeutungsvoll für den g e o l o g i s c h e n A u f = b a u (s. S. 8) und das K l i m a (s. S. 174), sondern hat auch Einfluß gewonnen auf die K u l t u r e n t w i c k l u n g Schlesiens, auf seine G e = s c h i c h t e und seine geschichtliche und n a t i o n a l ö k o n o m i s c h e B e d e u t u n g .

Die natürlichen Grenzen

Schlesiens werden im Südwesten von dem langen Gebirgswall der **Sudeten** in einer ausgeprägten Weise gebildet. Weniger ausgeprägt, aber immerhin deutlich erkennbar ist die Gebirgsumwallung der Provinz im Süden und Osten. Nur im Norden fehlt sie meist ganz. Hier öffnet sich die „Schlesische Bucht" breit zu den andern Teilen der Norddeutschen Tiefebene, und s o w e i s t s c h o n d i e n a t ü r l i c h e B o d e n g e s t a l t d a r a u f h i n , d a ß S c h l e s i e n z u P r e u ß e n g e h ö r t , dessen südöstlichste Provinz es jetzt ist.

Die natürliche Südost= und Ostgrenze bilden die **Weichsel**, **Przemsa**, **Brinnitza**, **Lißwarthe** und **Prosna**.

---

[1]) Nach S t e n z e l , Geschichte Schlesiens.

Die politische Begrenzung

(gib nach der Karte ihren Verlauf genau nach Gebirgen, Bergen und Flüssen an!) folgt selbst an den Sudeten nicht überall der natürlichen, sondern greift über diese hinüber (z. B. im L e w i n e r L ä n d ch e n), oder läßt die öster= reichische Grenze in schlesisches Gebiet einspringen (z. B. an der H o tz e n = p l o tz, im B r a u n a u e r L ä n d ch e n und bei F r i e d l a n d). Die mangelhafte natürliche Begrenzung im Osten hat im Laufe der Geschichte zu einer oftmaligen Verschiebung der politischen Grenze geführt.

Gib nach der Karte die heutigen **Grenzländer Schlesiens** an!

Die heutige **Grenzlinie** (welcher Blattform ähnelt sie auf der Karte?) hat eine Länge von 1627 km.

Die Sprachgrenze

ist von der politischen sehr abweichend und greift tief in schlesisches Gebiet ein (s. S. 196).

Der Flächeninhalt

beträgt 40 320 qkm (732 Quadratmeilen). Dieses Gebiet hat seine g r ö ß t e L ä n g e n a u s d e h n u n g zwischen B e r u n und R u h l a n d (420 km) und seine g r ö ß t e B r e i t e n a u s d e h n u n g zwischen M i t t e l = w a l d e und F r e y h a n (180 km).

Die heutige Provinz Schlesien umfaßt folgende

älteren Landesteile:

1. den preußischen Anteil des ehemaligen **Herzogtums Schlesien,** 1742 im Frieden zu Breslau mit Preußen vereinigt (zum ehemaligen habsbur= gischen Anteil dieses Herzogtums gehörten noch das Herzogtum T e s ch e n , der größte Teil der Herzogtümer T r o p p a u und J ä g e r n d o r f und ein T e i l des N e i ß e r Landes),

2. die vorher zu Böhmen gehörige (ehemals souveräne) **Grafschaft Glatz,** zu derselben Zeit mit Preußen vereinigt,

3. ein Teil der Markgrafschaft **Oberlausitz,** im Wiener Kongreß zu Preußen geschlagen,

4. Abrundungsgebiete im Westen und Norden (K r e i s H o y e r s w e r d a , R o t e n b u r g , P o l n i s ch = N e t t k o w und D r e h n o w).

B. Die Oberflächengestalt im allgemeinen.

In seinem

geologischen Aufbau

weist Schlesien Bestandteile aller Formationen auf. Seine östlichen und west= lichen Gebiete wiederholen im kleinen den Gegensatz zwischen dem geologisch einförmigen Tafelgebiete Osteuropas, in dem auf weiten Flächen dieselbe For= mation auftritt, und dem Schollengebiete Westeuropas, in dem eine so große Mannigfaltigkeit in den geologischen Formationen, Gesteinsarten und Lagerungs= verhältnissen sich vorfindet.

Wahrscheinlich gehören die mittleren und wohl auch die westlichen Teile der Böhmischen Festlandscholle zu den ältesten Teilen der Erstarrungskruste un=

jeres Erdballes. Bis an sie heran reichte einst das Meer. Doch müssen diese ältesten kristallinischen Urgebirgsteile von der Lausitz an bis zum heutigen Reichensteiner Gebirge lange Zeit oder verschiedene Male unter den Meeresspiegel getaucht sein, sonst hätten sie sich nicht an ihren Flanken und bis zu ihren Gipfeln hinauf mit so mächtigen Bänken silurischer und devonischer Schiefergesteine überziehen können, wie das z. B. im Warthaer Gebirge geschehen ist. Silurische Schiefer, die offenbar auf dem Grunde eines tieferen Meeresteiles entstanden sind, liegen nördlich von den Striegauer Bergen und vom Zobten. Die devonischen Uferbildungen, welche das Altvater= gebirge an seinem Nord= und Ostfuße umgeben, beweisen, daß dieses Gebirge mindestens seit der Zeit des Devon Festland ist. Zur Zeit des Devon tauchten die Eruptivgesteine des Zobten empor, und wohl nicht allzulange nach ihm bildeten sich das Riesen= und das Isergebirge.

Lange Zeit müssen die Devonmassen dem zerstörenden Einflusse der Atmo= sphärilien ausgesetzt gewesen sein; dann tauchten sie infolge einer allgemeinen Senkung der bisher entstandenen Gebirgsinseln wieder unter, wurden an ihrer Oberfläche von dem Meere in gewaltige Massen losen Gerölls aufgelöst, und diese in die tiefer gelegenen Mulden geschwemmt. Das Meer übernahm dann auch die Verkittung dieser zum Teil nuß=, zum Teil aber auch kopfgroßen Ge= rölle durch eine feinkörnige Grundmasse, und so entstanden die gewaltigen Bänke des Kulm, die ehemals die ganze Flanke der Sudeten vom Riesengebirge bis zum Altvater bedeckt und sich östlich über das Odertal hinweg bis nach Oberschlesien und Polen hinein erstreckt haben mögen. Zu beiden Seiten des Eulengebirges und in der ganzen nördlichen Hälfte des Waldenburger Gebirges bis an den Fuß des Landeshuter Kammes hin sind diese Kulmbänke noch erhalten. Ihre losgelösten Schutt= massen schlossen mit der Zeit das Waldenburger Becken ganz vom Meere ab. Es verwandelte sich in ein Süßwasserbecken. In das Oberschlesische Becken drang aber noch mehrfach das Meer vor.

Am seichten Ufer des Kulmmeeres und an seinen sumpfigen Uferhängen entstand die schlesische Steinkohlenflora, hauptsächlich aus baumartigen Farnen (Sphenopteris elegans), schachtelhalmähnlichen Kalamiten (Calamites cannae-formis), besenförmigen Sigillarien und schuppigen Lepidodendren (Lepidodendron Sternbergii) bestehend. Die umsinkenden Riesenstämme dieses Kryptogamen=Ur= waldes wurden von Wasser bedeckt oder — noch stehend — durch gewaltige Berg= rutsche mit feinkörnigem Geröll und Schlamm, dem nachmaligen Kohlen= sandstein, umschüttet und so unter Luftabschluß dem Verkohlungsprozeß ausgesetzt, dem wir die Steinkohle des Waldenburger und des ober= schlesischen Kohlenbeckens verdanken. Die Flöze des letzteren sind (aus dem oben angeführten Grunde) vielfach durch marine Zwischenschichten getrennt.

Sehr lange Zeit muß das Waldenburger Becken samt seinen Nachbar= gebieten dann wieder unter Wasser gestanden haben, ehe sich auf der Kohlen= formation die gewaltigen Sandsteinbänke des Rotliegenden ablagerten. Seine zum Teil grob=, meist aber feinkörnigen Sandsteine sind z. B. im Neuroder Becken und bei Glatz wirklich rot, vielfach auch in der Schönauer und Löwenberger Mulde, anderwärts aber, wo sie in tonige Schiefer und Kalkbänke übergehen, mehr braun und grau gefärbt. Mächtige Porphyr= und Melaphyrergüsse haben die bereits abgelagerten Bänke des Rotliegenden durchbrochen und bilden nun z. B. die imposanten Kegelberge des Walden= burger Berglandes und manche Erhebung des Bober=Katzbach= Gebirges.

Der mit dem Rotliegenden zur Dyasgruppe gehörige Zechstein ist nur in einer schmalen Mauer vorhanden, die halbwegs zwischen Schönau und Goldberg von Westen nach Osten und dann nordwärts streichend, desgleichen südwestlich von Löwenberg sich vorfindet. Sie bezeichnet für diese Gegenden das damalige Meeresufer, und so bildete Schlesien damals eine nordöstlich vor=

springende Halbinsel der Böhmischen Festlandscholle und die Löwenberger Mulde eine seichte Meeresbucht an ihrer Küste. Das Fehlen des Zechsteins in der **Waldenburg-Glatzer Mulde** und in **Oberschlesien** beweist ziemlich sicher, daß diese Gegenden damals bereits Festland waren.

Doch ist auch dieses lange Zeit freiliegende Gebiet nochmals wieder vom Meere überflutet worden, und dieser Überflutung verdankt es sein großes **Triasgebiet** zwischen **Klodnitz** und **Weida**, in dem allerdings hauptsächlich nur die beiden oberen Glieder, **Muschelkalk** und **Keuper**, auf weiteren Strecken zutage liegen. Ersterer enthält eine Fülle von Meertier-Versteinerungen (Lima striata, Encrinus liliiformis, Terebratula vulgaris, Ceratites nodosus) In Niederschlesien legt sich ein muldenförmiges Triasgebiet an die oben erwähnte Zechsteinmauer an, dem aber der Keuper ganz fehlt. Die völlige Trennung der beiden Triasgebiete läßt schließen, daß sie ihr Entstehen zwei Meerbusen zu danken haben, von denen der eine vom heutigen **Mitteldeutschland**, aus Nordwesten her, der andere von Nordosten, aus **Polen** her, sich erstreckte.

Zur Zeit der **Juraformation** war Schlesien schon völlig Festland mit Ausnahme der äußersten Grenzfläche im Osten, desgleichen auch während der Bildung der **unteren und mittleren Kreideformation**. Erst zur Bildung der **oberen Kreide** wurde es wieder vom Meere überflutet, diesmal aber auf besonders weite Flächen hin. Damals war nicht bloß das Gebiet der heutigen **Lausitz** wieder überschwemmt, sondern das Meer reichte auch in den Buchten von **Goldberg, Liebau, Grüssau, Braunau, Glatz** bis an den Fuß des altkristallinischen Gebirges heran, ja seine Wogen schlugen sogar über den Scheitel der **Hohen Mense** (1084 m) und den Kamm des **Adlergebirges** hinweg. Zwei mächtige Gesteinslagen setzten sich auf dem Boden dieses Kreidemeeres nieder: meist unten ein kalkig-toniges, mildes, fruchtbare Erde lieferndes Gestein, der **Pläner**, und meist oben ein sandiges, hartes, für den Pflanzenwuchs wenig geeignetes, der **Quader**. In einer bewundernswerten Weise hat an letzterem später die Erosion gearbeitet und so die grotesken Formen der **Heuscheuer**, der **Weckelsdorfer** und **Adersbacher Felsen**, der „**Rabendocken**" bei **Goldberg** und der „**Löwenberger Schweiz**" hervorgebracht.

Seitdem ist — mit Ausnahme des südlichen Teiles — unsere Provinz nicht mehr vom Meere überflutet worden.

An seiner Stelle haben die Gewalten des Erdinnern Schlesiens Oberfläche in großartiger Weise weiter umgestaltet. Ungleichmäßige Spannungen in der Erstarrungskruste der Erde führten zu Senkungen und Verwerfungen in ihr. Damals türmten sich unter dem Einfluß eines unerhörten Seitendruckes die europäischen Alpen empor, und die ihre Entstehung begründenden Störungen pflanzten sich bis in die schlesische Gegend fort, dort große Sprünge und Risse der Erdschichten hervorrufend. Zwischen zwei parallel laufenden Bruchlinien hob sich die Gebirgsscholle der Sudeten empor. Besonders auffällig ist die östliche dieser Begrenzungsspalten und unter dem Namen „sudetischen Ostrandlinie" bekannt. Durch diese Spalten drang das „**Magma**", die feurig-flüssige Masse des Erdinnern, empor, und so entstanden die **Basaltkegel**, die allenthalben in der Gebirgshälfte Schlesiens, besonders zahlreich aber auf der Randlinie vorkommen, in der sich das Gebirge in einer ausgeprägten Terrassenstufe, parallel zum Fuße der Sudeten, zur Ebene senkt. Zu ihnen gehört auch der höchste Berg der rechten Oderseite, der **Annaberg**.

Weite Sumpfstrecken und zahlreiche Süßwasserbecken bildeten sich um diese Zeit allenthalben in der schlesischen Ebene, aber auch am Fuße der Sudeten, z. B. in der Gegend des heutigen **Seidenberg, Marklissa, Frankenstein** und **Reichenstein**, wohl auch in den Buchten, die tiefer zwischen die Züge des Gebirges eindrangen, wie bei **Langenöls** im **Isergebirge**. In den Wasserbecken und um sie her entstand eine reiche Flora von Laub- und Nadelhölzern, deren Ähnlichkeit mit der heutigen Waldflora überrascht.

Als sie in ähnlicher Weise unterging, wie ehemals die Steinkohlenflora, bildete sie die **Braunkohle des schlesischen Tertiären**. Auch zu dieser Zeit tauchten vielfach Basaltvulkane empor.

In der jüngsten Epoche des Tertiären senkte sich der südlichste Teil unserer Provinz noch einmal so, daß er zu einem Busen des langgestreckten Meeres wurde, das sich damals zwischen A l p e n und K a r p a t e n vom G o l f e d u L i o n bis zum S c h w a r z e n M e e r e hinzog. Vorübergehend schwammen nun Delphine des Mittelmeeres über die M ä h r i s c h e P f o r t e nach O b e r = s c h l e s i e n herein. Ihre Überreste liegen am Südfuße des C h e l m in tonigen Schichten, die mit dem blaugrauen Tegelton des Wiener Beckens die größte Ähnlichkeit haben. Gewaltigen Bodenfaltungen des ausgehenden Tertiären ist möglicherweise die Entstehung des S c h l e s i s c h e n L a n d r ü c k e n s zuzuschreiben, wenn dieser nicht etwa ganz eine Druckwirkung des **Inlandeises** ist. Seine Gletscher schoben zur Zeit des **Quartären**, in der sogenannten „E i s = z e i t", ihre Zungen bis an den Rand der Sudeten, durch den P a ß v o n W a r t h a sogar bis G l a t z vor und leckten z. B. im W a l d e n b u r g e r G e b i r g e bis 520 m, im E u l e n g e b i r g e sogar bis 560 m hinauf, während die von ihnen als Moränen beförderten, so sehr charakteristischen „erratischen Blöcke" oder „Findlinge" und das „Geschiebe" aus Kieselschiefer, Feuersteinen, nordischem Granit u. a. an der M ä h r i s c h e n P f o r t e nur etwa 290 m hoch emporreichen. Gerade diese ungleichförmige Verbreitungs= grenze der Geschiebe, verbunden mit den Erscheinungen des „Gesteinsschattens", z. B. südlich vom Z o b t e n und den S t r e h l e n e r B e r g e n, ferner das Vorkommen von „Gletscherkritzen" ebendaselbst, endlich das vielfache Auftreten von „Geschiebelehm" allenthalben in der schlesischen Ebene und in den Vor= bergen haben mit dazu beigetragen, der „Inlandeistheorie" zum Siege über die „Drifttheorie" zu verhelfen. Daß mit dieser allgemeinen Vergletscherung des Landes eine andere des Riesengebirges wohl ziemlich parallel ging, soll später noch hervorgehoben werden. (S. S. 62.) Die sogenannte „erste Vereisung" Nord= deutschlands hat, wenn sie überhaupt nach Schlesien vorgedrungen ist, hier keine Spuren zurückgelassen. Dagegen finden sich hier und da Erscheinungen, deren Bildung der „zweiten", oben geschilderten Vereisung vorangegangen sein muß. Man faßt sie unter den Namen „p r ä g l a z i a l e B i l d u n g e n" zusammen. Sie bestehen aus eigentümlichen, sehr feinschichtigen Bändertonen, wie sie im H i r s c h b e r g e r T a l, im W a l d e n b u r g e r G e b i r g e und bei K a t t o = w i t z gefunden worden sind. Auch von einer zweiten Vereisung, dem sogenannten „F r ü h = D i l u v i u m", ist keine eigentliche Endmoräne erhalten, sondern nur deren Überreste als „Findlinge" und die Grundmoräne als „Geschiebelehm". Man nimmt an, daß die Endmoräne durch Schmelzwässer zerstört worden sei, die dann auch die ausgebreiteten, geschichteten Kies= und Sandlager des schle= sischen Diluviums angeschwemmt hätten, die man „i n t e r g l a z i a l e B i l = d u n g e n" nennt. Sie bedecken weitaus den größten Teil Schlesiens.

Ferner vermutet man, daß zu der Zeit der dritten und jüngsten Vereisung Norddeutschlands, deren Endmoräne nur bis in die Gegend von L i s s a vor= gedrungen ist, sich in Schlesien große **Lößlager** bildeten. (S. S. 96 u. 147.) Der Löß ist wahrscheinlich eine Schöpfung des Windes, herrührend von Steppen=, vielleicht auch Schneestürmen, die gewaltige Massen der Gebirgsbestandteile als Staub mit fortgerissen und auf erhöhten Teilen der Ebene in einer oft er= staunlichen Mächtigkeit anhäuften. Den Löß bezeichnet man als Bildung des „S p ä t = D i l u v i u m s". Präglazial, Früh=Diluvium, Interglazial und Spät=Diluvium würden demnach die vier Perioden der Vereisung Schlesiens bezeichnen.

Im Früh=Diluvium sowohl als auch im Löß hat man tierische Überreste gefunden, wie Knochen vom Mammut, Riesenhirsch, Höhlenbär, Pferd, Elch, Ur, Wisent u. a., im Löß auch Spuren menschlicher Tätigkeit.

Das Inlandeis hat mit dem meist sehr fruchtbaren **Diluvium** der schle= sischen Ebene und dem Gebirgsvorlande so ziemlich die Form des Reliefs ge=

geben, die sie heute noch aufweisen. Viel unwesentlicher ist die Umgestaltung, die sie durch die jüngsten Bildungen, durch das **Alluvium**, erfahren hat. Freilich arbeiten auch jetzt noch die umgestaltenden Kräfte des Wassers, Eises, Windes, Regens und der Wärme an einer zwar langsamen, aber doch deutlichen Veränderung „des Angesichts der Erde".

Der Geschichte der geologischen Bildung Schlesiens entspricht natürlich auch

die Gestalt der Oberfläche.

Man hat sie treffend mit einer halben Mulde verglichen (die Teilung in der Querachse gedacht); denn nur der Nordost=, Südost= und Südwest= rand der Provinz sind erhöht. Am höchsten erhebt sich der Südwestrand, die **Sudeten**. Niedriger ist der Südostrand, der von den nördlichen Ausläufern der **Karpaten** gebildet wird, und am flachsten verläuft die nordöstliche Begrenzung durch einen Teil des **Südlichen Landrückens**. Zwischen diesen Gebirgszügen streicht von Südost nach Nordwest ein Tiefland, das nur wenig nach Nordwesten zu abfällt und fast überall gleiche Breite aufweist. Im nördlichen Teil der Provinz wird das Tiefland durch die **Dalkauer** und die **Grünberger Höhen** unterbrochen.

Wiederum aus der geologischen Beschaffenheit ergibt sich, daß die s ch l e = f i sche E bene als eine s ü d ö st l i che A u s z i p f e l u n g d e r g r o ß e n N o r d d e u t schen T i e f ebene anzusehen ist. Ihre Breite beträgt durch= schnittlich 100 km, ihre Länge 330 km. Ihr Charakter ist an der Oder der einer völligen Ebene, nach den Gebirgen zu geht sie in Hügelland über.

Der U n t e r s ch i e d zwischen der Südwestumwallung und den übrigen Grenzgebirgen ist sehr bedeutend, da die Höhe der Sudeten bis zu 1600 m aufsteigt, während sich die höchsten Gipfel des Landrückens nur bis ungefähr 400 m erheben.

Die t i e f ste L i n i e der Schlesischen Tiefebene bezeichnet die Furche der **Oder**.

Die A b d a ch u n g der Sudeten zur Schlesischen Ebene ist meist steil, die der übrigen Umwallungen aber sanft.

Ein langgestreckter V o r g e b i r g s g ü r t e l spannt sich östlich von dem Sudetenzuge aus, ist aber von ihm durch die auffällige Verwerfungs= linie der schon erwähnten „sudetischen Ostrandspalte" in deutlicher Weise geschieden.

Die Sudeten

reichen von der **Mährischen Pforte** an der **Oder** bis zur **Lausitzer Neiße**. Ihre Hauptrichtung geht von Südost nach Nordwest. Das Gebirge zieht in einer Länge von 300 km und 30 bis 60 km breit meist in mehreren parallelen Zügen hin, die Hochtäler einschließen, z. B. die Grafschaft Glatz, das Liebauer, Landeshuter, Hirschberger und Schönauer (Hoch=)Tal.

Der G e s a m t n a m e Sudeten stammt von M e l a n ch t h o n her. Das Volk bedient sich seiner nicht, sondern benennt das Gebirge nach seinen einzelnen Teilen: Mährisches Gesenke, Glatzer Gebirge, Waldenburger Gebirge, Riesengebirge und Isergebirge.

Das Bergland der rechten Oderseite

teilt die Weida in zwei auch geologisch geschiedene Abschnitte. Diese sind: 1. das **Oberschlesische Hügelland**, 2. der **Schlesisch-Polnische Landrücken**. Der Landrücken zerlegt sich wieder in drei Teile: 1. das Katzengebirge, zwischen Weida, Oder und Bartsch, 2. die Dalkauer Hügel, zwischen Oder, Sprotte und Ochel, und 3. die Grünberger Hügel, nördlich von Oder und Ochel gelegen.

C. Die Bewässerung im allgemeinen.

Sie paßt sich der Oberflächenform der Provinz in der auffälligsten Weise an.

Von der südwestlichen, südlichen, südöstlichen und nordöstlichen Gebirgsumwallung Schlesiens müssen sich alle Flüsse dem mittleren Tiefland zuwenden und so schließlich in einen Strom münden.

Daraus erklärt sich die auffällige Einheitlichkeit und Geschlossenheit des schlesischen Wassernetzes.

Es läßt sich mit dem Adernetze eines Blattes vergleichen, dessen Hauptader die **Oder** bildet. Alle andern Wasseradern des Landes strömen ihr zu, bis auf wenige Gewässer. Im Südosten und Osten gehen einige Flüßchen zur **Weichsel** und **Warthe**, im Westen einige zur **Elbe** und **Donau**. Aber die Quellen dieser Flüsse liegen sämtlich der Grenze sehr nahe, oder die Flüsse durchschneiden Schlesien nur auf kurze Strecken. Diese Einheit des Wassernetzes sondert Schlesien von den umliegenden Ländern ab.

Die Oder

mußte sich in ihrem Laufe der allgemeinen nordwestlichen Abdachung des Landes anpassen und behält auch der Hauptsache nach durch ganz Schlesien nordwestliche Richtung bei. Wo sie von dieser abweicht, ist das durch vorspringende Berg- und Hügelgebiete veranlaßt, wie z. B. am Chelm, an den Trebnitzer und Dalkauer Hügeln. Oder sie folgt vorübergehend den Talfurchen älterer, jetzt im Zusammenhange nicht mehr vorhandener Flußläufe, wie z. B. unterhalb der Weide- und der Bartschmündung. Der Höhenunterschied ihres Bettes beträgt auf die 400 km ihres Laufes in Schlesien nur 160 m. Darauf beruht das geringe Gefälle der Oder, das sie zu einem rechten Tieflandstrom macht. An der Nordgrenze Schlesiens ist ihr Stromgebiet so wenig scharf abgegrenzt, daß sie bei Hochwasser schon mehrfach durch die **Obra** zur **Warthe** ihre Wogen entsandte. Häufig finden sich besonders im Mittellaufe Stromteilungen und versandete ehemalige Oderläufe. So kürzte noch im vorigen Jahrhundert der Strom den stumpfen Winkel zwischen Köben und Glogau bei Hochwasser südlich ab.

Auch

die Nebenflüsse der Oder

stehen unter der Einwirkung der Bodengestalt des Landes, und es herrscht darum zwischen denen der linken und denen der rechten Oberseite ein auffälliger Unterschied.

Weil die Quelle der **linken Nebenflüsse** meist hoch auf den Sudeten liegt, haben sie ein reißendes Gefälle, besonders im Oberlauf. Nicht selten bilden sie Wasserfälle. Weil die Oder nach der Nordgrenze Schlesiens hin sich immer weiter von den Sudeten entfernt, nehmen die linken Nebenflüsse im allgemeinen auch nach dieser Richtung hin an Länge zu. Die Wassermenge der linken Nebenflüsse ist sehr verschieden. Im Frühjahr ist sie wegen der Schneeschmelze im Gebirge meist bedeutend. Doch überschwemmen diese Flüsse gerade oft im Sommer verheerend ihre Ufer, wenn im Gebirge starke Regengüsse niedergehen.

Die Nebenflüsse auf der **rechten Oberseite** kommen meist von dem sehr niedrigen Landrücken und fließen fast durchweg in der Ebene. Darum ist ihr Lauf still, fast träge und ungefährlich. Es erreicht auch keiner von ihnen die Länge der größten linken Nebenflüsse, weil das Quellgebiet näher an der Oder liegt.

Dafür eignen sie sich aber mehr zur Kahn- und Schiffahrt als die linken Nebenflüsse; einige von ihnen, wie **Klodnitz** und Stober, sind obendrein von **Kanälen** begleitet. Dagegen sind die raschen Gebirgsbäche der linken Seite mehr zum Betriebe von Mühlen und Fabriken geeignet, wozu sie besonders im Glatzer Gebirge, Waldenburger Gebirge, Riesengebirge und Isergebirge auch benutzt werden.

Zähle mit Hilfe der Karte auf:
1. die linken Nebenflüsse der Oder,
2. die rechten!

Gib bei jedem Quelle, Laufrichtung und Mündung an!

D. Die schlesischen Landschaften.

Drei Höhenstufen lassen sich in Schlesien deutlich unterscheiden: die Ebene, das Vorgebirgsland und die Sudeten. Danach gliedern sich auch die mehr oder minder geschlossenen Einzellandschaften Schlesiens in drei Gruppen. Wir beginnen mit der Betrachtung der

Landschaften der Sudeten.

Eine geologisch und geographisch geschlossene Landschaft ist

I. das Gesenke.

Die **Oppa**, **Oder**, **Beczwa** und **March** begrenzen diese Landschaft ziemlich allseitig und auffällig. Sie liegt zwar zum größten Teile nicht innerhalb des schlesischen Gebietes, ist aber in geographischer Beziehung so eng mit den benachbarten Landschaften verbunden, daß wir sie hier mit betrachten müssen.

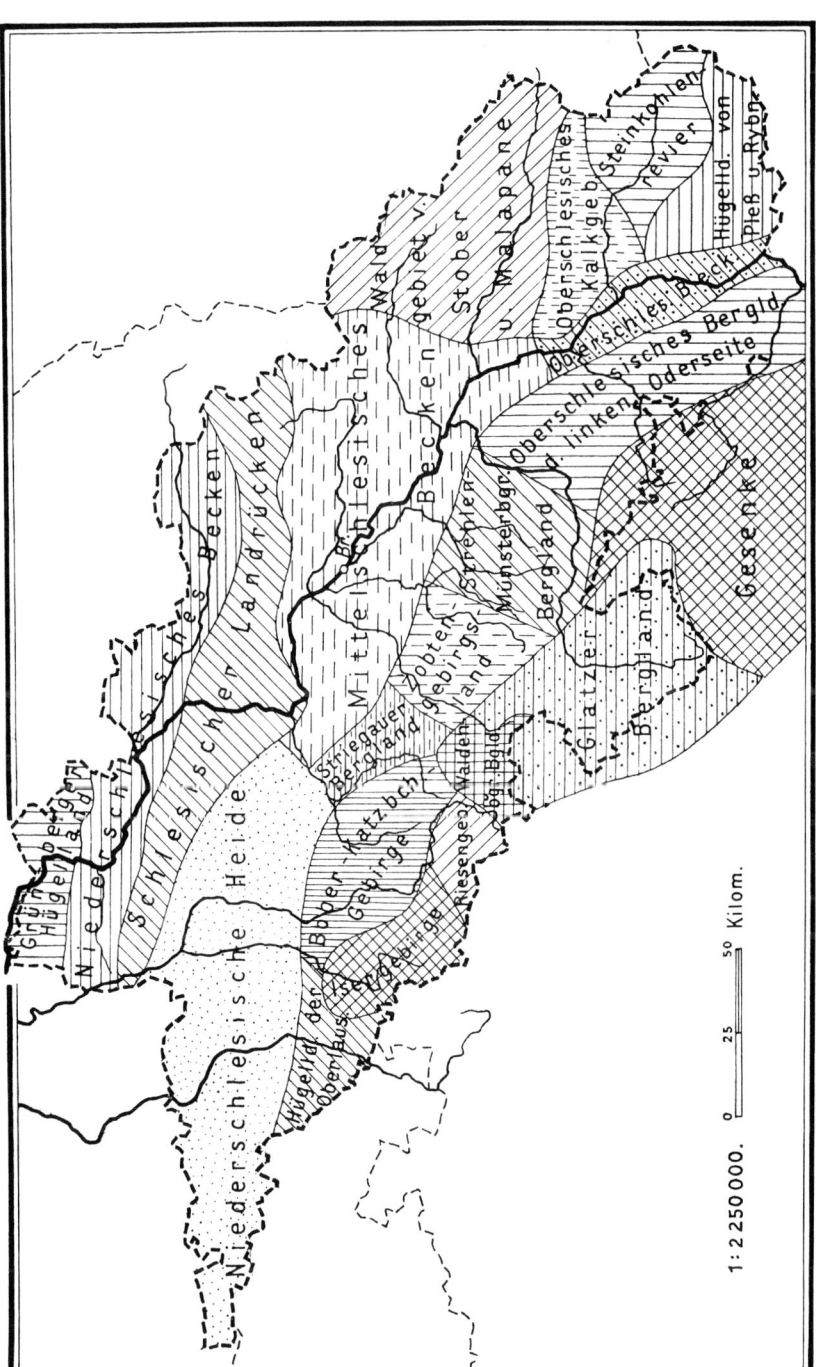

1. Die natürlichen Landschaften Schlesiens.

Die genauen Grenzen des Gesenkes sind: im Osten die **Mährische Pforte**, im Westen der **Paß von Ramsau**, der von einer Eisenbahn (von **Freiwaldau** nach Mähren hinein) überschritten wird.

Der Name des Gebirges ist abgeleitet von „j e s n i k"; das bedeutet Esche.

Es gliedert sich in das „**Hohe Gesenke**" und „**Niedere Gesenke**". Dieses bildet den östlichen, jenes den westlichen Teil des Gebirges. Eine genaue Scheidung zwischen den beiden Teilen des Gebirges ist nicht vorhanden. Sie gehen allmählich ineinander über.

In **geologischer** Hinsicht muß man zu dieser Landschaft noch das gesamte Bergland westlich bis zur N e i ß e und nordwestlich bis zum N e u = d e c k e r P a s s e rechnen. Von hier aus zieht sich ein mächtiges Gneisgewölbe südöstlich hin bis über den Altvaterberg hinaus. Fast rechtwinklig zu seiner Kammlinie streichen die Schichten dieses Gebirgszuges, sämtlich von Südwesten nach Nordosten. Sie bestehen aus Sätteln von Gneis, Glimmerschiefer, Hornblendeschiefer und Urkalk. Diese Sättel sind besonders zwischen dem A l t = v a t e r und F i c h t l i c h eng zusammengepreßt und vielfach abwechselnd. Zwischen Fichtlich und Neudecker Paß ist die Gneismasse gleichförmiger und darum auch ungegliederter. Die Urkalksättel waren der Verwitterung am meisten zugänglich und haben darum auch die tiefsten Einsattelungen der Gneisblase verursacht, nämlich im R o t e n B e r g p a s s e, im R a m s = a u e r und K r a u t e n w a l d e r P a s s e. Hier lagert der Urkalk obendrein auf Glimmerschiefer, der ebenfalls leichter verwittert als der Gneis. Glimmerschiefer bildet auch noch an andern Stellen Sättel. Dort sind ebenfalls Paßsenkungen oder doch tief in das Gebirgsmassiv eingeschnittene Flußtäler entstanden, z. B. das der Teß. — Vom Altvater südostwärts geht das Gestein in immer jüngere Formationen über, zunächst in silurische und devonische Schiefer, sodann in devonische Grauwacke und in den Kulm, auf den sich dann abbauwürdige Steinkohlenflöze auflagern.

Das Niedere Gesenke

ist eine weite Hochebene, auf der sich breite Bergrücken hinziehen, denen meist die Gipfelbildung fehlt. Nur wenige hohe Kuppen erblickt man. Von ihnen herab hat man eine prächtige Aussicht auf das Land ringsum, so besonders von der

Bischofskoppe (890 m).

Sie ist ein Grauwackenkegel und unter den Bergen des Niederen Gesenkes am weitesten nach Norden vorgeschoben, bis an die schlesische Grenze bei **Ziegenhals**. Sie fällt nach der preußischen Seite steil ab und gewährt einen Blick über die Oberschlesische Ebene bis zu den Karpaten. Nach den Sudeten hin überschaut man von hier aus ein welliges, abwechslungsreiches Hügelland.

In das Hochland des Niederen Gesenkes schneiden viele Flußtäler tief ein, unter ihnen die der **Oder, Oppa** und **Mohra**. Die Flüsse biegen oft rechtwinklig um, und darum gewährt die Wanderung in ihren Tälern viel Abwechslung.

Im Niederen Gesenke liegt auch die **Oderquelle**. „Am schönen Orte", einer mit Buchen bestandenen Hochfläche, entspringt der Strom in 634 m Seehöhe. Er fließt, nachdem sein Lauf ebenfalls mehrfach rechtwinklig umgebogen ist, durch

„das Kuhländchen".

Diesen Namen trägt ein breites Tal voll Wiesen und fruchtbarer Felder. Sie werden nicht selten, besonders zur Zeit der Schneeschmelze, von der Oder überflutet. Die vielen Krümmungen des Flusses, lockerer Boden an seinen Ufern und ein geringes Gefälle begünstigen die Überschwemmungen. Das Kuhländchen ist ein wahres Kuhland. Die üppigen Wiesen leiteten die Bewohner zur Viehzucht hin. Der Kuhländer Rinderschlag ist berühmt und wird mit großer Sorgfalt gepflegt.

Die Bevölkerung ist ein Mischvolk von Deutschen und Slawen. Sie halten fest an alter Sitte und Tracht, durch die sich sogar benachbarte Dörfer voneinander unterscheiden.

An der Mündung der Oppa berührt die Oder die schlesische Grenze bei **Hoschialkowitz.**

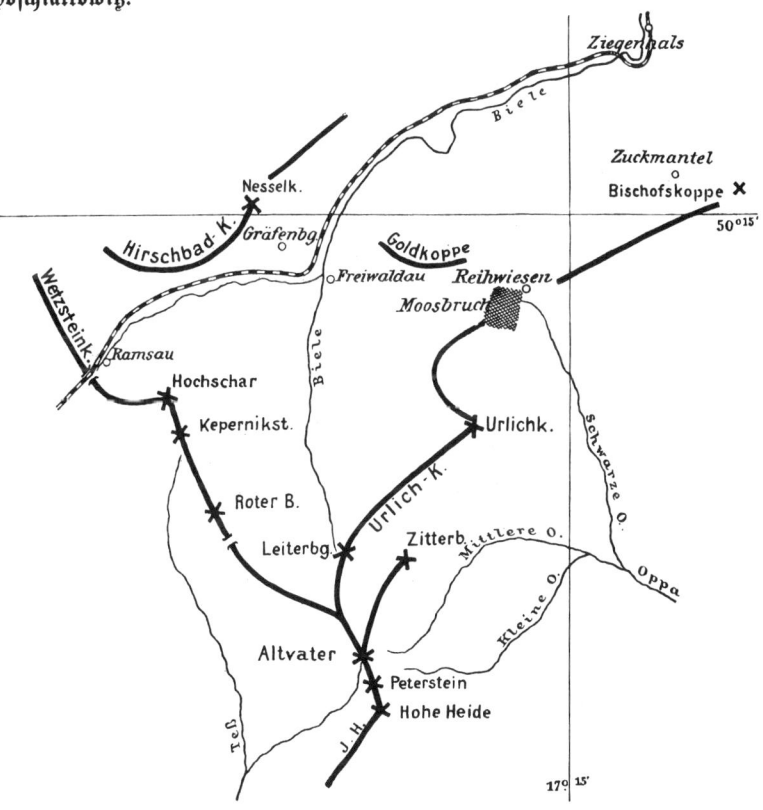

2. Das Hohe Gesenke.

Das Hohe Gesenke

schließt sich nordwestlich an das „Niedere Gesenke" an und führt im besondern den Namen „**Altvatergebirge**".

So wird es nach ſeinem höchſten Berge, dem **Altvater,** benannt, der im ſüdlichen Teile des Gebirges aufſteigt. Er bildet den Kern des Gebirges. Von ihm läuft ein Zug nach Süden bis zur **Hohen Heide** und biegt hier nach Südweſten um. Vom Altvater geht der Hauptzug des Gebirges nach Norden, erſt in e i n e m Kamme, der ſich aber bald in z w e i Kämme ſpaltet. Der höhere und längere von ihnen ſtreift nach Nordweſten. Er trägt in ſeiner Mitte den **Roten Berg,** den einzigen Berg des Hohen Geſenkes mit ausgeprägtem Gipfel. An ſeiner Oſtſeite ſattelt ſich der Kamm tief ein, ſo daß er hier von einer Kunſtſtraße überſchritten werden kann, die Öſterreichiſch-Schleſien und Mähren verbindet. Am Ende des Kammes erhebt ſich die **Hochſchar** (1351 m). Von hier aus fällt er ſchnell zum **Sattel von Ramſau** ab, wo ihn in etwa 750 m Seehöhe die Bahn von Freiwaldau nach Mähren überſchreitet.

Vom Altvater bis zur Hochſchar folgt dieſem Kamme die Grenze zwiſchen Öſterreichiſch-Schleſien und Mähren. Er bildet überall auch die **Waſſer-ſcheide zwiſchen Oder und Donau.** An manchen Stellen ſteigt er bis über die Grenze des Baumwuchſes auf mit einer Durchſchnittshöhe von 1300 m. Seine höchſten Gipfel ſind breit und abgeplattet und mit Grasflächen über-zogen. In den Senkungen finden ſich zahlreiche Moore, die den Verkehr erſchweren. Ausgedehnte Strecken dichten Waldes breiten ſich hier aus, und den Naturfreund erfreut noch vielfach die echte Urwüchſigkeit der Gegend. Hier und da trifft man mehr als haushohe Felsgebilde, an die ſich viele Sagen knüpfen. Auf dem Kamme liegen nur ein paar einſame Wirts-häuſer; ſonſt iſt das Gebirge in ſeinen höheren Teilen unbewohnt.

Der **Altvater** iſt der höchſte Berg des Geſenkes (1490 m). Sein Scheitel iſt eine flache Kuppe, die man umwandern muß, um die weite Ausſicht zu genießen, die einen beſonders guten Einblick in die Gliederung des Gebirges gewährt.

Zwiſchen dem Altvater und der Hohen Heide erhebt ſich der **Peterſtein** (1446 m), vom Altvater durch eine tiefe Einſattelung getrennt. Er trägt auf ſeinem Gipfel einen hohen Glimmerſchieferfelſen, ebenfalls von Sagen umwoben, und iſt der Blocksberg des Geſenkes; denn hier verſammeln ſich nach dieſen Sagen nachts die Hexen zu allerlei Teufelsſpuk.

Von der Hohen Heide aus ſtreicht der Südzug nach Südweſten hin als **Janowitzer Heide** (J. H.).

Unmittelbar unter dem Gipfel des Roten Berges ſteht eine vielbeſuchte Wallfahrtskirche bei der Quelle „**Brünnelheide**“. Von hier hat man einen beſonders ſchönen Blick in die ſüdlichen Täler des Geſenkes und nach Mähren hinein.

Von der Brünnelheide führt der Weg zur **Hochſchar** auf dem Kamme hin über den **Kepernickſtein,** der 1324 m hohen Krönung des **Glaſerberges.**

Der kürzere und niedrigere Teil der beiden n ö r d l i c h e n Kämme des Gebirges iſt erſt gerade nach Norden und dann nach Nordoſten gerichtet. Von der Biegung an heißt er **Biele-** oder **Urlichkamm.**

Nördlich vom Altvater liegt auf dieſem Zuge der **Leiterberg.** Öſtlich von ihm erhebt ſich der **Zitterberg,** ebenfalls durch einen Gebirgsrücken mit dem Altvater verbunden. Der Biele= oder Urlich= (d. h. Ahorn=) Kamm endet mit der Urlichkoppe (1205 m), an die sich bei dem ärmlichen Berg= werksdorf Reihwiesen das Moosbruch anschließt. Das ist ein ausgedehnter Sumpf mit mehreren Teichen; aus dem größten kommt die Schwarze Oppa, die sich dann mit der Mittleren und Kleinen Oppa (beide vom Altvater) ver= einigt.

Zwischen den beiden Hauptkämmen des Altvatergebirges fließt reißend die Freiwaldauer Biele nach Norden. In ihr schönes Tal münden von rechts und links viele kleinere Täler, die von Bächen durchströmt werden und an Naturschönheiten sehr reich sind. In ihnen ziehen sich bebaute Felder und kleine Ortschaften bis hoch ins Gebirge hinauf.

Das Freiwaldauer Tal wird nördlich von dem dicht bewaldeten Berg= rücken des Hirschbadkammes abgeschlossen. Dieser geht im Bogen von Westen nach Nordosten. An seinem Fuße liegt die Stadt Freiwaldau und an seinem Abhange die kleine Kolonie Gräfenberg. Sie erlangte Weltruf durch die Kaltwasserheilanstalt, die hier durch den Bauer Prießnitz begründet wurde. Ihre weiten Kurpromenaden enden auf der Nesselkoppe, dem höchsten Punkte des Hirschbadkammes.

Die Goldkoppe schließt im Norden das Freiwaldauer Tal vollends ab, das sich durch lebhafte Leineninduſtrie auszeichnet, die in dem Städt= chen Freiwaldau ihren Mittelpunkt hat. Auch da, wo an den Abhängen des Gebirges der spärliche Ackerbau aufhört, bleibt den Leuten keine andere Erwerbsquelle als die Weberei. Am Südabhange blühen an einzelnen Stellen Bergbau und Hüttenbetrieb; denn dort werden Eisenerze gefunden.

Rückblick: Das Gesenke, begrenzt durch Mährische Pforte und Ramsauer Paß, gliedert sich in das Hügelland des Niedern und in das Gebirgsland des Hohen Gesenkes. Jenes ist das Flußgebiet der obern Oder, der Oppa und Mohra und erreicht in der Bischofskoppe die höchſte Erhebung. Dieses ist geologisch ein ziemlich einheitlich aus Gneis aufgebautes Gebirgsmaſſiv, deſſen Reliefgliederung auf einge= lagerten und zum Teil ausgewitterten Glimmerschiefer= und Urkalk= sätteln beruht. Dementsprechend sind seine Kuppen meist sanft ge= wölbt und breitrückig. Sein südlicher Hauptzug mit der höchſten Er= hebung des Altvaters verzweigt sich in zwei Hauptäſten nach Nord= osten (Urlichkamm mit Urlichkoppe und Moosbruch) und nach Nordwesten (Roter Berg und Hochschar). Das so begrenzte Tal der Freiwaldauer Biele wird im Norden durch Goldkoppe und Hirschbadkamm (mit Nesselkoppe, an ihrem Fuß der Kurort Gräfenberg) abgeschlossen. Im Gebirge bilden die Waldwirtschaft, im Tal Ackerbau und Leinen= induſtrie (Mittelpunkt Freiwaldau) die Haupterwerbsquellen. — Das Gebirge wässert nach Osten durch die Oppa zur Oder und nach Westen durch die Teß zur Donau ab. — Durch die Bahnlinie Ziegen= hals—Freiwaldau—Olmütz ist das Gebiet an die österreichischen und deutschen Verkehrslinien angeschlossen.

II. Das Glaßer Bergland.

Das **Glaßer Bergland** ist eine Kessellandschaft von rechtwinkliger Form. Die Mitte ist am meisten vertieft und ein ebenes Land, das von Rand= gebirgen eingeschlossen wird. Der N o r d o ft = und S ü d w e ft r a n d sind völlig gleichlaufend und faft gleichlang. Jeder von ihnen wird in der Mitte

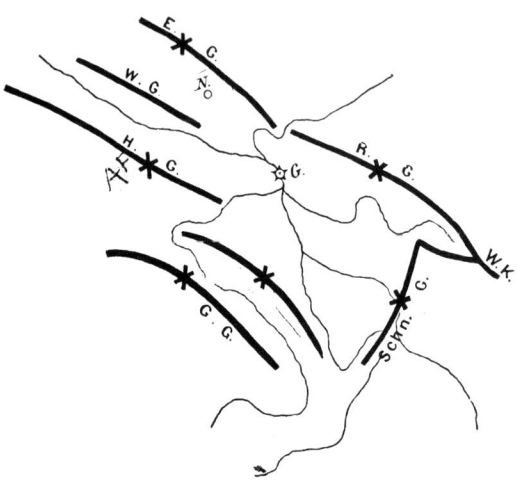

durch einen tiefen Ein= schnitt in zwei Züge ge= teilt. Den N o r d o ft = r a n d bilden — von Südosten nach Nord= westen — das **Reichen= fteiner** (R. G.) und das **Eulengebirge**(E.G.). Sie werden durch die Glaßer Neiße im **Passe von Wartha** geschieden. Der S ü d w e ft r a n d setzt sich zusammen — von Südosten nach Nord= westen — aus dem Böh= misch=Glaßer Grenzge= birge (G. G.) (mit zwei Kämmen) und dem **Heu= scheuergebirge** (H. G.). Diese beiden trennt die

3. Übersicht der Gebirge und Flüsse der Grafschaft Glaß.

Reinerzer Weistriß, die durch den **Paß von Reinerz** fließt.

Der S ü d o ft r a n d besteht aus dem **Schneegebirge** (Schn. G.), das sich unmittelbar ans Reichenfteiner Gebirge anschließt, vom **Böhmisch= Glaßer Grenzgebirge** aber durch den **Paß von Mittelwalde** getrennt ist.

Der N o r d w e ft r a n d ist zum Teil offen. In seine Mitte reichen die letzten Ausläufer des **Walbenburger Gebirges** (W. G.) herein. Zwischen ihm und dem Eulengebirge liegt das Tal von **Neurode** (N.) und auf seiner andern Seite das Tal der **Glaßer Steine.**

Das Tiefland der Grafschaft hat etwa 300—400 m Seehöhe. In ihm sammeln sich alle Gewässer von den Randgebirgen und fließen nahe der Hauptstadt Glaß in die Neiße.

Das Gebirgsland Glaß mit seinen engen Pässen ist strategisch sehr wichtig. Friedrich der Große maß seinem Besiße, besonders dem der Festung Glaß, so viel Bedeutung zu, daß er mit dem Anspruch auf sie die Ver= handlungen des Hubertusburger Friedens, an dessen Zustandekommen ihm doch so viel lag, einige Tage hinzog.

Geologisch ist die Kessellandschaft als Einsturztal aufzufassen. An den Um= wallungsrändern des Kessels sind große Schollen der Erdrinde abgesunken. Die dadurch entstandenen Bruchstellen sind an allen Gebirgsrändern nach dem Kessel hin wahrzunehmen.

Als Südoft= und zugleich höchfter Rand des Keffellandes erhebt fich
das Glaßer Schneegebirge.

Wir rechnen dazu das Gebirgsland zwifchen dem R a m f a u e r
S a t t e l und dem P a f f e v o n K r a u t e n w a l d e.
Die Hauptmaffe diefes Gebirges bildet ein mächtiges **Gneisgewölbe,** das
von der Bielequelle füdwärts bis nach Mähren hinein zieht. In derfelben
Richtung wird es durch einen Glimmerfchiefer=Doppelkeil in zwei parallele
Gneiszonen gefchieden. Der Glimmerfchiefer=Keil beginnt im Norden breit, ver=
engt fich am Weftabhange des G r o ß e n S c h n e e b e r g e s und nimmt nach

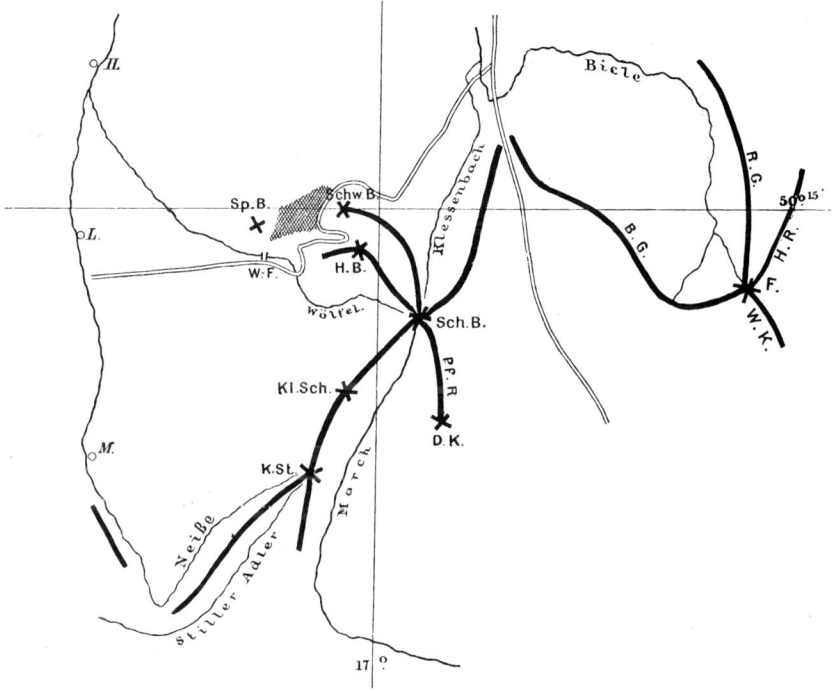

4. Das Glaßer Schneegebirge.

Süden wieder an Breite zu. Er bot der Verwitterung weniger Widerftand
als der Gneis, und fo find denn in ihn die beiden Haupttalfurchen des Ge=
birges eingegraben: vom Schneeberge nach Norden hin das des K l e f f e n =
b a c h e s und nach Süden hin das der M a r c h.

Das Glaßer Schneegebirge bildet den Südoftrand der Graffchaft Glaß
und den höchften Teil ihrer Umwallung. Sein Mittelpunkt ift der **Glaßer
Schneeberg** (Sch. B.). Von ihm aus gehen Bergzüge nach allen Seiten.
Der gerade nach Süden ftreichende heißt **Pferderücken** (P. R.) und endet
mit der **Dürren Koppe** (D. K.). Der Zug, der vom Schneeberge nach
Südweften läuft, trägt außer dem **Kleinen Schneeberge** (Kl. Sch., 1323 m)
am Südende die **Klapperfteine** (K. St.). Auf ihnen entfpringt die **Glaßer
Neiße,** die bis zum **Paffe von Mittelwalde** hin nach Südweften, dann aber
nach Norden durch die Graffchaft fließt.

Nach Norden strahlt der Schneeberg drei Bergzüge aus. Der östlichste von ihnen biegt nach Südosten um und heißt am Ende **Bielegebirge** (B. G.). Der mittlere trägt am nördlichen Ende den **Schwarzen Berg** (Schw. B.), von dem durch eine moorige Hochebene der **Spitzberg** (Sp. B.) geschieden ist. Vom Schneeberge nach Nordwesten streicht ein Zug, mit dem **Heuberge** (H. B.) endend. Zwischen dem Zuge des **Schwarzen Berges** (1205 m) und dem weiter östlich mit dem **Bielegebirge** endenden Zuge führt der romantische, einstmals gewerbfleißige **Klessengrund** gerade nach Norden zur **Biele.**

So ist das Schneegebirge seinem C h a r a k t e r nach „eine Art Massengebirge, eine Gebirgsgruppe; denn das Zusammenstreben, Zusammenstoßen und die Verteilung der Hauptteile, sowie ein gemeinsamer Mittelpunkt derselben, an dem diese vor sich geht, tritt unverkennbar hervor" (Kutzen).

Dieser gemeinsame Mittelpunkt ist, wie schon gesagt,

der Große Schneeberg (1424 m).

Er ist nicht viel niedriger als der Altvater, und von jeglicher Richtung aus erscheint er imposant. Wenn wir nach mühsamem Steigen seinen Gipfel erreicht haben, erblicken wir eine große, kahle Fläche, die schon zu hoch liegt, als daß hier noch Bäume gedeihen könnten. Die behaarte Glockenblume (Campanula barbata) und Isländisches Moos sind Charakterpflanzen des Gipfels. Von der Mitte seiner Fläche aus hat man gar keine Aussicht; darum mußte man sie früher, um die weite Fernsicht genießen zu können, am Rande umwandern. Jetzt erhebt sich, vom „Glatzer Gebirgsverein" errichtet, der gewaltige, runde K a i s e r = W i l h e l m s t u r m auf dem Scheitel des Berges. Von seiner Höhe genießt man einen der prächtigsten Rundblicke Schlesiens. Er reicht weit in die Schlesische und Böhmische Ebene hinein. Mit besonderem Interesse überschaut der kundige Beobachter hier zugleich die Gliederung des Gesenkes und des Glatzer Berglandes. Geradezu eigenartig aber ist der Blick in die vielen schönen und tiefen Waldtäler hinab, wie z. B. in das schier schreckhaft einsame, lange Tal der **March,** die am Südabhange des Schneeberges entspringt und nach Mähren fließt. In der Nähe des Scheitels hat auch die **Wölfel** ihre Quelle, und so wird der Große Schneeberg zur Wasserscheide zwischen Ostsee und Schwarzem Meere. Das ganze Gebirge aber ist sogar die Wasserscheide zwischen d r e i Meeren; denn auch der **Stille Adler** entspringt am Südfuße des Gebirges. Er geht zur Elbe.

Die Wölfel fließt nach Westen in die Neiße und bildet am Fuße des Schneeberges den

Wölfelsfall.

Zwischen dunkelgrünen Tannen hinströmend, stürzt der Bach plötzlich 30 m tief in einen kreisförmigen Kessel hinab, dessen Ränder trotz ihrer Steilheit noch mit Tannen bewachsen sind. Dabei verwandelt sich das Wasser in weißen Schaum und verursacht ein solches Getöse, daß man selbst lautes Geschrei kaum vernehmen kann. Aus dem Sammelbecken am Fuße des Falles, der der wasserreichste der Sudeten ist und keiner künstlichen Stauung bedarf, fließt dann das Wasser zwischen senkrechten Wänden durch eine mehrere hundert Meter lange Schlucht, die sich der Fluß selbst ausgewaschen hat. Zahlreiche Villen sind in der Nähe des Falles erbaut worden, und so hat sich hier im Laufe der Zeit eine der besuchtesten Sommerfrischen des Gebirges entwickelt.

Über dem rechten Ufer der Wölfel erhebt sich

der Spitzberg zu Maria Schnee.

An seinem Abhange, nahe der Spitze, steht eine Wallfahrtskirche, umgeben von Verkaufsbuden und Gasthäusern für Wallfahrer. Tausende klimmen alljährlich hier herauf, um vor dem Bilde der Mutter Maria in der Kirche Trost und Heilung zu erflehen. Ein herrlicher Blick über das ganze Glatzer Land erschließt sich hier oben dem Beschauer.

Von dem bisher betrachteten Hauptteile des Glatzer Schneegebirges ist durch eine Senke am Ende des Bielegebirges ein Gebirgsteil abgetrennt. Er wird meist zum Reichensteiner Gebirge gerechnet, gehört aber seinem geologischen Aufbau und seiner Richtung nach zum Glatzer Schneegebirge.

Dieser nach Nordosten streichende Zug heißt

der Hundsrücken (H. R.).

Er ist als die gerade Fortsetzung des Altvatergebirges anzusehen, an das er sich westlich vom Ramsauer Sattel als **Wetzsteinkamm** (W. K.) anschließt. Meist aus Gneis, allerdings aus verschiedenen Arten desselben bestehend, zieht sich dann vom Hundsrücken aus das **Reichensteiner Gebirge** (R. G.) nordwestwärts hin. Da, wo Wetzsteinkamm, Hundsrücken, Reichensteiner und Bielegebirge zusammenstoßen, erhebt sich als auffälliger Gipfel der **Fichtlich** (F., 1128 m). Er bildet die Wasserscheide zwischen der March, der Landecker und der Freiwaldauer Biele. Auf ihm stoßen die Grenzen dreier Länder (Schlesiens, Österreichisch-Schlesiens und Mährens) zusammen.

Von ihm eilt ein Quellfluß der **Landecker Biele** hinab ins **Bieletal**, das vom Bielegebirge im Westen, vom Reichensteiner Gebirge im Osten begrenzt und von beiden im oberen Teile recht erheblich eingeengt wird, bis es sich bei

Landeck

zu größerer Breite öffnet. Da sich hier das von Süden her streichende Tal des Klessenbaches mit dem Bieletal vereinigt, wurde Landeck zu einem natürlichen Mittelpunkte der Verkehrswege des Schneegebirges, zumal auch der Paß von Krautenwalde sich zu ihm absenkt. Einige Basaltkuppen der Umgegend weisen schon darauf hin, daß vulkanische Kräfte des Erdinnern hier sich tätig erwiesen haben. Ihnen verdankt die Stadt Landeck die fünf alkalisch-salinischen Schwefelquellen (von etwa $+ 30°$ C) des benachbarten **Bades Landeck**, dessen zum Teil recht prächtige Villen und Kurgebäude inmitten herrlicher Waldungen liegen.

Die Erwerbsverhältnisse

im Glatzer Schneegebirge sind zwar ziemlich mannigfaltig, aber überall wenig günstig.

Die Kämme des Gebirges, besonders aber die Ränder der zahlreichen tiefen Täler sind mit dem herrlichsten Walde bestanden. Darum beschäftigen sich die Bewohner des Gebirges auch hervorragend mit H o l z u r b e i t. Sie fällen die riesigen Bäume im Sommer, fahren sie im Winter mit großer Mühe auf Schlitten ins Tal und verarbeiten das Holz zu Bau- oder Brennholz. An den vielen Gebirgsbächen findet man zahlreiche Brett- schneidemühlen, Zündholz= und Holznägelfabriken.

Überhaupt wird die reiche W a s s e r k r a f t des Gebirges fleißig be- nutzt. Man staunt, wenn man durch die Dörfer an seinem Fuße dahingeht, über die große Zahl von Mühlen, in denen Getreide gemahlen oder Lein- samen und Rinde zerstampft werden. „Holzschleifen" stellen den Rohstoff zur Papierbereitung her.

Der Ackerboden bietet nur wenig Ertrag, denn die Felder ziehen sich meist an steilen Berglehnen hinauf, von denen der Regen oft die fruchtbare Erde wegschwemmt. Große Schneemassen und lang andauernde Kälte hin- dern in manchen Jahren so, daß nicht einmal der Hafer reif wird. Da müssen denn die armen Bauern in solchen Zeiten noch einiges durch Pilze- und Beerensammeln zu verdienen suchen, und nicht selten kehrt der Hunger in ihre niedrigen Hütten ein, die meist aus Holzstämmen erbaut sind. Die Kalkbrüche von Eisersdorf und Ullersdorf, der Marmorbruch von Seiten- berg und zahlreiche Quarzfunde bei der Oranienhütte (Glas) in Schreckendorf bieten außerdem noch Beschäftigung. Dagegen hat der ehemalige Silber- bergbau bei dem früheren Städtchen, jetzigen Dorf Wilhelmstal am Fuße des Schneeberges längst aufgehört.

Der frühere Besitzer der ausgedehnten Forsten des Schneegebirges, P r i n z A l b r e c h t v o n H o h e n z o l l e r n, und seine Mutter, die P r i n z e s s i n M a r i a n n e, sind wahre Wohltäter des Gebirges ge- worden, indem sie mehrere vortreffliche Fahrstraßen in ihm erbauen ließen. Im Bieletal führt nun eine Eisenbahnlinie bis Seitenberg hinauf.

Am Fichtlich beginnt

das Reichensteiner Gebirge.

Es wird durch den **Paß von Neudeck**, über den die Straße Reichen- stein—Glatz führt, in zwei deutlich geschiedene Teile zerlegt: in das **eigent- liche Reichensteiner Gebirge** und in das **Warthaer Gebirge**.

Diese Scheidung beruht durchaus auf **geologischer Grundlage**. Bis zum Neudecker Passe hin wird das Gebirge von einem Gneisgewölbe gebildet, dessen Schichten nach Alter, Streichungsrichtung und auch in ihren Spielarten denen des Altvatergebirges gleichen. Eine breite Shenitzone, vielfach von erzreichem Serpentin durchsetzt, trennt den Eckpfeiler dieses Zuges, den granitischen Durchbruchskegel des J a u e r s b e r g e s, vom Warthaer Gebirge. Eine tief- gehende Verwitterung, der das Vorhandensein vieler Verwerfungsspalten günstig war, hat den heutigen Straßenpaß von Neudeck aus dem Shenit herausgearbeitet. Das westlich vom Passe ansetzende Grauwackengebirge ist die noch erhaltene silurisch-devonische Überkleidung eines Gneisgewölbes von anderer Streichungs- richtung. Eine auffallende Verwerfungslinie, die sich von Silberberg vor Neu- rode zu erstreckt, den P a ß v o n S i l b e r b e r g bildend, trennt diese Grau- wackenzone von den Teilen des Eulengebirges, in denen der kristallinische Kern wieder zum Vorschein gekommen ist. (Weiteres darüber s. S. 26.)

Mit ungemein steiler Böschung nach-Osten und Westen hin streicht der Kamm des eigentlichen Reichensteiner Gebirges, durch den **Krautenwalder Paß** (665 m hoch) in zwei Abschnitte gegliedert, nach Nordwesten. Das Dorf **Krautenwalde** (Kr.) liegt langgestreckt, tief eingebettet in der Paßschlucht, die einst die nun in Trümmern liegende Burg **Karpenstein** beherrschte. Aus der Schlucht windet sich heute in mächtigen Serpentinen eine Straße empor, das österreichische Städtchen **Jauernig** und die auf steilem Felsen über dem Städtchen thronende fürstbischöfliche Residenz **Schloß Johannesberg** mit **Landeck** (L.) verbindend. Die Straße hat trotz ihrer kunstvollen Anlage keinen recht lebhaften Verkehr zwischen Schlesien und der Grafschaft herbeiführen können. Nordwestlich von ihr erhebt sich als ein echter Gneisrücken, breit hingelagert, der **Heidelberg** (H. B., 902 m), auf dessen Hochfläche ein stattlicher Aussichtsturm eine völlige Rundsicht ermöglicht. Ihr ist charakteristisch nach Nordosten hin der weite Blick in das Vorland des Gebirges bis zu den Strehlener Bergen und nach Süden zu der Anblick des schlanken Schneebergkegels, der hier so recht als Beherrscher des ganzen Landschaftsbildes erscheint. Der dreigipflige Nachbar des Heidelberges, der **Jauers-**

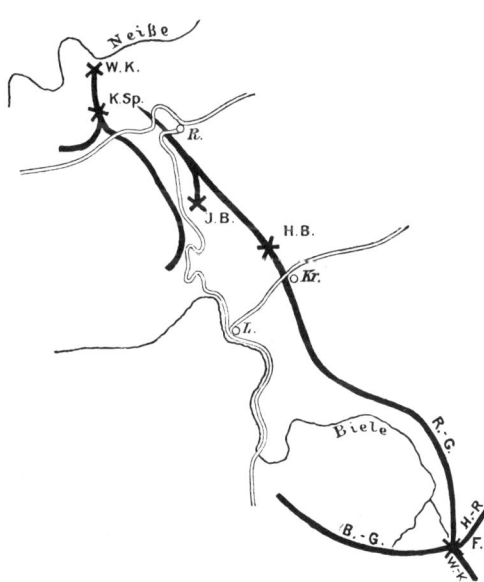

5. Das Reichensteiner Gebirge.

berg (J. B., 870 m), gibt schon in seinen zackigen Formen zu erkennen, daß er aus ganz anderm Stoffe geschaffen ist als jener (s. S. 24). Fast bis zu seiner Spitze hinauf windet sich die Kunststraße empor, die R e i c h e n - s t e i n und L a n d e c k verbindet, aber gleich der Krautenwalder die ländertrennende Eigenschaft des steilen Kammes nicht hat beseitigen können. Der Wanderer, der auf ihr von Landeck her abwärts schreitet, kommt mitten im Walde an einem Bergwerk vorüber. Es weist durch seinen Namen „Goldener Esel" schon darauf hin, daß einstmals hier Gold gefunden wurde. Heute ist es ein Arsenikwerk, das durch seine giftigen Dämpfe den Hochwald talwärts vernichtet. Der Erdboden birgt hier meilenweit in der Runde, besonders in seinen Serpentinmassen, Arsenikalkies, dessen Verhüttung heutzutage die Hauptbedeutung des Städtchens

Reichenstein (R.)

ist. Diese ehemals „freie Bergstadt", in deren Umgebung schon sehr früh,

schwerlich aber vor 1241, nach Gold geschürft worden ist, verdankt dem Edel=
metall auch seinen Namen. 1547 waren hier 145 Zechen im Betrieb, und
mehr als 21 200 Dukaten wurden in diesem Jahre zu Reichenstein geprägt.
Der Zusammenbruch des „Goldnen Esels", vor allem aber die Verheerungen
des Dreißigjährigen Krieges haben den Bau auf Gold, das meist in dem
hochromantischen „S ch l a cke n t a l" verhüttet wurde, fast gänzlich zum
Stillstand gebracht. In den Güttlerschen Arsenikwerken werden jetzt noch
kleinere Mengen Goldes nebenbei gewonnen. (Taufbecken, Taufkanne des
preußischen Königshauses sowie die Trauringe unseres Kaiserpaares sind
aus Reichensteiner Gold gefertigt.) 1911 wurden 50 kg Gold und 1862 t
Arsenikalkies gewonnen.

   Gewaltige Bänke weißschimmernden Urkalkes machen die Lage Reichen=
steins weithin kenntlich. Der Abbau des Kalkes, der sehr schöne Dendriten
enthält, erhöht im Verein mit dem Betriebe der schon 1692 gegründeten
Pulvermühlen in **Meifritzdorf** und **Follmersdorf** die lebhafte Industrietätig=
keit dieser Gegend. Die beiden genannten Dörfer liegen in der Senkung
zwischen dem Jauersberg und dem Warthaer Gebirge an der Straße von
Reichenstein nach Glatz, die in 481 m Höhe den P a ß v o n N e u b e ck
überschreitet.

   Die westliche Hälfte des Reichensteiner Gebirges wird

das Warthaer Gebirge
genannt.

   Geologisch gehört es — wie auch schon gesagt wurde (s. S. 24) — aufs
engste mit dem Ostflügel des Eulengebirges zusammen. Am ganzen Nordrande
dieses Gebietes bis Silberberg hin liegen silurische Schiefer, die z. B. bei
W i l t s ch (am Siebertsvorwerk) schwarz, dünn wie Pappe und sehr stark ge=
faltet sind und in riesiger Menge Graptolithen enthalten. Von der Silber=
berger Verwerfung ab (am Passe) legt sich an den Silur ein Dreieck devonischer
Schiefer an, dessen Spitze nach Süden gekehrt ist. An der Basis dieses Dreiecks
längs der Paßstraße ist Kohlenkalk eingebettet. An dem Westrande des Dreiecks
sind bei E b e r s d o r f dem Devon produktive Steinkohlenschichten aufgelagert.
Sie bedeuten den Anfang des Waldenburger Steinkohlenbeckens, werden aber
nördlich von Ebersdorf, bei N e u r o d e, wieder vom Rotliegenden überlagert.
Den 10 km langen Streifen der bloßgelegten Steinkohlenformation begleitet
bei V o l p e r s d o r f ein auffälliger Rücken von Gabbro. Diesseit und jenseit
des Wartha = Passes weisen die Höhen des Grauwackengebirges steile Kegel=
formen auf.

   Der ganze Zug des Warthaer Gebirges ist dicht bewaldet. Mehrere
sehr spitze Bergkegel erheben sich auf ihm, so südlich der **Königshainer Spitz=
berg** (K. Sp. auf Abb. 5; 752 m) und nördlich der

Warthaer Kapellenberg (W. K., 584 m).

   Er trägt auf seinem Gipfel eine Wallfahrtskirche. Der Weg zu ihr
hinauf führt an vielen Kapellen und Kreuzwegbildern vorüber durch einen
prächtigen Nadelwald. Der Berg fällt so steil ab, daß sich schon mehrfach
Fels= und Erdmassen von ihm ablösten. Sie stürzten hinab in den

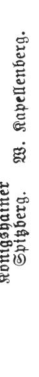

Königshainer Spitzberg. W. Kapellenberg. Die Neiße.

6. Wartha und der Wartha-Paß.

Paß von Wartha,

ein tiefes Durchbruchstal der Neiße zwiſchen dem Warthaer und dem Eulen=
gebirge. Ein ſteiler Felsabhang, der vom Kapellenberge ausgeht, engt die
Neiße hier aufs äußerſte ein. Die alten Paßſtraßen ſind wegen der Enge
des Tales an beiden Seiten des Fluſſes in recht erheblicher Höhe angelegt
worden. Die Unterlage für die Schienen der Eiſenbahn, die hier durchge=
führt worden iſt, hat man aus dem Berge kühn herausſprengen und gegen
Rutſchungen auf koſtſpielige Weiſe ſchützen müſſen. Vor dem Paſſe liegt auf
der ſchleſiſchen Seite links der Neiße das Städtchen **Wartha.** Das Marien=
bild ſeiner zweitürmigen Kirche zieht alljährlich Tauſende von Wallfahrern
herbei. Der Paß iſt ſeit alter Zeit der Eingang in die Grafſchaft Glatz und
militäriſch von der größten Wichtigkeit.

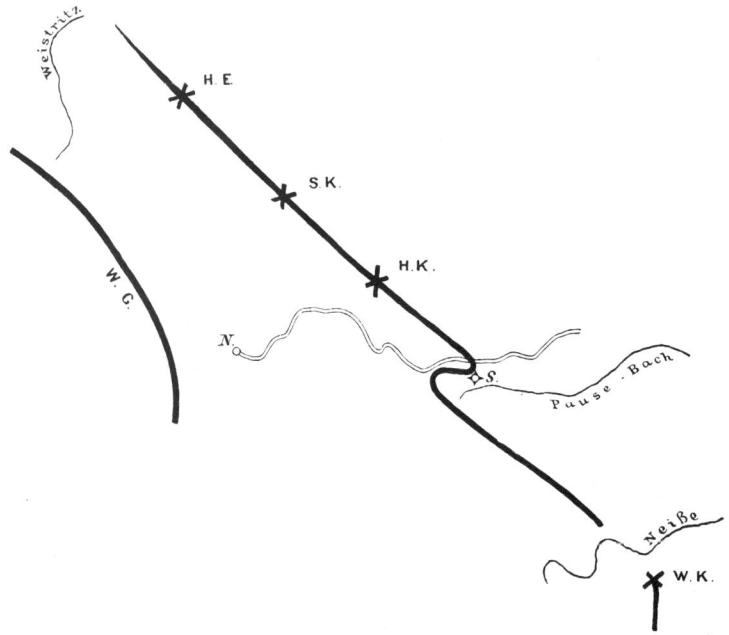

7. Das Eulengebirge.

Vom Wartha=Paſſe bis zur Weiſtritz erſtreckt ſich

das Eulengebirge,

die weſtliche Hälfte der Nordoſtumwallung des Glatzer Landes bildend.
Die **geologiſche Beſchaffenheit** ſeines öſtlichen Flügels bis zur Silberberger
Spalte haben wir ſchon betrachtet. Der übrige Teil iſt ein einförmiges Gneis=
maſſiv, einſtmals vom Kulm überzogen. Kleinere Reſte desſelben haben ſich
auf ſeinem Scheitel erhalten; eine längere Kulmzone mit bedeutenden Kalk=
einlagerungen begleitet den Weſtfuß des Gebirges bei H a u s d o r f. Scharf
begrenzt, ſteigen der Oſt= und Weſtfuß des Gebirges, jener aus dem Diluvium
(„ſudetiſche Randſpalte“), dieſer meiſt aus den Schichten des Karbon empor.
— Auf dieſem geologiſchen Aufbau beruht die durchgreifende Einförmigkeit des
Gebirges.

Als ein einzelner Kamm einför=
mig immer nach Nordwesten strei=
chend, ist das Gebirge auch in seiner
Gliederung einförmig. Nur der
Sattel von

Silberberg (S.)

macht einen erheblichen Einschnitt in
den Kamm. Mit steil ansteigenden
Gassen zieht sich das Städtchen Sil=
berberg zwischen dem „Donjon" und
dem Spißberge zur Paßstraße hin=
auf, die Schlesien und die Grafschaft
verbindet.

Die Stadt erinnert durch ihren
Namen an den Bergbau auf Silber,
der hier in alter Zeit einmal be=
trieben worden ist. Um den Paß bei
Silberberg zu schüßen, ließ Friedrich
der Große auf den Höhen ringzum
kostspielige Festungswerke in die Fel=
sen hauen oder aus starken Mauern
aufrichten. Im Winter von 1806
zu 1807 hat hier eine Abteilung
der tapferen Schar des Grafen
Gößen einer schweren Belagerung
lange Zeit standgehalten. Das
Städtchen ging dabei in Flammen
auf. Vom „Donjon" der Festung ge=
nießt man eine treffliche Aussicht auf
Schlesien und die Grafschaft Glaß.
Die Festungswerke sind jeßt verlassen
und zum Teil geschleift. Die am
Nordfuße des Gebirges entlang füh=
rende Eulengebirgsbahn durchquert
Silberberg und erklimmt die Paß=
höhe mit Hilfe einer Zahnstangen=
strecke.

Vom Passe an streicht die ein=
förmig umrissene Kammlinie ständig
in nordwestlicher Richtung. Nur
wenig erheben sich die flachen Gneis=
dome der **Hahnenkoppe** (H. K.,
755 m), der **Ascherkoppe** (856 m)
und der **Sonnenkoppe** (S. K., 967 m)
über sie, und auch der höchste Gipfel,

die Hohe Eule (H. E., 1014 m)

erhält nur dadurch eine auffälligere

8. Blick von Langenbielau nach Westen auf das Eulengebirge.

Form, daß sie sehr steil zum Übergange an den „Sieben Kurfürsten" (750 m) abfällt. Von dem hohen „Bismarckturme" erschließt sich eine Aussicht auf das Gebirge und die Ebene Schlesiens, die mit den allerschönsten Fernblicken unserer Provinz wetteifert. Der Anblick des die Ebene begrenzenden Zobtengebirges ist ihr besonders eigentümlich.

Einförmig wirkt endlich auch die Bewaldung des Gebirges. Die gewaltige Ausdehnung seiner Wälder gibt seinen Bewohnern Gelegenheit zur Holzarbeit. Vor dem Südabhange liegen reiche Steinkohlenschätze, deren Ausnutzung die Bahnlinie Dittersbach — Glatz erleichtert. Neben den Kohlenlagern befinden sich bedeutende Kalksteinbrüche, und darum ist die Gegend am Südabhange bei Hausdorf auch reich an Kalköfen.

Trotz der steilen Abdachung des Gebirges nach beiden Seiten hin werden auf mehreren guten Kunststraßen Kohlen, Kalk und andere Erzeugnisse auch über das Gebirge hinweg nach Schlesien gebracht. Die besten, auch strategisch wichtigen Straßen führen über das **Volpersdorfer Plänel** (696 m) und über das **Plänel am Kreuz** (800 m).

In den höher gelegenen Ortschaften bleibt neben der Holzarbeit den Bewohnern keine andere Erwerbsquelle als wenig lohnende Handweberei.

Seinen natürlichen Verkehrsmittelpunkt findet der Südabhang des Gebirges in der Stadt

Neurode (N.).

Sie liegt malerisch an der W a l d i tz, deren Tal die natürliche Verkehrsstraße aus dem Waldenburger Gebirge in die Grafschaft ist, und zwar da, wo in dieses Tal die Silberberger Paßstraße und die neu angelegte Eulengebirgsbahn von Silberberg her einmündet. Die Nähe der Steinkohlenzone hat zu Bergbau geführt, und dieser wieder zu reger Fabriktätigkeit. Zwischen den Kohlenflözen finden sich solche von feuerfestem Ton bis zu einer Mächtigkeit von 20 m. Sie werden abgebaut und lieferten 1911 auf einer einzigen Grube 400 000 t Kohle und 90 000 t Ton. Der feinkörnige Sandstein des Rotliegenden, das die Färbung des Bodens ringsum beeinflußt, wird vielfach gebrochen und zu Trögen, Rinnen u. a. verarbeitet.

Viel mannigfaltiger als die Nordostumwallung der Grafschaft gestaltet sich deren Südwestumwallung. Ihren östlichen Teil nennen wir

das Böhmisch-Glatzer Grenzgebirge.

Es beginnt am Passe von Mittelwalde mit dem

Habelschwerdter Kamme (H. K.).

Dieser zieht als flach gewölbter, breiter Rücken nach Nordwesten bis zur Reinerzer Weistritz. An seinen Enden ist er niedrig, in der Mitte am höchsten. Da liegt der **Heidelberg** (H. B., 978 m). Der Gebirgszug fällt nach Osten zu steil, nach Westen allmählich ab, ins Tal der Erlitz. Ungefähr in seiner Mitte, am **Brande**, senkt sich der Kamm etwas; dort führt eine gute Straße von **Habelschwerdt** (H.) über ihn hinweg in das **Erlitztal.**

Mit dem Habelschwerdter Kamme gehen parallel

die Böhmischen Kämme oder das Adlergebirge (A.-G.).

Sie sind kürzer, aber höher als jener und tragen ebenfalls in der Mitte eine Einsattelung, über die aber nur eine schlechte Fahrstraße führt. In ihrer Nähe liegt die **Deschnayer Koppe** (D. K., 1114 m). Am Nordende erhebt sich die **Hohe Mense** (H. M., 1084 m). Hier kommen die beiden Kämme sehr nahe aneinander, nur das breite Tal der **Reinerzer Weistritz** trennt sie noch.

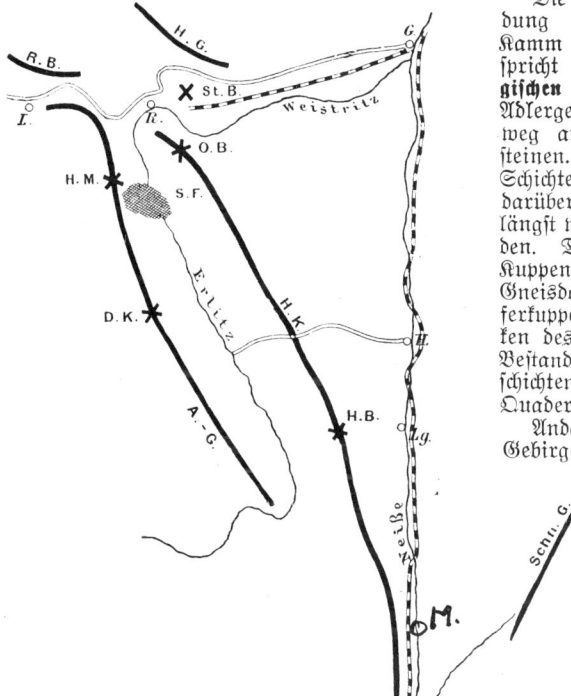

9. Das Böhmisch-Glatzer Grenzgebirge.

Die volkstümliche Scheidung in Habelschwerdter Kamm und Adlergebirge entspricht durchaus der **geologischen Beschaffenheit**. Das Adlergebirge besteht fast durchweg aus kristallinischen Gesteinen. Was sich später an Schichten jüngerer Formation darübergelagert hatte, ist längst wieder abgetragen worden. Darum zeigen auch die Kuppen ganz die Umrisse der Gneisdome und Glimmerschieferkuppeln. Nur an den Flanken des Gebirges lagern noch Bestandteile der jüngeren Erdschichten, besonders Pläner- und Quadergestein.

Anders im Habelschwerdter Gebirge! Seine Südhälfte besteht aus Gneis; die ganze Nordhälfte aber ist von Pläner und Quader derartig noch jetzt überlagert, daß sie breite Hochflächen aufweist. Kapartig ragen die Quadersandsteinmassen über den Abfall der Gneis- und Glimmerschiefergrundlage hinaus (z. B. Kapuzinerplatte, Steinberg). Der Raum zwischen Adlergebirge und Habelschwerdter Kamm ist zumeist mit Glimmerschiefer ausgefüllt, den die Erlitz muldenartig vertieft hat. Im Norden ist diese Zone ebenfalls von Pläner überlagert und bildet als solche die Unterlage der Seefelder.

Die Weistritz entspringt auf den

Seefeldern (S. F.).

Diese sind ein großes Sumpf- und Moorgebiet mit einigen kleinen Lachen voll dunkeln Wassers. Ehemals war das ganze Gebiet ein großer See. Er ist aber jetzt gänzlich mit Torfmoos verwachsen. Unten hat sich eine fast 2 m hohe Schicht von schwarzem Torf gebildet, der ein gutes Brennmaterial liefern würde, wenn er von der Höhe bequem heruntergeholt werden könnte.

Da hier auch die **Erlitz** entspringt, die nach Süden zur Elbe fließt, bilden die Seefelder die Wasserscheide zwischen Nordsee und Ostsee.

Das Erlitztal

erweitert sich nach Süden hin wannenartig. Die Landesgrenze geht so ziemlich mitten hindurch. Es eignet sich fast überall zu einem spärlichen Landbau. Doch sind die Bewohner der preußischen Seite des Tales viel besser daran als die der österreichischen. Die guten Straßen, die von Preußen her ins Erlitztal herabführen, machen Industrie — in **Kaiserswalde** und **Langenbrück** Glashütten, in **Peuker** Flachsspinnereien — und eine leichte Abfuhr der Erzeugnisse möglich. So blüht hier auch mannigfache, immerhin noch lohnende Hausindustrie. Tausende von Streichholzschachteln werden hier von Frauen und Kindern geklebt. Aber nach Österreich führen nur elende Dorfwege, und die Eisenbahn ist 20 km weit entfernt. In Preußen können die Leute wegen der Grenzzölle auch keine Hausbeschäftigung suchen. Auf der österreichischen Seite blüht darum auch nicht der geringste Industriezweig; nur die Handweberei wirft einen kärglichen Verdienst ab. Dagegen werden die Weinhäuser der böhmischen Seite auch von Schlesien her fleißig besucht.

Der südliche Teil beider Kämme des Grenzgebirges ist nicht allzu reichlich bewaldet; deshalb wird der Habelschwerdter Kamm vielfach von verheerenden Gewittergüssen heimgesucht, die dem ohnehin mühsam um seinen Lebensunterhalt ringenden Bauern dieser Gegend nicht selten argen Schaden verursachen.

Dagegen tragen die beiden Kämme in ihrem nördlichen Teile ein dichtes Waldgewand, besonders der Habelschwerdter Kamm. Stundenlang kann man auf seinen Hochflächen durch einsame Wälder und auf schnurgeraden Waldstraßen wandern. Von ihnen führt eine den bezeichnenden Namen „Spätenwalder Ewigkeit". Aber auch in diesem Teile zieht sich das bebaute Land bis auf den Rücken der Kämme hinauf, und noch in der Höhe von 960 m liegt ein Dorf, das höchste in Schlesien: **Grunwald**, nahe den Seefeldern. Die Bauern dieser Gegenden können dem Boden Roggen, Kartoffeln und Hafer nur mit unendlicher Mühe abringen. Oft tragen sie auf dem Rücken die fruchtbare Erde, die der Regen ins Tal spülte, in Kästen wieder auf ihre Bergfelder hinauf. Am meisten bringt ihnen noch die Viehzucht ein, weil das Gebirge reich an Wiesen ist.

Nach Norden fällt das Gebirge zum

Passe von Reinerz

ab. In ihm windet sich eine Kunststraße, die von **Glatz** ausgeht, im Tale der **Weistritz** aufwärts, zwischen dem Heuscheuer= und Habelschwerdter Gebirge hindurch und an **Reinerz** vorüber. An der ostwärts gelegenen Verengung des Weistritztales, „Höllental" genannt, haben **Steinberg** (S. B.) und **Ochsenberg** (O. B.) besonderen Anteil. Zwischen den Ausläufern der **Hohen Mense** und dem **Ratschenberge** (R. B.) hindurch führend, berührt die Straße **Lewin** (L.), überschreitet die österreichische Grenze und übersteigt schließlich den **Paß von Nachod**, durch den sich 1866 die Preußen den Eingang nach Böhmen in einem blutigen Gefecht erzwangen. Eine malerisch angelegte Eisenbahnlinie, die Glatz und Nachod verbindet, führt durch den Paß. Das Tal ist besonders um

Reinerz (R.)

gegen rauhe Winde geschützt und reich bewaldet. Und weil obendrein bei Reinerz kräftige Heilquellen vorhanden sind, hat sich bei diesem Orte eins der größten schlesischen Bäder entwickelt, dessen Besuch noch zugenommen hat, seit eine Eisenbahn von Glatz aus in seine Nähe, an dem gewerbreichen Orte **Rückers** (Glasschleifereien und Holzstoffabrik) vorüber nach **Kudowa** führt. Die Reinerzer Eisensäuerlinge helfen gegen Blutarmut, Herzleiden und leichtere Erkrankungen der Atmungsorgane. In den umfangreichen Kuranlagen ist ein Springbrunnen von 33 m Höhe besonders sehenswert. 1909 wurden hier mächtige Kohlensäuresprudel erbohrt. Zahlreiche Waldspaziergänge finden sich in nächster Umgebung, auch gegen die H o h e M e n s e hin, an deren Fuße die „Schmelze" an den Bergbau auf Eisen erinnert, der einstmals hier betrieben wurde.

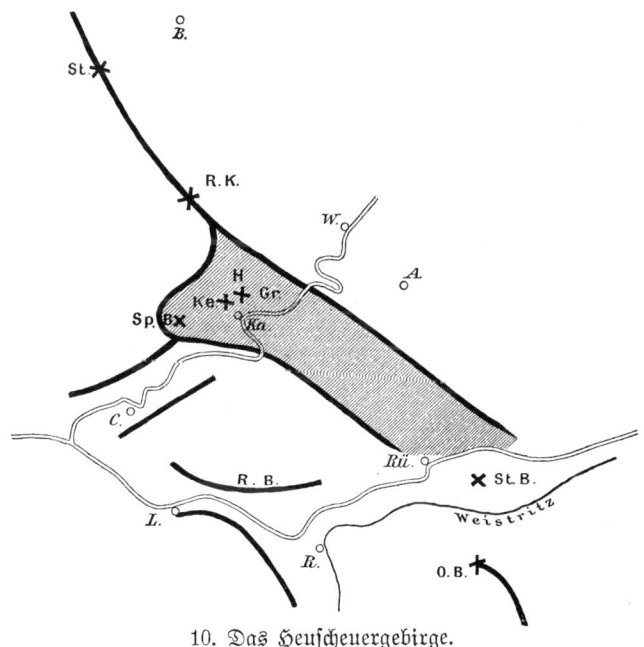

10. Das Heuscheuergebirge.

Nördlich vom Reinerzer Passe liegt

das Heuscheuergebirge.

Es ist ein Sandsteingebirge, und darauf beruht sein Aussehen, das sich gänzlich von dem der übrigen Glatzer Gebirge unterscheidet. Ihm sind eigen: steile, vielzerklüftete Felswände, düstere Schluchten, breite, tischplattenartige Gipfel, große Felstrümmerhaufen und ein spärlicher Baumwuchs.

Drei ungleich mächtige Schichten von unterem Quader, Pläner und oberem Quader bilden die Masse dieses Gebirges. An ihnen hat die Verwitterung in

erstaunlicher Weise, aber mit ungleichförmigem Erfolge gearbeitet. Der Einwirkung der Atmosphärilien ist zunächst der Steilabsturz des Gebirges nach Nordosten und Südwesten hin zuzuschreiben. Hier fällt es in parallelem Absturz
gegen das Granitgebiet der D ö r n i k a u e r B e r g e ab, das offenbar eine
Fortsetzung des Adlergebirges ist und durch die Verwitterung bloßgelegt wurde.
Die tiefen Schichten der Dörnikauer Berge enden vor der Quadersandstein-
mauer des Heuscheuergebirges. Der untere Quader kommt fast nur an den
Rändern des Gebirges zum Vorschein. Der Pläner und der obere Quader
finden sich auf seiner Oberfläche in buntem Wechsel. Trotzdem letzterer den
ersteren oft in einer Mächtigkeit von 200 m überlagert, ist er doch an vielen
Stellen bis auf den Pläner abgewittert, und auch in diesen hinein hat die
Verwitterung gearbeitet. Nun gibt aber der verwitterte Pläner eine fruchtbare,
der Quader dagegen eine unfruchtbare Krume. Darauf beruht der Wechsel im
Landschaftsbilde des Gebirges, das bald mit saftigen Wiesen und fruchtbaren
Feldern, bald mit dünnem Hochwalde bedeckt ist. Während der Quader infolge
der Verwitterung im nordwestlichen Teile des Gebirges nur noch inselartig die
Plänerbänke überlagert, bildet er im südöstlichen Teile bis zum S t e i n b e r g e
hin, diesen eingeschlossen, eine 15 km lange, nur 2 bis 3 km breite Tafel. Durch
ihr durchlässiges Gestein sickert das Wasser in die Tiefe und tritt dann an der
Oberfläche der Plänerbänke in zahlreichen Quellen zutage.

Von dem Tale der **Reinerzer Weistritz** steigt das Gebirge als schmale
Hochebene an und behält fortwährend nordwestliche Richtung. Die Ränder
dieser Hochebene sind steil, oft senkrecht. Sie verbreitert sich allmählich; ihre
breiteste Stelle heißt der **Leierberg.** Auf seiner Hochfläche erheben sich die
Große Heuscheuer (Gr. H.), die **Kleine Heuscheuer** (Ke. H.) und der **Spiegelberg** (Sp. B.) gleich ungeheuren Felsinseln von ziemlich gleicher Höhe.

11. Die Heuscheuer.

Die Große Heuscheuer (919 m)

sieht von ferne wohl einem Scheunendache, mehr aber noch einem riesigen Festungswerk ähnlich und scheint ein einziger großer Felsblock zu sein, der, etwa 150 m hoch, dem Plateau des Leierberges aufgesetzt ist. Am Fuße der Heuscheuer liegt das Dörfchen **Karlsberg**, dessen Bewohner sich hauptsäch= lich als Gebirgsführer ihren Unterhalt erwerben; denn die Felder, die auf der Hochfläche liegen, bieten einen so geringen Ertrag an Hafer und Kar= toffeln, daß die Bewohner der übrigen kleinen Dörfer auf und an dem Leier= berge sich nur mit Hilfe der Weberei erhalten können. Von Karlsberg aus steigt man auf mehreren hundert Stufen zwischen und an den Felsen der Heuscheuer hinauf, die um so zerklüfteter erscheinen, je näher man ihnen kommt. Ihre gleichmäßig graue Farbe wird belebt durch das dunkle Grün hoher Tannen, die freilich nicht sehr dicht beieinander stehen; denn sie können

12. Kamel mit Großvaterstuhl aus der Heuscheuer.

nur in den zahlreichen tiefen Furchen zwischen den Felsen Wurzel fassen. Die Spitzen der Felsen schauen über die Wipfel hervor, und erst die ebene Hochfläche zeigt wieder dichteren Baumschmuck. Sie ist aber auch wie der Abhang am Fuße der Felsen mit Steintrümmern übersät und von tiefen Rissen durchfurcht. In ihnen haben Regenwasser und Frost den Sandstein in wunderliche Formen zerwaschen und zersprengt. Da erblickt man Fels= massen, die einem Kamel oder Negerkopf oder Schafe oder Bären ähnlich sehen. Eine tiefe Schlucht, in die man auf nahezu 100 Stufen hinabsteigt, führt in ihren einzelnen Teilen verschiedene Namen und heißt an der einen Stelle die **„Schneegruben"**, weil in den tiefen Spalt das ganze Jahr kein Sonnenstrahl dringt und der Schnee darin niemals ganz wegschmilzt. Vom höchsten Felsen aus, der **„der Großvaterstuhl"** genannt wird, hat der Wanderer eine entzückende Aussicht über die ganze wild zerklüftete Gegend

und in die lachende Schlesische Ebene hinein. Wenn man bei einer Fernsicht auf Mannigfaltigkeit der Formen sieht, ist keine andere in Schlesien
dieser zu vergleichen; denn hier erblickt man außer den steilen Quader-
wänden nahe beieinander: langgestreckte Bergrücken (Gneis des Eulengebirges), kuppelförmige Bergdome (Urschieferberge des Waldenburger Gebirges) und spitze Kegelberge (Porphyr ebendaselbst).

Von hier aus sieht man auch die unfern gelegene prächtige Kirche in
Albendorf (A.). Das ist der besuchteste Wallfahrtsort von ganz Schlesien.
Die Teiche, Bäche und Berge in seiner Umgebung sind gleich denen bei
Jerusalem und nach andern Örtlichkeiten des Heiligen Landes benannt.

Am Nordfuße der Heuscheuer wird beim Städtchen **Wünschelburg** (W.)
eine feinkörnige weiße Art des Sandsteins zu mächtigen Werkstücken gebrochen.

Nordwestlich vom Leierberge verschmälert sich die Hochebene zu einem
schmalen Kamme, der nach Osten zu vielfach mit senkrechten Quadersand-
steinmauern zur Ebene des **Braunauer Ländchens** abfällt, während seine
Westfront durch Wind und Wetter eine mehr abgerundete, zerklüftete und
mehr allmählich sich abstufende Form erhalten hat. Oft ist diese Gestaltung
durch Verwitterung auch an den einzelnen Felsen bemerkbar. Dieser
schmale Kamm heißt das **Politzer Faltengebirge.** Sein Ansatz an den Leierberg erfolgt bei der **Ringelkoppe** (R. K., 772 m), die als unersteigbares,
steiles Kap ins Tal von Wünschelburg vorspringt. Das Faltengebirge endet
am Passe von **Bobisch,** der zur Überführung der Bahnlinie nach H a l b -
s t a d t benutzt wurde. Unweit des Passes erhebt sich der sonst sehr gleichmäßig hohe Kamm zu einem flachen Gipfel, der das Kirchlein zu **Maria
Stern** (St.) trägt. Das Faltengebirge schließt geographisch zwar das fruchtbare, industriereiche B r a u n a u e r L ä n d c h e n von Österreich ab und
weist es Preußen zu, aber es ist doch infolge seiner Zerklüftung leichter zu
überschreiten als der geschlossene Porphyrbogen des nördlich von Braunau
sich hinziehenden Waldenburger Gebirges.

Auch der **Spiegelberg** ist sehr zerklüftet. Ein Teil seiner Hochebene,
der Heuscheuer nicht unähnlich, führt den Namen „W i l d e L ö c h e r". An
ihrem Westfuße liegen die Dörfer **Bukowine, Straußenei** und **Tscherbenei**
in einem Gebiete, das geographisch zu Böhmen, politisch aber noch zu
Preußen gehört. Es hat wenig Wert, denn es ist unfruchtbar und industrie-
los. An der Hebung seiner armseligen tschechischen Weberbevölkerung wird
jetzt rastlos gearbeitet. Man sucht die Weberkinder andern, lohnenderen
Berufsarten zuzuführen.

Vom Spiegelberge senkt sich eine schmale Sandsteinebene mit ebenfalls
steilen Rändern allmählich nach Südwesten hin. Auf ihr führt eine viel-
gewundene Kunststraße zum Kurort **Kudowa** (C.). Diese Straße setzt sich
aufwärts zur Höhe des Leierberges bis **Karlsberg** (Ka.) und von da über
die Hochebene fort. An deren steilem Nordabhange leitet sie wieder in vielen
langen Windungen hinab nach **Wünschelburg.** Auch mit dem Weistritztal ist
Karlsberg durch zwei Wege verbunden, von denen der eine in Reinerz endet.

Diese guten Straßen sowie die B a h n l i n i e D i t t e r s b a c h—
G l a ß, die durch das Tal der Glaßer Steine führt, und deren Seitenlinie
Mittelsteine—Wünschelburg sind für den Besuch des Gebirges und für die
Abfuhr des Holzes und der Steine von großem Werte.

Die Mannigfaltigkeit des Gebirgsrandes der Grafschaft wiederholt sich
im kleinen im

Innern des Glatzer Kessels.

Es ist keine völlige Ebene, sondern fast überall welliges Land, das hier
und da noch erhebliche Erhöhungen aufweist, z. B. in der Umgebung von
Glaß.

Das W a l d k l e i d der Berge macht in den tieferen Lagen fruchtbaren
Äckern Plaß; doch zieht sich der Wald in einzelnen Zungen und Inseln auch
bis nahe an die Reiße hin, an der Habelschwerdt einen Mittelpunkt des
gesamten Glaßer Holzhandels und seiner Holzindustrie bildet.

Der A c k e r b a u ist auf dem fruchtbaren Erdreiche der Niederungen
recht ergiebig und erstreckt sich auf alle einheimischen Halmfrüchte. Auch
Zuckerrüben werden gebaut und verarbeitet. In den höheren Lagen ist die
Kartoffel die Hauptfrucht und besonders der Weberbevölkerung unentbehr-
lich. Um die meist vereinzelt liegenden, mit Vorliebe am Ufergehänge eines
Flußlaufes errichteten Höfe finden sich ausgedehnte O b s t g ä r t e n. Nicht
unbedeutend ist auch der F l a c h s b a u, besonders im Kreise H a b e l -
s c h w e r d t. (Vgl. S. 181.) Die zahlreichen saftigen Wiesen haben die
V i e h z u c h t gefördert.

Der I n d u s t r i e b e t r i e b des Tieflandes entspricht dem der Berg-
gegenden. An den Flußläufen ziehen sich in langen Reihen die Ortschaften
vom Gebirge talmärts. In ihnen allen wird die Wasserkraft reichlich zum
F a b r i k b e t r i e b in der bereits beschriebenen Weise ausgenutzt.

Der Reichtum an Wald, Wiese und Wasser hat an vielen Orten
L e i n e n - und B a u m w o l l b l e i c h e r e i e n entstehen lassen, z. B. bei
der Stadt **Reinerz.** Damit stehen dann wieder die zahlreichen W e b e -
r e i e n und F l a c h s g a r n s p i n n e r e i e n im Zusammenhange, von
denen die in **Eisersdorf** und **Ullersdorf** an der Landecker Biele und die
in **Hausdorf** zu nennen sind. Ein besonderer Zweig der Leineninduftrie
ist die Fabrikation von Gardinen in **Mittelwalde,** das dadurch zum Mittelpunkt eines Weberbezirkes geworden ist.

Die B e v ö l k e r u n g der Talgegenden ist überall ziemlich zahlreich;
in den Fabrikgegenden steigt ihre Zahl erheblich über die Durchschnittsziffer
Schlesiens. Die Bewohner sind fast durchweg katholisch. Ihr kirchlicher
Sinn gibt sich schon in den stattlichen Dorfkirchen zu erkennen, von denen
einige zweitürmig sind. Der allgemeine Wohlstand der Bewohner des in-
neren Kessels hat nicht nur in den oben erwähnten Erwerbszweigen seinen
Grund, sondern auch in dem großartigen Zuzuge von Fremden. Leidende
werden durch die zahlreichen M i n e r a l q u e l l e n angelockt, unter denen
(außer den schon genannten) noch die von **Langenau** und **Alt-Heide** erwähnenswert sind. Der Mineralbrunnen von **Grafenort** liefert geschätztes
Tafelwasser.

Den natürlichen Mittelpunkt des gesamten Verkehrs aber bildet die Stadt

Glatz.

Hier münden nahe beieinander die bedeutendsten Flüsse der Grafschaft in die Neiße. Darum öffnen sich auch alle Haupttäler des Gebirgskessels nach dieser Stelle. Und so ist denn auch hier schon in sehr alter Zeit ein slawisches Kastell entstanden. Daß es zu den ältesten böhmischen Kastellen gehörte, beweist sein Name, der „Holzburg aus Baumstämmen" bedeutet. Es be=herrschte alle Pässe, die in das Land hineinführen, und wurde später zu einer kleinen böhmischen Grenzfestung ausgebaut. Daraus entstand nach und nach eine größere F e st u n g, die eigentlich niemals vollständig eingenom=men worden ist, trotzdem sie in allen Jahrhunderten vielfach belagert wurde. Auch 1807 hat sie sich gehalten. Ihre Verteidigung durch den Grafen Götzen bildet ein Ruhmesblatt in der Geschichte Preußens und hat sicher dazu beigetragen, Preußens völlige Vernichtung durch Napoleon zu verhüten. Die innerste Festungsmauer ist jetzt niedergelegt, und so ist der Stadt eine unge=hinderte Ausdehnung gestattet worden. Glatz ist heute nur noch Waffenplatz. Über der Stadt erheben sich mächtige Bastionen. Ihr höchster Teil, der D o n j o n, gewährt einen prächtigen Rundblick über die Grafschaft. In den Kasematten haben schon viele Staatsgefangene, und unter ihnen be=rühmte Leute, gefangen gesessen.

Der Verkehr der Stadt hat sich bedeutend gehoben, seit sie E i s e n =b a h n k n o t e n p u n k t geworden ist. Auf der Fruchtbarkeit des Glatzer Ländchens beruht der lebhafte G e t r e i d e m a r k t der Stadt.

Rückblick: Das Glatzer Bergland, eine Kessellandschaft von recht=eckiger Gestalt, wird umwallt im Nordosten vom **Eulen=** und vom **Reichensteiner Gebirge** (getrennt durch den **Paß von Wartha**), im Südosten vom **Glatzer Schneegebirge,** im Südwesten vom **Böhmisch=Glatzer Grenzgebirge** (zusammengesetzt aus **Habelschwerdter Kamm** und **Adlergebirge**) und **Heuscheuergebirge** (getrennt durch den **Paß von Reinerz**), im Nordosten von den Ausläufern des **Waldenburger Ge=birges.** — Alle Talränder wässern nach dem Innern des Kessellandes ab, wo die **Glatzer Neiße** alle diese Gewässer in sich vereinigt (von rechts **Wölfel** mit **Wölfelsfall** und **Landecker Biele,** von links **Reinerzer Weistritz** und **Glatzer Steine**). Ihr Flußtal setzt sich südlich im **Paß von Mittelwalde** fort. Durch die nach Süden abfließende **March** und den **Stillen Adler** hat das Schneegebirge noch Anteil an den Stromgebieten der Donau und Elbe, an diesem auch das Böhmisch=Glatzer Grenzgebirge durch den **Wilden Adler,** der in den **Seefeldern** entspringt. — Die Nordost=, Südost= und die südliche Hälfte der Süd=westumwallung sind in der Hauptsache nach Gneisgebirge und weisen dem=entsprechend flache Kuppenformen und Bergrücken auf, so im Eulen=gebirge die **Hohe Eule,** die **Hahnen=** und die **Sonnenkoppe,** im Reichen=steiner Gebirge den **Heidelberg,** im Schneegebirge den **Kleinen Schneeberg** und den **Schwarzen Berg,** im Habelschwerdter Kamm den **Heidelberg,** im Adlergebirge die **Deschnayer Koppe** und die **Hohe Mense.**

13. Glatz.

Ein Granitdurchbruch gibt dem **Jauersberge** und ein **Glimmerschiefer=
abbruch** dem **Großen Schneeberge** spitze Gipfelform, die die Grau=
wackenberge des **Waldhagebirges** (**Königshainer Spitzberg** und **War=
thaer Kapellenberg**) durchweg aufweisen. Das Heuscheuergebirge trägt
als Quadersandsteingebirge Tafelberge (**Große** und **Kleine Heuscheuer**
und **Spiegelberg**) und zeigt die charakteristischen Verwitterungser=
scheinungen und steilen Abstürze solcher Gebirge (**Politzer Falten=
gebirge** mit dem **Stern**). — Die Erwerbsquellen des Kessellandes ent=
sprechen durchaus den geographischen Voraussetzungen. Waldwirtschaft
und Holzhandel herrschen im Gebirgslande, Ackerbau im Innern des
Kessellandes vor. Die reiche Wasserkraft führte Mühlen=, Stampfwerk=
und Holzschleifereibetrieb herbei. Fleißiger Abbau der Bodenschätze
gibt reichliche Beschäftigung. Man findet Arsenik und Kalk bei
Reichenstein (Nebenprodukt: Gold), Kalk, Quarz und Marmor im
Bieletal, Kohle, Kalk und Sandstein am Südfuße des Eulengebirges,
Sandstein auch im Heuscheuergebirge und Torf in den Seefeldern. Der
Reichtum an Mineralquellen (in **Landeck, Langenau, Reinerz, Alt=
Heide, Kudowa** und **Grafenort**) sowie die landschaftliche Schönheit der
Grafschaft haben eine äußerst lebhafte Fremdenindustrie herbeigeführt.
— Der Verkehrsmittelpunkt, auch der des Eisenbahnnetzes, ist die alte
Festung **Glatz**, die gleich Silberberg die Pässe nach Schlesien hin be=
herrscht. Außerdem sind noch **Mittelwalde** und **Neurode** für den Ver=
kehr wichtig, weil sie an den Hauptstrecken Breslau—Wien und Glatz
—Dittersbach liegen. **Habelschwerdt** verdankt der Lage an der ersteren
und nahe dem Gebirge seine Bedeutung als Hauptplatz für den Holz=
handel.

III. Das Waldenburger Bergland.

Mehr als bei irgendeiner andern schlesischen Landschaft ergibt sich bei
dieser das Verständnis der gesamten geographischen Verhältnisse aus der **geo=
logischen Beschaffenheit**.

Das Waldenburger Bergland ist nach seinem geologischen Aufbau eine
Muldenlandschaft, zusammengesetzt aus einer Anzahl Schichten sehr verschie=
denen Alters, die man trefflich mit Schüsseln von verschiedener Größe ver=
glichen hat, die so ineinandergestellt sind, daß nur die Ränder zum Vorschein
kommen. Und zwar bilden die ältesten Schichten den äußersten und höchsten Rand.

Zur Zeit der a z o i s c h e n P e r i o d e war das Bergland eine Meeres=
bucht, umgeben im Osten von den nordwestlichsten Ausläufern der Eulengebirgs=
gneise, im Westen vom Glimmer= und Hornblendeschiefer des L a n d e s h u t e r
K a m m e s und im Norden von einem Rücken von Grünschieferbergen zwischen
F r e i b u r g und den B l e i b e r g e n.

Südöstlich von Freiburg stand durch eine zweiteilige breite Lücke dieser
Meerbusen mit dem östlich flutenden großen Meere in Verbindung (s. S. 9).

In seinem verhältnismäßig stillsten Winkel, im Nordwesten, setzten sich zu=
erst K u l m k o n g l o m e r a t e nieder, ihr Entstehen der abtragenden Tätig=
keit verdankend, die die Erosion an den azoischen Gebirgen ausübte. Allmählich
dehnte sich die Kulmzone nach Süden bis zur B o b e r q u e l l e und nach Osten

bis F r e i b u r g hin aus, schließ=
lich hier die oben erwähnte Lücke aus=
füllend und so den W a l d e n =
b u r g e r B u s e n vom offenen
Meere trennend. Die Südgrenze
dieser Kulmzone bildet einen schön=
geschwungenen Doppelbogen, dessen
südlichste Punkte bei N e u = K r a u =
s e n d o r f (östlich von Waldenburg),
bei S c h w a r z w a l d a u und an
der B o b e r q u e l l e liegen. Der
Kulm von H a u s d o r f (s. S. 28)
beweist, daß sich diese Kulmmulde
einst viel weiter nach Süden zog.

An ihren seichten Ufern wuchsen
mächtige Urwälder der S t e i n =
k o h l e n f l o r a, deren mehrfach
sich wiederholende Vernichtung die
dritte Mulde schuf. Ihr Rand ist
zum Teil erhalten in dem Stein=
kohlenrevier, das sich von E b e r s =
d o r f bei N e u r o d e nordwärts
bis W a l d e n b u r g, dann west=
wärts bis L a n d e s h u t und von
hier südwärts bis an die Grenze
des L e w i n e r L ä n d c h e n s hin=
zieht. Zahlreiche, an manchen Stel=
len bis 65 abbaufähige, allerdings
sehr verschieden mächtige Flöze lie=
gen hier übereinander. Die nun
schon sehr eingeengte Meeresbucht
füllte später das R o t l i e g e n d e
in einer mächtigen Dreiecksmulde
aus, deren Spitze nach Norden ge=
kehrt ist. Das eisenschüssige Binde=
mittel ihrer Gesteine gibt der ganzen
Gegend die charakteristische rote
Bodenfärbung.

Auf dem Rotliegenden aber setz=
ten sich, den Muldenkern völlig fül=
lend, Gebilde der K r e i d e f o r =
m a t i o n — Unterquader, Pläner
und Oberquader — in mächtigen Ta=
feln ab.

Das Rotliegende wurde schon vor=
her von Porphyr und Melaphyr in
einem gewaltigen Bogen durchbro=
chen, der an der Mündung der W a l =
d i t z in die S t e i n e anhebt, immer
in nordwestlicher Richtung hinzieht
bis gegen L a n d e s h u t und sich
dann genau südlich fortsetzt bis
A l b e n d o r f, östlich von S c h a t z =
l a r. Während im Ostflügel. dieses
Bogens der Melaphyr an der Innen=
seite überwiegt, geschieht das in der
Mitte auf der Außenseite. Im West=
flügel fehlt er gänzlich. Das
R e i m s b a c h t a l trennt von ihm
einen nördlich streichenden Bergzug,

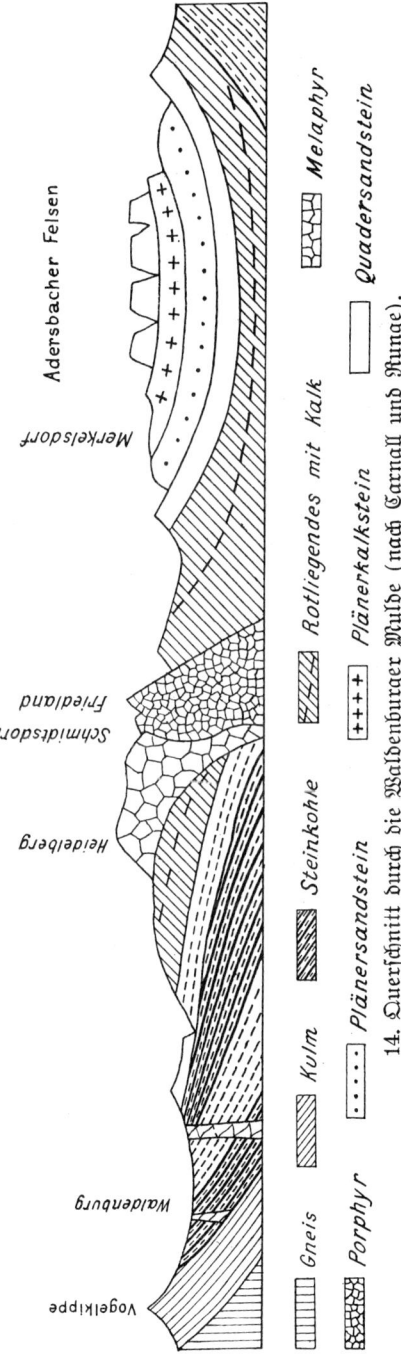

14. Querschnitt durch die Waldenburger Mulde (nach Carnall und Runge).

der ganz und gar aus P o r p h y r = (und vereinzelten M e l a p h y r =)
T u f f e n beſteht. — Früher noch tauchten auch aus dem Kohlenrebier und aus
dem Kulm gewaltige Porphyrinſeln empor, dort die H o c h w a l d =, hier die
S a t t e l w a l d = G r u p p e.

Der Geſtalt ſeiner Oberfläche nach beſteht das Waldenburger Gebirge
aus einem Bergzug und mehreren einzelnen Berggruppen.

Der Bergzug

iſt kein Kammgebirge, ſondern eine Reihe einzelner, meiſt kegelförmiger
Berge, von denen ſich immer einer an den andern anſchließt. Zwiſchen

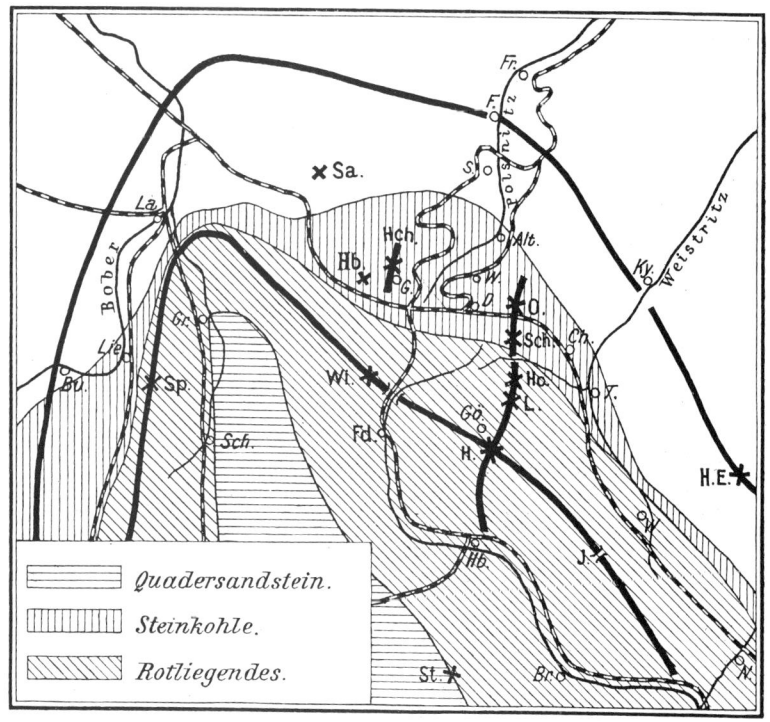

15. Das Waldenburger Bergland.

ihnen bleiben tiefe Täler und Päſſe frei. Der Zug wird aus P o r p h y r
und M e l a p h y r gebildet und geht von **Neurode** (N.) aus immer in nord=
weſtlicher Richtung bis **Landeshut** (La.). Dort biegt er plötzlich nach Süden
um und heißt nun **Raben= oder Überſchargebirge**.

Etwa in der Mitte zwiſchen Neurode und Landeshut trägt dieſer Zug
den **Heidelberg** (H., 936 m). Er iſt der höchſte Berg des Gebirges, wird
aber wenig beſucht, weil er bis oben hin dicht bewaldet iſt und nur durch
einige Waldlücken Ausſicht bietet. An ihn ſchließen ſich im Norden und

16. Das Waldenburger Gebirge, von der „Großen Heide" bei Langwaltersdorf (gegenüber vom Storchberge) aus gesehen.

Süden noch andere Porphyr= und Melaphyrzüge an. Auf dem nördlichen dieser Zipfel des Hauptzuges liegt das **Hornschloß** (Ho., 826 m) mit den Resten einer alten Burg. Das Hornschloß ist eigentlich nur der nordwest= liche Vorsprung des **Langen Berges** (L., 902 m), dessen Aussichtsturm die beste Rundsicht des Gebirges und einen entzückenden Blick in dessen tiefe, stille Waldtäler gewährt. Am Fuße des Hornschlosses zieht sich das enge, romantische **Reimsbachtal** hin, das das **Sandgebirge** von dem eigentlichen Porphyrbogen trennt. Die höchsten Erhebungen auf ihm sind der **Schwarze Berg** (Sch., 848 m) und der mehrgipflige **Ochsenkopf** (O., 715 m). Durch ihn führt die Bahnlinie Dittersbach—Glatz im längsten Tunnel Schlesiens (1600 m). Am Schwarzen Berge entspringt die **Glatzer Steine**, die im **Passe von Friedland** den Porphyrbogen durchbricht. An ihr entlang ist aus den steilen Berglehnen die Bahntrace der B r e s l a u — H a l b s t ä d t e r L i n i e oft mit großer Mühe herausgesprengt worden. Das Städtchen

Friedland (Fd.),

das südlich vor dem Passe liegt, verdankt der Paßstraße seinen lebhaften Ver= kehr, der dadurch noch gesteigert wird, daß nicht allzufern die „Felsenstädte" von **Abersbach** und **Weckelsdorf** liegen, eine Quadersandsteingegend, die ähn= liche Erosionsgebilde, ab   noch großartigerem Maßstab aufweist als der Gipfel der Heuscheuer. Auf die reiche Wasserkraft, den Wiesen= und Holz= reichtum von Friedlands Umgebung ist seine Industrie zurückzuführen, die in Bleicherei, Spinnerei und Papierfabrikation besteht. Endlich ist Fried= land Bahnstation für den Luftkurort

Görbersdorf (Gö.).

Der Heidelberg und die benachbarten Höhen, unter denen der **Storch= berg** (814 m) durch seine ungemein spitze Kegelform von fern her auffällt, schließen das tiefe Tal von **Görbersdorf** ringsum ein. Es hat darum ein mildes Klima. Und weil es außerdem mit ausgedehnten Tannenwäldern bestanden ist, hat der Arzt Dr. Brehmer hier eine große Kuranstalt für Lungenkranke errichtet, zu der sich später noch einige andere gesellt haben. Schon viele Leidende fanden in der reinen Luft dieses Tales Genesung von der Schwindsucht.

Südöstlich vom Friedländer Passe verbindet der **Sattel von Johannes= berg** (J.) das Steinetal mit dem der Weistritz.

Nordwestlich vom Friedländer Passe aber steigt der Porphyrbogen noch einmal zu bedeutender Höhe an in den **Wildbergen** (Wi., 816 m), an die sich die niedrigeren **Forstberge** (640 m) anschließen bis gegen Landeshut hin. Auf dem hier beginnenden **Rabengebirge** ist der höchste Berg der **Königs= haner Spitzberg** (Sp., 879 m), ein auffällig spitzer Kegel, der steil ins **Liebauer Tal** zum Bober abfällt.

Der Waldreichtum des Porphyrbogens schafft vielen Leuten Verdienst durch Holzarbeit. Der Getreidebau aber ist nur spärlich lohnend, und so müssen denn die meisten zu dem wenig erträglichen Webergewerbe greifen. Sie liefern ihre Waren hauptsächlich in die großen Weberdörfer am Nord=

fuße des Gebirges, unter denen **Wüstegiersdorf** (W.) und **Tannhausen** (T.) die größten Leinenfabriken und Bleichereien aufweisen. Hier erscheinen zur Sommerzeit große Felder wie beschneit: sie sind mit Garn belegt, das zum B l e i ch e n ausgebreitet ist.

Die B e v ö l k e r u n g ist im Gebiete der eigentlichen Waldberge nur sehr spärlich, in den Fabrikdörfern und =städten an ihrem Fuße aber sogleich sehr zahlreich.

Um den Porphyrbogen legt sich nördlich ein

Kohlenrevier.

Es beginnt bei **Neurode** (N.), ist erst schmal und verbreitert sich bis **Waldenburg** (W.) hin auf etwa 8 km. Dann nimmt es bis **Landeshut** wieder an Breite bedeutend ab. Von da nach Süden zu wird es wieder breiter und streicht bis nach Böhmen hinein. Auf der Oberfläche erscheint es als ebenes, meist fruchtbares Land, dem einzelne Berggruppen aufgesetzt sind.

Hier sind zahlreiche S t e i n k o h l e n b e r g w e r k e zu finden, und so gewinnen die Bewohner hauptsächlich als Bergleute ihren Unterhalt. Das billige Brennmaterial hat viele F a b r i k e n entstehen lassen, besonders Porzellan=, Glas= und Eisenhütten, die wiederum Tausenden Beschäftigung bieten.

Überall ragen die Schornsteine der Gruben und Fabriken zum Himmel empor, und oft hüllt ihn der Rauch aller dieser Schlote ein und verdirbt die würzige Gebirgsluft dieser Gegenden. Aber die Fabriktätigkeit und der Bergbau schaffen auch viel Arbeit und Gewinn. Schon im 16. Jahrhundert ist hier Bergbau betrieben worden. Rechten Aufschwung hat er aber auch hier erst durch die Wirksamkeit des Grafen Reden (s. S. 134) genommen. Die Sperrung Preußens gegen englische Kohle, die Anlage der „Kohlenstraße" über Freiburg und Striegau nach Maltsch, endlich der Abbau mit Hilfe wirklicher Stollen hoben den Bergbau erstaunlich; am meisten aber tat dies die Eröffnung der Bahn von Freiburg nach Waldenburg 1854. Den gewaltigen Fortschritt seit jener Zeit veranschaulicht folgende Tabelle:

Jahr	Dampf= und andere Maschinen	Anzahl der Werke	Anzahl der Bergleute	Geförderte Kohlen	
				in Tonnen à 20 Ztr.	im Werte von ℳ
1855	20	46	4 089	574 487	3 234 366
1904	623	9	20 718	4 125 753	45 795 858

Den Mittelpunkt dieser Industriegegend bildet

Waldenburg.

Die Stadt war noch in der Mitte des 18. Jahrhunderts ein unansehnlicher, dorfähnlicher Weberort. Dann erlangte er durch schwunghaften L e i n w a n d h a n d e l Ruf. Der Grund dazu war die Lage Waldenburgs innerhalb eines Weberbezirkes. Rechten Aufschwung aber nahm die Stadt erst, als der B e r g b a u auf Kohlen in ihrer Umgebung zur Blüte kam. Infolgedessen ist in den letzten dreißig Jahren ihre Einwohnerzahl auf 19 700

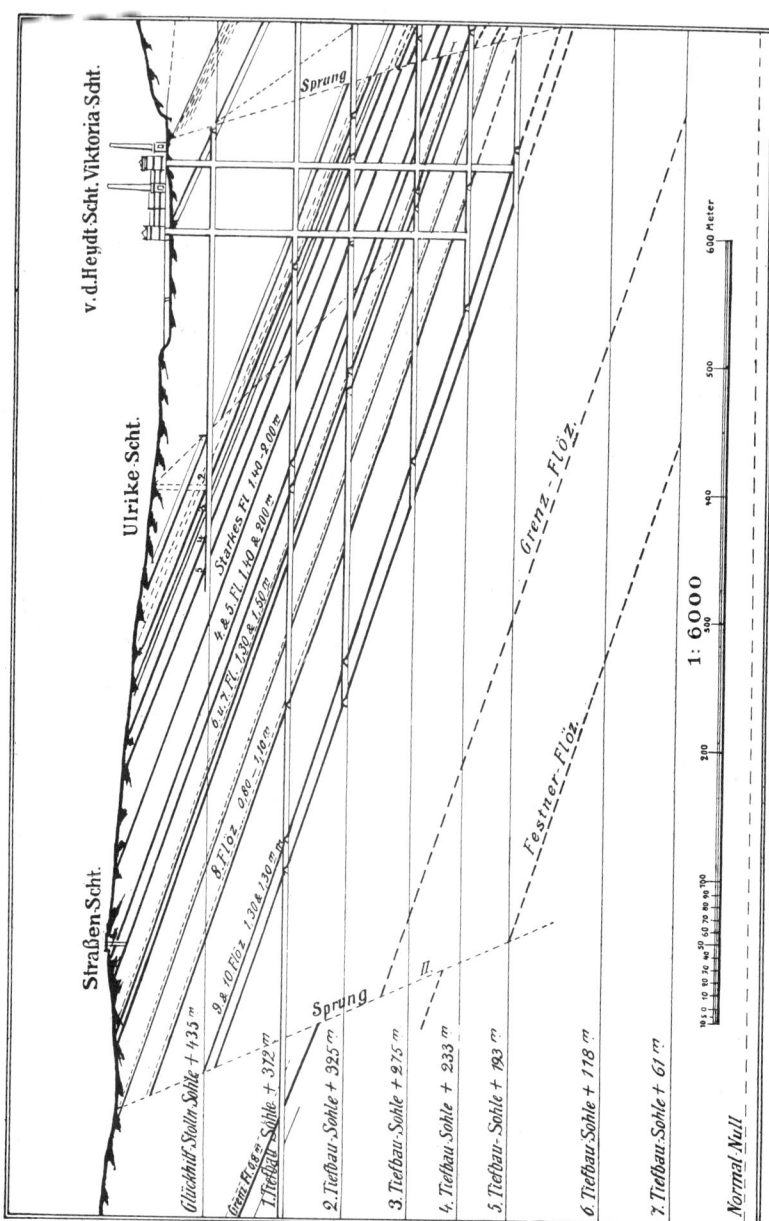

17. Durchschnitt durch das Grubenfeld der Glückhilf-Grube bei Hermsdorf, Reg.-Bez. Breslau.

18. Das Steinkohlenwerk: „Vereinigte Glückhilf-Friedenshoffnung" bei Hermsdorf, Reg.-Bez. Breslau.

Seelen gestiegen. — Aller Geschäftsbetrieb ist hier abhängig vom Bergbau. Die Nähe der Kohlengruben hat viele Fabriken entstehen lassen, unter denen eine Porzellanfabrik (von Krister) die großartigste ist. — Dem Bergbau verdankt Waldenburg auch ein Königliches Bergamt und eine Bergschule.

Um Waldenburg herum liegen eine Anzahl volkreicher Dorfschaften. Sie hängen fast mit der Stadt zusammen, und ihre Einwohnerzahl schwankt zwischen 10 000 und 17 000.

Zu ihnen zählt **Altwasser** (Alt.), ehemals ein vielbesuchter Badeort. Infolge des Bergbaues sind seine Quellen versiegt, aber dieser und eine stark entwickelte Industrie bieten reichlichen Ersatz für den Verlust. Eine der hiesigen Kohlengruben ist besonders merkwürdig. Sie heißt „der Fuchsstollen". Früher wurde in dieser Grube auf einem Kanal mit schmalen Kähnen die Kohle zutage gebracht. Weil man aber auf diese Weise zu wenig fördern konnte, ist der Kanal überbrückt und mit Schienen belegt worden. Die Billigkeit des Heizmaterials veranlaßte in Altwasser die Gründung großer Porzellan=, Glas= und Eisenhütten.

Reich an Kohlengruben sind auch **Hermsdorf**, genannt „Kohlenhermsdorf", **Weißstein** und **Dittersbach** (D.).

Alle diese Orte stehen jetzt mit Waldenburg und untereinander durch eine elektrische Eisenbahn in Verbindung. Die Kraft zu ihrem Betriebe liefert eine elektrische Zentrale in Waldenburg, von der sich ein Netz von Leitungsdrähten bis Görbersdorf und Friedland einerseits und bis Freiburg und Striegau andererseits ausspannt, um dieser ganzen Gegend elektrisches Licht zu spenden. Auch ihre Anlage gerade in Waldenburg hat ihren Grund in der Billigkeit des Heizmaterials.

Die auffälligste **Berggruppe** im Kohlenrevier ist

der Hochwald (Hch., 834 m).

Er liegt westlich von Waldenburg, besteht aus Porphyr und steigt, von Norden gesehen, steil aus der 400 m hohen Waldenburger Hochfläche auf. Darum erscheint er höher als er ist, zumal da er eine sehr spitze Kegelform hat. An seinem Südabhange liegt die Stadt **Gottesberg** (G.), die höchstgelegene Stadt Preußens (591 m). Die Straßen des Ortes klimmen den Abhang des Hochwaldes hinan. Reger Bergbau auf Kohlen und Fabriktätigkeit zeichnen Gottesberg aus, mehr aber noch das etwas tiefer gelegene Dorf **Rothenbach.**

Die Berginsel des Hochwaldes und seinen niedrigeren Nachbar, den **Hochberg** (Hb.), umgehen die Straßen, die von jeher der Ebene des Kohlenreviers gefolgt sind. Auch die Eisenbahnen sind durch das Kohlenrevier gelegt. So begleitet die Gebirgsbahn den ganzen Ostflügel des Porphyrbogens und die Linie Ruhbank—Landeshut—Liebau seinen Westflügel, während ihn die Linie nach Halbstadt im Friedländer Passe überschreitet, nachdem sie das Kohlenrevier durchquert hat.

Eine zweite Porphyrinsel nördlich des Hauptzuges ist

der Sattelwald (Sa., 779 m).

Er hat seinen Namen von seiner Form. Sein Rücken ist in der Mitte eingesattelt, so daß der Berg zwei Spitzen zeigt. Die höchste bietet eine der schönsten Aussichten in den Sudeten; denn man überschaut von ihr aus einen großen Teil der schlesischen Ebene, aber auch beinahe das ganze Sudetengebirge. Den Berg und seine Umgebung schmücken prächtige Wälder. Er liegt schon außerhalb des Kohlenreviers in einem Berglande, das in die schlesische Ebene übergeht. Die Gesteine dieses Berglandes, meist dem Kulm angehörig, bilden zum Teil recht ansehnliche Erhebungen, die oft eine spitze, fast überhängende Gipfelbildung zeigen, wie z. B. die **Vogelkoppe** bei Altwasser. Das Bergland sowie das ihm benachbarte Vorland des E u l e n - g e b i r g e s wird von mehreren Flüssen in nördlicher Richtung durchströmt, die tief eingeschnittene und romantische Täler bilden, so von der W e i ſ t r i ß und von der P o l s n i ß.

Die Weiſtriß

entspringt in Ober-Wüstegiersdorf im R u m p e l b r u n n e n. Er trug ehemals, als das Wasser noch mit deutlichem Rumpeln aus seinem Spaltensystem hervorbrach, den Namen mit mehr Recht als jetzt. Nachdem die Weistriß das Kohlenrevier verlassen hat, bildet sie ein nördlich gerichtetes Durchbruchstal. Es ist zwar nur eng, seine Ränder sind steil und schön bewaldet, aber am Flusse reiht sich ein Weberdorf ans andere. Ungefähr in seiner Mitte heißt es das „**Schlesiertal**". Hier liegt die Burgruine **Kynau** (Ky.) auf einem steilen Felsen. Von ihrem hohen Wartturme kann man das Tal überschauen, in dem zur Verhütung von Überschwemmungen eine Talsperre angelegt ist, die einen Teil des Tales in einen malerischen See umwandelt. Am Südeingange des Tales machen alkalische Säuerlinge **Charlottenbrunn** (Ch.) zu einem besuchten Badeorte. In seiner unmittelbaren Nähe dampfen die Schlote der Kohlengruben von **Sophienau**. Das Tal ist durch eine Eisenbahn neuerdings viel zugänglicher gemacht worden.

Ein Quellfluß der **Polsniß**, der Hellebach, durchteilt

den Fürstensteiner Grund (F.).

Zwischen hohen, steilen Ufern fließt das Bächlein in einem ganz engen Tale rauschend dahin. In seinem Bette und an den Talrändern liegen große Trümmer und Blöcke eines konglomeratischen Gesteins, „Urfelstrümmergestein" genannt. Sie sind meist dunkelgrün bemoost, und der Abhang ist dicht bewaldet. Auf einem schmalen Wege, der stellenweise aus den Felsen heraus und durch sie hindurch gesprengt worden ist, steigt man aufwärts, immer am Bache entlang. Auf dem einen der beiden hohen Talränder liegt die sogenannte

„alte Burg".

Sie ist zu Anfang des Jahres 1800 von dem damaligen Besitzer Fürstensteins erbaut worden, als König Friedrich Wilhelm III. und die Königin Luise auf dem Fürstenstein zum Besuch erwartet wurden. Die ganze Anlage sieht wie eine alte Ritterburg in Trümmern aus. Man schreitet auf einer Zugbrücke über einen tiefen Wallgraben und durch ein enges Burgtor auf den Schloßhof. Ihn umgeben Ringmauern, Türme, Galerien und ein Haus mit einem Rittersaale, Rüstkammern und kleinen Burggemächern. In ihnen sind Möbel, Waffen und Fahnen aufbewahrt, wie man sie in den Burgen der Ritter fand. Viel älter als diese Burg, schon vor Beginn des 13. Jahrhunderts errichtet, ist

Das neue Schloß.

Es ist ein sehr hohes Gebäude mit mehreren Türmen und langen Fensterreihen. Prächtige Gartenanlagen umgeben es, auf hohen Terrassen angelegt, deren Strebemauern tief in den Grund hinabreichen. Die Herrschaft Fürstenstein gehört dem Fürsten von Pleß, desgleichen auch die bedeutendsten Heilquellen des nahegelegenen Salzbrunn (S.), eines vielbesuchten Badeortes. Diese Quellen haben ihren Ursprung in einem Spaltensystem des großen Kulmgebietes, das sich nördlich bis zum Sattelwald ausdehnt. Der Ort zieht sich als ein stundenlanges Dorf in einem Tale hin und hat besonders in seinem oberen Teile städtische Anlage. Da erheben sich zu beiden Seiten einer gut gepflasterten Straße stattliche Villen und schmucke Wohnhäuser für die Kurgäste. An breiten, schattigen Promenaden stehen zahlreiche Verkaufshallen neben einer überdeckten Wandelhalle mit hohen Säulen. Prächtige Garten-, Wald- und Parkanlagen spenden Schatten und Erfrischung. Die Quellen enthalten reichlich Kohlensäure und wirken bei Hals- und Brustkrankheiten heilsam. Man genießt den „Brunnen" vielfach mit Molken (besonders Eselsmilch) vermischt.

Salzbrunn liegt am S a l z b a c h, einem Zuflusse der Polsnitz. Deren Wasserkraft wurde weiter abwärts bei Freiburg (Fr.) zum Betriebe von Fabriken ausgenutzt, aus denen die großartigen S p i n n e r e i e n und B l e i c h e r e i e n der „Aktien-Gesellschaft für Schlesische Leinen-Industrie" entstanden sind. Die heutige Gewerbtätigkeit Freiburgs ist auch noch von der Nähe des Waldenburger Kohlenreviers abhängig. Große U h r e n - f a b r i k e n, in denen besonders Regulator-Uhren gemacht werden, haben Freiburg in neuerer Zeit weithin Ruf verschafft.

Da, wo der Porphyrbogen den Kulmbergen am nächsten kommt, liegt

Landeshut.

Ihre Lage bestimmt diese altertümliche „Laubenstadt" wirklich zu einer „Hut des Landes"; denn wie in einem Brennpunkte treffen hier von allen Seiten wichtige Talsenken und Straßenübergänge zusammen. Von Osten her streben sämtliche Straßen des Kohlenreviers der Stelle zu, wo Landeshut liegt, und von Norden her aus der schlesischen Ebene leitet ein bequemer Übergang über die Kulmzone, am Westabhange des Sattelwaldes vorbei, durch das 8 km lange Dorf Reichenau, dessen Kloster ein Ableger zweiten Grades von dem gleichnamigen Kloster im Bodensee war. Den Hirschberger Talkessel verbinden mit dem Landeshuter Tale zwei Übergänge: von Nordwesten her das B o b e r t a l (s. S. 53) und von Westen her die P a ß s t r a ß e S c h m i e d e b e r g — L a n d e s h u t, die letztere nun auch von einer der abwechslungsreichsten Bergbahnen Schlesiens begleitet (s. S. 55). So steht die ganze Nordostflucht der Sudeten samt der schlesischen Ebene mit dieser Stelle in der natürlichsten Verbindung. Beachtet man fernerhin, daß von hier aus der bequemste und breiteste Übergang über die Sudeten nach Böhmen hinein führt, der Paß von L i e b a u — T r a u - t e n a u, so begreift man die Bedeutung dieser Stelle für den Verkehr und in Kriegszeiten. Man hat sie das schlesische „Thermopylä" genannt. Sie lockte geradezu zu einer Burg= und Stadtgründung. Erstere erfolgte 1286 durch Herzog Bolko I. Die Stadt hat um ihrer Lage willen viel leiden müssen. In den Kämpfen der Piasten mit den Böhmenkönigen, in den Hussitenkriegen, im Dreißigjährigen Kriege und in den Schlesischen Kriegen ist hier blutig gekämpft worden. 27 mal wurde die Stadt im Dreißig= jährigen Kriege geplündert. Vor dem Gefechte bei Trautenau am 27. Juni 1866 sammelte sich hier die preußische Armee.

Anderseits verdankt Landeshut seiner Lage seine blühende L e i n e n - i n d u s t r i e, die durch die Firma Grünfeld einen Ruf über Deutschlands Grenzen hinaus erlangt hat.

Auch **Liebau** (Lie.), das weiter südlich am Bober und an der Paßstraße liegt, treibt schwunghaften L e i n e n h a n d e l. Denn wie um Landeshut her, so breitet sich auch um Liebau ein weiter Bezirk aus, in dem die Handweberei als einzige Unterstützung des sonst so kärglichen Erwerbes durch Holzarbeit und Ackerbau übrigbleibt.

An den Porphyrbogen schiebt sich von Süden ein dreieckiges Sand= steingebiet heran, das bei der alten, ehemals ungeheuer reichen Zisterzienser= abtei **Grüssau** (Gr.) den nördlichsten Punkt erreicht. Nach dem Urwalde Cressobor = Grenzwald ist diese von Herzog Heinrich dem Frommen und der Herzogin Anna 1242 gegründete Abtei genannt. Von hier aus ist die Kultur in das Riesengebirge vorgedrungen. Durch das nach Norden

19. Die Zisterzienserabtei Grüssau.

streichende Sandsteinplateau werden zwei Täler begrenzt: im Osten das der **Glaßer Steine**, in dem **Friedland** und **Braunau** liegen, im Westen das vom **Zieder** durchflossene **Schömberger** (Sch.) Tal, dessen Leinenindustrie eben=falls in den natürlichen Verhältnissen begründet liegt.

Im Bereiche des Kohlenreviers drängt sich die Bevölkerung sehr dicht zusammen. Im Kreise **L a n d e s h u t** kommen durchschnittlich 132 Ein=wohner auf 1 qkm, im Kreise **W a l d e n b u r g** sogar 449. Dabei ist obendrein in Anrechnung zu bringen, daß die Waldgebiete dieser Kreise überaus dünn bevölkert sind, so daß sich die Durchschnittsziffer des Kohlen=reviers noch höher stellt, als diese Zahlen angeben.

Rückblick: Geologisch erscheint das Waldenburger Bergland als Ineinanderfügung einer Anzahl Mulden, von denen nur die Ränder und die Ausfüllung der innersten Mulde zutage treten. Vom Rande nach der Mitte gehend, begegnen wir dem Gneis und anderm Ur=gestein, dem Kulm, der Steinkohlenformation, Rotliegendem, **Porphyr** und **Melaphyr**, nochmals Rotliegendem, Plänergestein und dem Quadersandstein. — Im Relief stellt sich das Bergland dar als ein bogenförmiger Zug spitzer Porphyrkegelberge, der von **Neurode** bis **Landeshut** in nordwestlicher und von da (als **Rabengebirge**) in südlicher Richtung über **Liebau** hinaus streicht. Der **Königshaner Spitz=berg** bildet die höchste Erhebung dieses, der **Heidelberg** und der **Lange Berg** sind die Gipfelpunkte jenes Teils. Von ihm zweigt sich nach Nor=den das **Sandgebirge** mit dem **Schwarzen Berge** und dem **Ochsenkopf** (1600 m langer Tunnel) ab. — Nördlich legt sich um den Porphyrbogen das ebene Steinkohlengebiet herum, übersponnen von einem Netz von Straßen und Eisenbahnen, durchbrochen von den Porphyrinseln des **Hochwaldes** und **Sattelwaldes** und umsäumt von einer Umwallung alter Schiefer, die die Weistritz im **Schlesiertal** (mit Burg **Kynau**) und der zur **Polsnitz** fließende **Hellebach** im **Fürstensteiner Grunde** nordwärts durch=sägt haben. — Die südliche Seite des Porphyrbogens füllen die Täler der **Glaßer Steine** (an ihr **Friedland** und **Braunau**) und des **Zieders** (an ihm **Schöneberg** und **Grüssau**) aus. Zwischen beiden lockt das Quader=sandsteingewirr der „Felsenstädte" von **Adersbach** und **Weckelsdorf** all=jährlich Tausende von Touristen herzu. Auch anderwärts bildet die Fremdenindustrie eine wichtige Erwerbsquelle des romantischen Berg=landes, das reich an Sommerfrischen ist und in **Salzbrunn**, **Charlotten=brunn** und **Görbersdorf** vielbesuchte Kurorte besitzt. Reichtum an Wald, Wiese und Wasser bedingten seit aller Zeit eine lebhafte Leinenindustrie (in **Wüstegiersdorf**, **Tannhausen**, **Landeshut** und **Lie=bau**), zu der sich Spinnerei und Weberei gesellten (in **Landeshut**, **Fried=land** und **Freiburg**, dort auch Uhrenfabrikation). Den Haupterwerb liefert aber doch die Ausbeute von Kohlen, die ihre Mittelpunkte in **Neurode**, **Waldenburg**, **Hermsdorf**, **Weißstein**, **Altwasser**, **Dittersbach** und **Gottesberg** hat und zu mannigfacher Industrietätigkeit Veran=lassung gab (Porzellan und Glas in Altwasser und Waldenburg). — Die Bevölkerungsdichtigkeit ist im Kohlenrevier erheblich.

IV. Das Riesengebirge.

Das Riesengebirge beginnt am **Bobertal** bei Landeshut und reicht bis zum **Zackental.**

Seinen Namen hat es wahrscheinlich von hölzernen Rutschbahnen, **Holzriesen,** erhalten, die Tiroler Holzknechte während des 16. Jahrhunderts am Südabhang anlegten, um auf ihnen das Holz schnell zu Tale befördern zu können. Gerade hier häufen sich die Namen mit „Riesen", z. B. Riesengrund, Riesenberg, Riesenkamm u. a.

Durch den **Paß an den Grenzbauden** (G.) wird das Riesengebirge in zwei ungleiche Teile gegliedert. Der östliche heißt der **Landeshuter Kamm,** der westliche ist das **eigentliche Riesengebirge.**

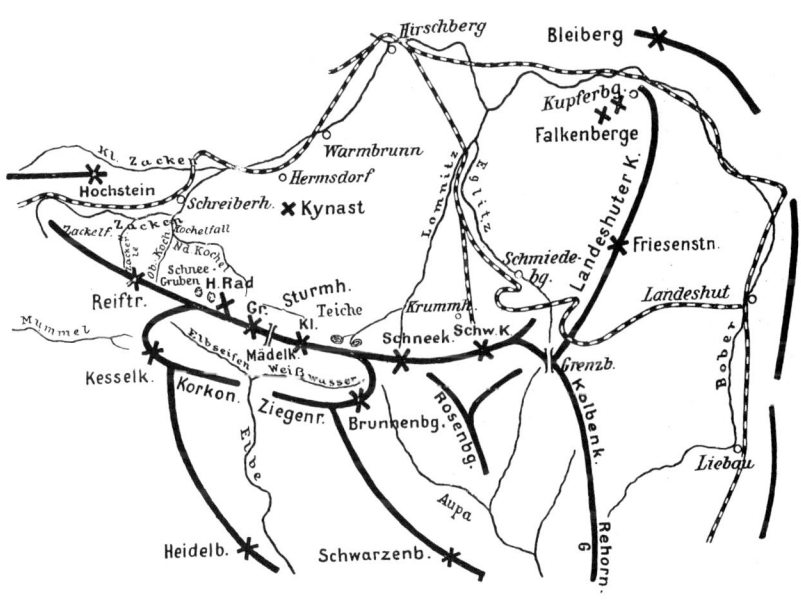

20. Das Riesengebirge.

Diese Gliederung beruht auf

geologischen Voraussetzungen.

Vom Städtchen F r e i h e i t an zieht sich ein G l i m m e r s c h i e f e r = und G n e i s g e b i e t, das in seinem nordöstlichen Teile in H o r n b l e n d e = s c h i e f e r übergeht, nach Norden bis an den Bober bei K u p f e r b e r g heran. In diesem ganzen, aus so nahe verwandten Schiefergesteinen bestehenden Zuge waltet nordöstliches und nördliches Streichen der Schichten vor. Infolge dieser geologischen Einheit hebt sich auch im Relief dieser Gebirgszug von den andern Teilen des Riesengebirges ab, eben als L a n d e s h u t e r K a m m , allerdings in der unten charakterisierten Weise (s. S. 54 f.) in drei Abschnitte geteilt. Sein Nordwestende besteht aus R i e s e n g e b i r g s g r a n i t, einer Granitart, die in einem grobkörnigen Gemenge von rauchgrauem Quarz, dunklem Glimmer

und fleischrotem Kalifeldspat noch besonders große Einsprenglinge des letzteren
enthält (manchmal auch solche von weißem Kalknatronfeldspat). Man nannte
das Gestein früher meist **Granitit**. Auffällig sind in ihm oft pegma=
titische und anderseits wieder sehr feinkörnige, glimmerlose oder doch =arme
Massen. Die letzteren führen den Namen **Aplit**. Er bildet meist eingesprengte
Bänder und Schnüre im typischen Riesengebirgsgranit.

Vom **Grenzbaudenpasse** streicht erst in südwestlicher und von der
Schneekoppe an in westlicher Richtung eine Glimmerschieferzone, die sich nach
Westen hin immer mehr verschmälert. Der Gipfel des **Brunnen=** und
Hinterwiesenberges, des **Ziegenrückens**, des **Arkonos** und
der **Kesselkoppe** gehören ihm noch an. Nördlich davon, nahe ihren Käm=
men, grenzt der Glimmerschiefer an eine gewaltige Masse von Riesengebirgs=
granit, die etwa an der Linie beginnt, die man von der **Schwarzen Koppe**
aus genau nördlich führt. In einer mittleren Breite von 15 km zieht sich diese
Masse 62 km nach Westen, nur zum kleinen Teile dem Riesengebirge angehörig.
In ihm aber bildet sie den Nordabfall des **Böhmischen Kammes** und den
gesamten **Preußischen Kamm**. In diese Granitmasse sind die ge=
waltigen Täler der **Elbe**, des **Zacken**, der **Iser** und der **Mummel** ein=
geschnitten. Sie sendet auch nach Norden einen Ausläufer, der die Täler von
Warmbrunn und **Schmiedeberg** scheidet. Das würde allerdings
minder auffällig geschehen, wenn nicht durch diesen Ausläufer ein mehrstrahliger
Porphyrgang durchgebrochen wäre, der seine Wurzeln in dem Rücken
zwischen den **Teichen** hat. Mit ihm parallel läuft ein zweiter, der an der
Großen Schneegrube beginnt. Da in dieser gesamten, aus Glimmer=
schiefer und Granit zusammengesetzten Masse nordwestliches Streichen der
Schichten vorherrscht, schließt sie sich zur zweiten Hauptmasse des Gebirges, zum
„eigentlichen Riesengebirge", zusammen.

Der Landeshuter Kamm (L. K.)

streicht vom **Grenzbaudenpaß** in nördlicher Richtung bis an den Bober bei
Kupferberg (K.). Er ist fast überall gleich hoch und fällt nach Osten und
Westen steil ab. In seiner Mitte trägt er die **Friesensteine** (F.). Das ist
eine von den Granitblockgruppen, die für das Riesengebirge charakteristisch
und unter dem allgemeinen Namen „Steine" bekannt sind. Der Riesen=
gebirgsgranit ist infolge seines grobkörnigen Gefüges der Verwitterung stark
unterworfen, die darum auch die Kämme des Gebirges erheblich erniedrigt
hat. Die „Steine" sind solche Gebirgsbestandteile, die der Verwitterung
bisher widerstanden haben; ihre „Wollsackform" aber läßt meist sehr deutlich
erkennen, wie auch an ihnen schon die Atmosphärilien genagt haben. Auch
an den Friesensteinen tritt das hervor. Sie zeigen außerdem noch eine
andere Wirkung der Verwitterung. Es befinden sich in ihrer Scheitelfläche
Vertiefungen, die unter dem Namen der „Opferkessel" bekannt sind. Sie
erscheinen künstlich hervorgebracht, zumal von ihnen meist noch schmale
Rinnen abwärts führen, die „Blutrinnen" genannt werden. Zu dieser
Bezeichnung hat die irrige Annahme geführt, diese Vertiefungen hätten ehe=
mals Opferzwecken gedient. Zu Hunderten sind im Riesengebirge diese
Opferkessel und Blutrinnen und die mit ihnen verwandten, armsesselartigen
„Buschweibellöcher" zu finden.

In der Nähe der Friesensteine führt eine alte Straße, die Friedrich der
Große zwischen **Schmiedeberg** (Sch.) und **Landeshut** (La.) anlegen ließ, in
steilem Anstieg über den Kamm. Sie ist jetzt bedeutungslos. Dagegen wird
die neue „Paßstraße" zwischen den beiden Städten viel benutzt, die den
Kamm mit Hilfe weit ausholender Kehren in dem immer noch 792 m hohen

Schmiedeberger Passe übersteigt. An ihm zweigt sich von ihr eine Straße nach L i e b a u ab und von der Scheitelhöhe dieser eine neue Kunststraße nach den Grenzbauden. (S. S. 57.) Die Bahnlinie Schmiedeberg—Landeshut führt unter dem Passe in einem 1030 m langen Tunnel hindurch und verbindet das Schmiedeberger und Landeshuter Tal noch enger. Da, wo sich die Anfänge des Landeshuter Kammes von dem Grenzbaudenpasse loslösen, entspringt die **Egliß**, deren zuzeiten gefährliche Hochwasserwelle man dadurch unschädlich zu machen gesucht hat, daß man ihr Bett in lauter kleine Staubecken umwandelte. Sie durchströmt das uralte Städtchen

Schmiedeberg.

Im oberen Teile der Stadt sind dem („Augen") Gneis kristallinischer Kalk, Serpentin, Hornblende und Chloritschiefer eingelagert, Gesteinsarten, die sämtlich Magneteisenstein und Magnetkies enthalten. Diese Erze sind der Sage nach schon 1184 entdeckt worden. Jedenfalls hat man hier schon 1355 Bergbau getrieben, der dann auch dem Städtchen den Namen gegeben hat. Jetzt werden die Erze von der Gesellschaft „Vereinigte Königs und Laurahütte" abgebaut und in Oberschlesien verhüttet. Vom Bergwerk an zieht sich die Stadt etwa 5 km abwärts an der Egliß hin, infolge ihrer Lage in dem engen Tale dorfähnliche Bauart zeigend. Die Wasserkraft der Egliß hat zu vielfacher Fabriktätigkeit geführt. P o r z e l l a n f a b r i k e n , L e i n w a n d b l e i c h e n und eine weltberühmte T e p p i c h f a b r i k (ehemals Gevers & Schmidt) sind hervorzuheben. Die geschützte Lage der Stadt gab Veranlassung zur Anlage des Erholungsheims für Eisenbahnbeamte und eines „Genesungsheims" der Landesversicherungsanstalt und zum Aufbau eines andern, sehr ansehnlichen im benachbarten **Hohenwiese**.

Nach Norden hin senkt sich der Landeshuter Kamm allmählich, bis er unterhalb **Kupferberg** vom Bober durchbrochen wird. Der Bergbau, der auch diesem Städtchen, das zu den kleinsten Schlesiens gehört, den Namen gegeben hat, ist aufgegeben worden, ebenso hat in den südlich gelegenen ärmlichen Bergdörfchen **Rothenzechau** und **Rohnau**. Erst in neuester Zeit haben bei Kupferberg und Rohnau wieder neue Schürfungen begonnen.

Einst hingen bei Kupferberg die **Bleiberge** (Bl.) mit dem Landeshuter Kamme zusammen, bis sich der Bober in vielen Windungen hindurchdrängte. Seine Ufer sind hier steil, zerklüftet und schön bewaldet; sein Bett liegt voll Felstrümmer, und es hat Mühe gekostet, eine Bahnlinie durch diese enge Stelle hindurchzulegen. Jenseit dieses Durchbruches, schon im **Hirschberger Tale**, erheben sich, etwas abgesondert vom Landeshuter Kamme, die **Falkenberge** (F. B.). Sie haben eine auffällige, burgartige Form und sind weithin sichtbar. An ihrem Fuße liegt **Fischbach** mit schönem Parke und Schlosse des Großherzogs von Hessen. Freundliche Wiesentäler leiten von ihm hinüber zum lieblichen **Buchwald**, wo Graf Reden (s. S. 134) zu Beginn des 19. Jahrhunderts den schönsten Naturpark des Riesengebirges anlegen ließ. Noch heute sieht der Wanderer in seinen Teichen (zu denen das größte Teichbecken des Hirschberger Tales, der „Großteich", 7,65 ha, gehört) mit Entzücken das Bild des Gebirges sich widerspiegeln. Die Gemahlin des Grafen Reden ist die Gründerin der „Buchwalder Bibelgesellschaft" und auch in vielen andern Beziehungen eine Wohltäterin des Gebirges gewesen.

21. Schloß Kitschbach.

Von den Grenzbauden aus zieht zunächst der **Kolbenkamm** (Ko. K.) nach Süden. An seine Kammlinie heftet sich die Landesgrenze. Die Senke von **Albendorf** trennt seinen bebauten, steilen Südostabhang von dem **Rehorngebirge** (R. G.). Es ist nur zum Teil bewaldet, auf seinem Rücken mit Weiden, an seinem Abhange mit verstreuten Ortschaften bedeckt. Die vereinzelt liegenden Häuser sind von mageren, steilen Feldern umgeben. Am Ostfuße des Zuges entspringt der **Bober.**

Nördlich von dem prächtigen, grünen Wiesenplane der **Grenzbauden** erhebt sich steil, noch um 200 m höher der **Forstkamm.** Er trägt an seinem Nordabhange das Baudendörfchen **Forstlangwasser,** eine Perle des östlichen Gebirgsflügels. Der Forstkamm gehört schon zum

eigentlichen Riesengebirge.

Es besteht zunächst aus e i n e m Kamme, der nach Westen hin immer mehr ansteigt, bis er in der **Schneekoppe** (Schn. K.) den höchsten Punkt erreicht hat. Östlich von ihr erhebt sich die **Schwarze Koppe** (Schw. K., 1411 m). Am Westfuße der Schneekoppe dehnt sich eine sumpfige Hochebene aus, der **Koppenplan** und die **Weiße Wiese** genannt. Bei ihr spaltet sich der Zug in zwei parallele Kämme. Der nördliche heißt der **Schlesische Kamm,** der südliche der **Böhmische Kamm.** Beide sind in ihrer Mitte eingesattelt. Die Einsattelung des nördlichen heißt **Mädelwiese** (M., 1178 m); die des südlichen Kammes wird von dem Durchbruch der Elbe gebildet und ist viel tiefer als jene. 10 km westlich von der Weißen Wiese stoßen die Parallelkämme in der **Elbwiese** wieder zusammen. Der tiefe Grund zwischen ihnen wird von den Quellbächen der Elbe durchflossen und heißt im westlichen Teile der **Elbgrund,** im östlichen **Weißwassergrund.** Am Ostrande der Weißen Wiese ragt der **Brunnenberg** empor (Br., 1555 m). Er ist der zweithöchste Berg des Riesengebirges und hat zwei Gipfel. Der Teil des Böhmischen Kammes, der sich an ihn anschließt, endet am Elbdurchbruch mit dem **Ziegenrücken** (Z., 1424 m). Das ist ein scharfer Grat, aus Glimmerschiefer bestehend, schmal und steil wie ein wirklicher Ziegenrücken und oben fast ganz ohne Pflanzenwuchs. Ihm gegenüber zieht der **Krkonoš** (K.), der einen breiteren Rücken hat und an der Elbwiese die **Kesselkoppe** (K. K., 1434 m) trägt.

Auf dem Schlesischen Kamme liegt östlich von der Mädelwiese die **Kleine Sturmhaube** (Kl. St., 1440 m). Sie erscheint als ein Trümmerhaufen in Kegelform. Westlich der Mädelwiese reihen sich aneinander: die **Große Sturmhaube** (Gr. St., 1424 m), das **Hohe Rad** (H. R., 1509 m) und der **Reifträger** (R., 1362 m). Das Hohe Rad fällt nach Osten steil, nach Westen allmählich, nach Norden aber fast senkrecht ab; denn dort liegen an seinem Fuße die **Große** und die **Kleine Schneegrube.**

So zeigt das Riesengebirge eine auffällige **Symmetrie,** sowohl in der parallelen Richtung seiner Hauptkämme als auch in der Lage der einzelnen Berge. Es entsprechen sich in der Richtung: der Schlesische und der Böhmische Kamm — der Landeshuter Kamm und das Rehorngebirge mit dem Kolbenkamm — der Zug zum Schwarzen Berge und der Zug zum Heidelberge (der

Schneekoppe (1605 m).   Warmbrunn.   Kleine Sturmhaube (1440 m).   Dynast. Hermsdorf. Schneegrube.

22. Das Hirschberger Tal und das Riesengebirge von Gotschdorf (3 km westlich von Hirschberg) aus gesehen.

von der Kesselkoppe bis Hohenelbe zieht) — in der **Lage:** Schneekoppe und Hohes Rad — Reifträger und Schwarze Koppe — Kleine Sturmhaube und Große Sturmhaube — Brunnenberg und Kesselkoppe — Ziegenrücken und Krkonos — Mädelwiese und Elbspalte — Elbgrund und Weißwassergrund. Ebenso entsprechen sich die Höhen des Schlesischen und des Böhmischen Kammes (1300 m) und die Zahl der wichtigsten Erhebungen auf ihnen zu beiden Seiten der Einschnitte.

Diese Symmetrie gewahrt man besonders gut auf der

Schneekoppe.

Sie ist mit 1605 m nicht nur der höchste Punkt der Sudeten, sondern auch ganz Norddeutschlands. Als ein mächtiger Trümmerkegel ist sie dem Hauptkamm aufgesetzt. Auf ihr hört der Pflanzenwuchs nahezu ganz auf. Steile Zickzackwege führen zu ihrem Gipfel hinauf, auf dem eine runde Kapelle und zwei große Bauden stehen. Zwischen ihnen hin und durch die

23. Die Schneekoppe mit der Riesenbaude, von Westen aus gesehen.

Kapelle geht die Landesgrenze zwischen Preußen und Österreich. Seit 1899 ist hier auch eine Meteorologische Station erster Ordnung errichtet. Eine so hohe Wetterwarte gibt es nördlich der geographischen Breite der Alpen nicht mehr auf der ganzen Erde und auch keine zweite so hoch gelegene, dauernd besiedelte Stätte. Eine unbeschreiblich schöne Aussicht bietet sich hier, bei hellem Wetter eine Entfernung von 150 km überspannend. Da erblickt man zu Füßen des hohen Berges tiefe, düstere Schluchten, in denen die Hütten so klein wie Häuser aus einer Spielzeugschachtel erscheinen. Da glänzt unter uns der blauende Spiegel des Großen Teiches in seiner tiefen Grube am Nordabhange des Schlesischen Kammes. Im Hintergrunde lacht das grüne Tal von Schreiberhau, ganz mit Häusern übersät, und an dieses grenzt die fruchtbare Ebene des Hirschberger Tales, in der grüne Wiesen, goldgelbe Getreidefelder, blühende Ortschaften und zahlreiche dunkelblaue Teiche herrlich abwechseln. Jenseit der Stadt Hirschberg umschließen es die waldigen Höhen des Bober-Katzbach-Gebirges, und hinter ihnen dehnt sich bis in die blaue Ferne die weite schlesische Ebene aus.

Nach Westen hin überblickt man das ganze Riesengebirge mit seinen Kämmen, Gipfeln und Tälern. ·Nach Süden endlich verliert sich der Blick in dem Gewimmel der böhmischen Berge.

Drei tiefe Schluchtentäler liegen um den Fuß der Schneekoppe herum. Das gewaltigste ist der nach Südwesten sich öffnende, 650 m tiefer als das Koppenplateau liegende

Riesengrund.

Sein unteres Ende reicht bis an die Vereinigungsstelle der Quellflüsse der **Großen Aupa**. Ein Bergzug, der vom Brunnenberge zum **Schwarzen Berge** (Schw. B., 1299 m) hinführt, und der **Rosenberg** (R. B.) schließen es ein. Im unteren Teile des Riesengrundes reiht sich Haus an Haus den Fluß entlang. Von den Häusern ziehen sich mühsam bestellte Äcker die Berglehnen hinauf, und über ihnen liegen Viehweiden. Je höher man hinaufsteigt, desto seltener werden die kleinen Holzbauden. Weit oben verengt der mächtige Absturz des Brunnenberges das Tal. An seinen Abhängen entspringen mehrere Quellflüsse der Aupa. Endlich geht der Weg ganz steil an der Wand der Schneekoppe aufwärts bis zum Koppenplan.

Zur „Eiszeit" war gerade dieser Grund samt seinen Seitentälern vergletschert. Von Westen mündet in ihn das **Braunkesseltal** und in dieses der **Zehgrund**. Beide waren mit Gletschern erfüllt. Seiten- und Stirnmoräne besonders des ersteren sind prächtig erhalten. Weiter aufwärts mündet in den Riesengrund von Westen der **Blaugrund**. Sein ehemaliger Gletscher hat gegen den Riesengrund hin eine Seitenmoräne von nahezu 100 m Höhe aufgetürmt. Ein dritter Moränenzug, der jüngste und darum am besten erhaltene, ist noch weiter aufwärts im Riesengrunde zu finden. Der Weg führt mitten durch den sehr deutlich vom Talgrund sich abhebenden Endmoränenwall hindurch, der quer über das Tal herüberliegt.

Nach Osten senkt sich der Koppenkegel am wenigsten steil zum **Löwengrunde hin**, nach Norden aber stürzt er 500 m tief jäh zum

Melzergrunde

ab. In diesem kurzen, aber gewaltigen Hochtal braust zwischen der Schneekoppe und dem **Riesenkamm** einer- und der **Kleinen Koppe** (1315 m) anderseits die **Kleine Lomnitz** dem Tale von **Wolfshau** zu, den **Lomnitzfall** bildend. In seinem obersten Teile war auch der Melzergrund einstmals ein Firnbecken, und die Reste einer großen Stirnmoräne sind ungefähr in seiner Mitte noch jetzt deutlich erkennbar.

Der Melzergrund, auch M e l z e r g r u b e genannt, ist das östlichste der großen Zirkustäler, deren die Nordseite des Schlesischen Kammes noch mehrere aufzuweisen hat. Die berühmtesten sind die paarweise beieinander liegenden Nischen der T e i c h e und der S c h n e e g r u b e n.

24. Der Große Teich mit der Schneekoppe im Hintergrunde.

Im Süden durch steile Wände von etwa 180 m Höhe überragt, liegen die Wasserspiegel der beiden

Teiche

nahe beieinander, nur durch einen schmalen Felsengrat getrennt, östlich der Kleine und westlich der Große Teich. Der **Kleine Teich** bietet zu allen Jahres= zeiten wohl das lieblichste Bild des Gebirges. Seinen Reiz erhöht die kleine Baude an seinem Nordufer.

Der **Große Teich** (7 ha) erreicht bedeutendere Tiefe (27 m). In ihm findet sich eine reichhaltige Tiefseeflora und =fauna. Die Auffindung von einer Strudelwurm=Art im Kleinen Teiche (Monotus relictus), die sich sonst nur in nordischen Meeren zeigt, beweist den einstmaligen Zusammen= hang dieser Teiche mit jenen Wasserbecken. (S. S. 61!)

Aus den Teichen fließt die **Große Lomniz** ab und windet sich mäan= drisch durch ein großes Blockfeld, das den Nordrand der Teiche und deren nördliches Vorland bildet. Es ist der Überrest der Moränen der beiden Gletscher, die einstmals in den Teichen ihren Ursprung hatten, denn auch diese sind zur Eiszeit Firnbecken gewesen.

Auch bei der Lomniz sind — besonders in und bei Krummhübel — große Regulierungsarbeiten notwendig gewesen. Das ehemals ganz mit Ge= röll erfüllte Flußbett ist in eine Reihe kleiner Staustufen verwandelt worden, über die nun bei Hochwasser die Flut kaskadenartig hinbraust, ohne Schaden anrichten zu können. (S. S. 63!)

25. Der Mittagstein bei der Prinz=Heinrich=Baude.

26. Die Große Lomnitz; alter Zustand des Flußbettes.

27. Die Große Lomnitz nach erfolgtem Ausbau.

28. Die Große Lomnitz; das Flußbett bei Hochwasser.

29. Schneegruben im Hinterrunde bis Schneegrubenbaude.

Viel deutlicher tragen diesen Charakter noch heutigentags die beiden
Schneegruben. (S. 64!)

Auch sie liegen nahe beieinander; nur ein schmaler Felsengrat trennt
die düstere **Große** von der freundlicheren **Kleinen Schneegrube.** In ihnen
bleiben Reste von Schnee bis in den Hochsommer hinein liegen und schim-
mern weithin ins Land. Zwei deutlich erkennbare Moränenwälle liegen am
Nordende der Schneegruben, ein weiter abwärts gelegener, größerer dritter
Wall umspannt beide Gruben. Alle drei sind Erzeugnisse der ehemaligen
Vereisung. Den steilen, 250 m hohen Südrand der Schneegruben krönt der

30. Der Zackelfall.

stolze Bau der schloßartigen S ch n e e g r u b e n b a u d e. Sie ist für den Westflügel des Schlesischen Kammes ein ebenso weithin sichtbares Wahrzeichen wie die Granitblocke des **Mittagsteins** für den Ostflügel. (S. S. 62!) Die Moränen der Großen Schneegrube schließen die beiden K o ch e l t e i ch e ein, aus denen die **Kochel** abfließt. Sie bildet kurz vor ihrer Einmündung in den Zacken den malerischen **Kochelfall.** Der **Zacken** hat seine Quelle in der Nähe des Reifträgers. Einem seiner Zuflüsse, dem Zackerle, verdanken wir

den Zackelfall. (S. S. 65!)

Das Wasser des kleinen Baches wird mittels Schleusen aufgestaut. Aus der Schleuse stürzt es dann über einen hohen, zackigen Felsen hinab, wobei es in Staub und Gischt verwandelt wird. Dann fließt es zwischen steilen Felsrändern hin durch die **Zackelklamm.** In ihr sind Brücken und Treppen erbaut, auf denen man, meist über dem tosenden Wasser gehend, die Klamm aufwärts bis zum Falle gelangen kann.

Nachdem sich die verschiedenen Quellbäche des Zackens vereinigt haben, durcheilt der reißende Bergfluß das Tal von **Schreiberhau** (Schr.), berührt **Warmbrunn** (W.) und mündet bei **Hirschberg** (H.) in den Bober. Da sich in ihn auch die mit der Eglitz vereinigte Lomnitz ergießt, führen alle Flüsse, die auf dem Nordabhange des Schlesischen Kammes entstehen, ihr Wasser der O d e r zu. Der Südabhang aber wässert zur E l b e ab.

Die Quellbäche der Elbe eilen durch

den Elbgrund und den Weißwassergrund.

Die Elbe entspringt als **Elbseiffen** auf der **Elbwiese,** wo die unschein= bare Quelle in Steine eingefaßt ist. Bald unterhalb der Quelle bildet der Bach den romantischen **Elbfall** mit Hilfe von Stauung durch Schleusen. Er ist der gewaltigste Fall des Riesengebirges und stürzt in den tiefen **Elbgrund** hinab. Das ist ein großartiges Tal, von 200—300 m hohen Wänden ein= geschlossen, im unteren Teile der Felsränder dicht bewaldet, von dem rau= schenden Elbseiffen durchbraust, der den schönen Fußweg durch den Grund oft zerstört. Von Norden her fallen noch mehrere kleine Bäche in den Elbseiffen. Ihre Täler bilden mit Elbseiffen und Weißwasser zusammen das Tal der „**Siebengründe**". Vor dem Durchbruch am Ziegenrücken ver= einigt sich der Elbseiffen mit dem **Weißwasser.** Es kommt von der Weißen Wiese, und sein Tal, der **Weißwassergrund,** ist noch wildromantischer als der Elbgrund. In ihm steigt man durch die Waldregion und über grüne Matten an der Nordseite des Ziegenrückens zur Weißen Wiese auf.

Auch der Weißwassergrund war ehemals vergletschert; die Moränen= überreste sind hier aber nur gering. Viel auffälliger sind sie in dem wald= erfüllten Tale, das sich parallel zum Weißwassergrunde vom H i n t e r = w i e s e n b e r g e aus südlich des Ziegenrückens hinzieht. Es setzt sich aus dem **Langen Grunde** und dem **Klausengrunde** zusammen und mündet bei **Spindel= mühle** ins Elbtal. Mit dem benachbarten **St. Peter** bildet Spindelmühle die besuchteste Sommerfrische der österreichischen Seite. Auf prächtig grünen Wiesen, ringsum durch hohe Kämme gegen rauhe Winde geschützt, liegen ihre schmucken Holzvillen und großen Hotels warm und sonnig auf beiden Seiten der Elbe, deren Bett infolge öfteren Hochwassers hier unverhältnismäßig breit ist.

Von hier aus begleitet das rechte Ufer der Elbe immer in südlicher Richtung ein Bergzug, der im **Heidelberge** (H., 1036 m) bei **Hohenelbe,** der ersten Stadt an der Elbe, endet. Westlich von diesem Zuge fließt der **Kessel=bach.** Er kommt aus der **Kesselgrube,** vom Fuße der Kesselkoppe, und birgt in seinem Tale wieder recht gut erhaltene Stirnmoränen, deren Gletscher sein Firnbecken in der Kesselgrube hatte. Diese ist das etwas schwächere Seitenstück der Schneegruben für die Südseite des Gebirges. Auch sie ist zweiteilig, mit einem hohen, steilen und einem niedrigen Rande. Sie gilt als Mekka der Botaniker des Riesengebirges.

Von der Kesselkoppe nach Westen hin leitet zum Isergebirge hinüber das romantische Tal der **Mummel,** das große Ähnlichkeit mit dem Weiß=wassertal zeigt. Der **Mummelfall** bei dem industriereichen **Harrachsdorf** bleibt freilich an Großartigkeit hinter den Fällen der Nordseite zurück.

Das Riesengebirge hat nach Norden einen steilen A b f a l l; er beträgt gegen das Hirschberger Tal hin 1000 m. Nach Süden aber senkt es sich all= mählich, weil es hier von viel mehr Vorbergen begleitet wird. Darum erscheint es auch von Norden gesehen majestätischer als von Süden her. Sein Fuß ist bebaut. Bis zu einer Höhe von über 600 m findet man an der Nordseite mühsam bestellte Felder. An der Südseite geht infolge kräftigerer Besonnung der Ackerbau bis über 1000 m hinauf. Die Felder liegen um schmucke Ortschaften her, die sich in den zahlreichen Flußtälern aufwärts lang hinziehen. Die Häuser der Bauern sind meist aus Fachwerk oder Holz erbaut, um die Fenster und Türen bunt bemalt und vielfach zur Aufnahme von Sommergästen eingerichtet.

Über dieser **Region des Ackerbaues** legt sich um das ganze Gebirge ein **Waldgürtel.** Er besteht meist aus Nadelbäumen, die bis zu einer Höhe von 1200 m gedeihen und in den höchsten Lagen vielfach mit der grauen Bart= flechte (Usnea barbata) dicht behangen sind. Im Schatten dieser Wälder gedeihen als C h a r a k t e r p f l a n z e n des Riesengebirges: der akonit= blättrige Hahnenfuß (Ranunculus aconitifolius) mit seinen zarten weißen Blüten, der graue Lattich (Adenostyles albifrons) mit seinen lilapurpurnen Blütenschirmen und mit seinen goldgelben das oft mannshohe Hain=Kreuz= kraut (Senecio nemorensis), ferner der niedrige Brandlattich (Homogyne alpina), der hohe, dunkelviolette Milchlattich (Mulgedium alpinum) und der purpurviolette, noch höhere Hasenlattich (Prenanthes purpurea), der Germer (Veratrum lobelianum) mit großen, parallelnervigen, zugespitzten Blättern, endlich im Herbst der Enzian (Gentiana asclepiadea), der ganze Hänge mit seinen Glockenblüten dunkelblau färbt. Das alles erhebt sich neben den Blattrosetten des charakteristischen Riesengebirgsgrases Calamagrostis Hal= leriana, einer Windhalmart, mit der zusammen Bärlapparten (Lycopodium clavatum, alpinum, annotinum und Selago), Farne und Moose das eigent= liche Grundgewebe des Pflanzenteppichs bilden. Besonders die Moose sind als Aufsauger des Taues und Regens von großer Bedeutung. Ihnen ver= danken die Flüsse des Gebirges ihre stetige Wasserfülle, und ihrer aufsaugenden Tätigkeit ist es auch zuzuschreiben, daß nach heftigen Regengüssen nicht noch öfter Hochwassergefahren entstehen. Moose, besonders Torfmoos (Sphagnum und Hypnum), sind es auch, die auf den Hochflächen der Kämme große Moore entstehen lassen, „Wiesen" genannt. Hier wachsen wiederum hervorragende Charakterpflanzen des Riesengebirges: die Swertie (Sweertia perennis), Bartschie (Bartschia alpina), verschiedene Weiden= röschen (Epilobium alsinefolium, nutans, palustre), das zweiblütige Veil= chen (Viola biflora), Wollgräser (Eriophorum europaeum, polystachium und alpinum), der sibirische Lauch (Allium sibiricum), viele und seltene Halbgräser (Juncus, Scirpus und Carex) und das hochnordische große Läuse= kraut, (Pedicularis sudetica) sowie die Zwergbrombeere (Rubus chamae- morus), Krähenbeere (Empetrum nigrum) und Rauschbeere (Vaccinium uliginosum).

Über 1200 m findet man große **Grasflächen,** die als Viehweiden dienen. Auf ihnen wächst kurzhalmiges, hartes Gras, „Wolf" genannt (Nardus stricta), zwischen dem saftige Kräuter stehen und zierliche Alpenblumen prangen. Da findet man im Frühjahr die kleine A l p e n p r i m e l (Primula minima), Habmichlieb genannt. Man muß das Blümchen wirklich lieb haben, wenn es mit seinen zierlichen, zart rosa Blüten den ganzen Hang überzieht. Daneben steht die Alpen=Anemone, wegen ihrer langen, grauen, bebarteten Früchte T e u f e l s b a r t (Anemone alpina) genannt. Gold= gelbe Habichtskräuter, deren Heimat diese Wiesen so recht sind (Hieracium alpinum, sudeticum, pilosella, prenanthoides, aurantiacum u. a.), Löwen= zahnarten (Leontodon hastilis), Nelkenwurz (Geum montanum), Berg= Wohlverleih (Arnica montana) stehen da neben weißen Gänsekressen (Arabis Halleri), gesprenkelten Klappertöpfen (Alectorolophus alpinus), goldgelben Veilchen (Viola lutea) und fleischfarbenen Gymnadenien (Gymnadenia conopea, albida).

Auf diesen Weideflächen stehen gleich Inseln im Grasmeere dichte, runde Gebüsche von **Knieholz,** einer Kiefernart (Pinus pumilio), deren Stämme am Boden hinkriechen, sich nur wenig aufrichten und lauter knie= förmig gebogene Zweige haben.

Über 1500 m Höhe aber gedeiht auch das wetterfeste Knieholz nicht mehr. Moose und Flechten überziehen die **Felstrümmer,** aus denen die Bergspitzen aufgetürmt erscheinen (in Wahrheit sind diese Blöcke, wie gesagt, nur Erzeugnisse der Verwitterung). Aber ganz ohne Pflanzenwuchs ist keine Stelle des Riesengebirges. Das Alpen=Habichtskraut (Hieracium alpinum), die Glöckchenheide (Calluna vulgaris) und etwa noch zwölf andere Phanerogamenarten gedeihen selbst noch auf dem Gipfel der Schneekoppe. Unter den Kryptogamen ist die V e i l c h e n m o o s = A l g e am bekanntesten geworden.

Früher lebten die **Bewohner** des eigentlichen Hochgebirges ausschließlich von Viehzucht. Dazu leiteten die saftigen Weiden hin. Die Leute wohnen in

„Bauden".

Das sind zum Teil schon recht alte Blockhäuser. Auf einer niedrigen, stei= nernen Grundmauer sind mächtige Balken übereinandergelegt, die die

31. Das Äußere einer Baude.

32. Das Innere einer Baude.

Schneekoppe.   Wolfshau. Melzergrund.   Kleine Koppe.

33. Panorama

Wände des Hauses bilden. Es ist mit winzigen Fenstern versehen und mit
Schindeln gedeckt. Das Dach geht tief herunter und ist mit Steinen be=
schwert, damit der Sturm es nicht abdecke. Das Haus enthält einen großen
Wohnraum für die Menschen und daneben Ställe für das Vieh sowie einen
Anbau, der als Heuscheuer dient. Die Bauden sind fast alle sehr sauber
gehalten und viele auch zur Bewirtung von Fremden eingerichtet. Dann
haben sie meist einen verglasten Vorbau. Ihre Bewohner führen besonders
im Winter ein einförmiges Dasein. Nicht selten verschneit die Baude ganz,
und ihre Insassen gehen durch die Dachluken ein und aus. Leichen müssen
oft wochenlang im Schnee aufbewahrt werden, ehe man sie zu Tale bringen
kann. Auf dem losen Schnee kommt man nur mit Hilfe von Schneereisen
oder Schneeschuhen (Ski) vorwärts. Der Weg ist schon im Sommer durch
hohe Stangen abgesteckt worden, die dann nur noch wenig über den Schnee
hinausragen.

Wie innig die Bewohner des Gebirges von jeher mit dieser sie um=
gebenden Natur gelebt haben, beweisen die zahlreichen Sagen des Gebirges,
in denen die mannigfaltigsten Naturerscheinungen und =gegenstände belebt
erscheinen. Die Sage vom „Rübezahl", dem Berggeiste, dessen Gestalt

Teichränder mit Prinz-Heinrich-Baude.

von Krummhübel.

34. Kieſewälder Spinnſtube.

nichts anderes ist als eine Verkörperung der Wettereigentümlichkeiten und Schrecknisse des Gebirges, ist zwar aus andern Gegenden in unser Gebirge eingeführt, hat sich aber bald so im Volksbewußtsein eingebürgert, als wäre sie eine bodenständige Sage. Nach Rübezahl sind zahlreiche Örtlichkeiten benannt.

Die alten Sitten und Gebräuche, leider auch die eigentümliche Gebirgs= tracht verschwinden immer mehr, wie auch der bunte und gediegene Hausrat der Voreltern meist gegen neumodische, wertlose Einrichtungsgegenstände ver= tauscht wird. Um den Sinn für diese altehrwürdigen Dinge wieder zu be= leben, sind an manchen Orten des Gebirges die alten S p i n n st u b e n = z u s a m m e n k ü n f t e wieder eingeführt worden, meist freilich nur als Schaustellung für die Fremden (s. S. 71).

Die Schönheit des Gebirges lockt immer mehr Fremde herzu. Die Menge der Reisenden hat ungemein zugenommen, seit die „Gebirgsbahn" an das Gebirge heran, die Sekundärbahnen Hirschberg—Petersdorf—Grün= tal und Hirschberg—Schmiedeberg—Landeshut sowie die Kleinbahn Ziller= tal—Krummhübel sogar in seine Täler hinein führen. Das ließ eine lebhafte

Fremdenindustrie

emporblühen. Zunächst sind allerwärts viele und zum Teil sehr große G a st h ä u s e r entstanden. Auch die meisten Bauden sind geradezu in Gasthäuser und Hotels umgewandelt worden. Fast jedes Haus in den Gebirgsdörfern enthält „S o m m e r w o h n u n g e n". Immer mehr große Logierhäuser werden für die „Sommergäste" errichtet. Ein Kranz von „Sommerfrischen" umgibt den Nordfuß des Gebirges. Im Jahre 1910 nahmen sie rund 50 000 Fremde auf. Da liegt nahe bei Schmiedeberg am Fuße der Schneekoppe das große Dorf **Krummhübel** (Kr.) (s. S. 70/71). Es ist im Sommer ganz von Fremden erfüllt, die hier Erholung suchen. In seinem mittleren Teile trägt es ein städtisches Gepräge. Sein Nachbarort **Brücken= berg** liegt beinahe 900 m hoch und nimmt einen erstaunlichen Aufschwung. Sein Gotteshaus, die Kirche **Wang**, ist weithin bekannt. Sie liegt auf einem kleinen Friedhofe, der einen herrlichen Blick über das Hirschberger Tal gestattet. Einzelne Bestandteile der Kirche stammen aus Norwegen. Friedrich Wilhelm IV. ließ sie in Brückenberg aufstellen. Sie besteht zum größten Teil aus Holz, und ihr Schiff ist von einem verdeckten Rundgang umgeben. Das Dach schmücken geschnitzte Drachenköpfe. Der Turm steht abgesondert von der Kirche (s. S. 73).

Als Sommerfrischen werden weiterhin noch viel besucht: **Giersdorf, Seidorf**, in dessen Nähe die **Annakapelle** steht, **Hain, Agnetendorf, Stons= dorf**, am Fuße des Prudelberges, dessen Bismarckdenkmal weithin leuchtet, endlich **Hermsdorf** „unterm Kynast".

Der steile Kegelberg, nach dem Hermsdorf so zubenannt ist,

der Kynast (Ky., 657 m),

trägt eine malerische Burgruine. Viele Sagen knüpfen sich an diese Burg. Ihr hoher Wartturm ist noch ersteigbar und gewährt einen herrlichen Blick

35. Kirche Wang.

über das Hirschberger Tal und das Riesengebirge. Das schauerlich dunkle „Höllental" trennt den Kynast von dem benachbarten **Herdberge** (680 m).

Die wichtigste Sommerfrische des Westflügels ist **Schreiberhau.** Das Dorf liegt an den Abhängen des Reisträgers und Hochsteins und im Tale des Zacken weit zerstreut auf grünen Matten und zwischen einzelnen Waldstrecken. Darum wird es besonders gern als Erholungsort besucht.

Die Eisenbahnlinie, welche von dem benachbarten **Petersdorf** aus durch Schreiberhau über den **Paß von Jakobstal** und die Landesgrenze führt, hat die ohnehin schon bedeutende Besucherzahl Schreiberhaus noch vermehrt.

Die Führung der Fremden durchs Gebirge beschäftigt viele Leute als Gebirgsführer, Träger, Sesselträger und Eseltreiber, obgleich die Führer zum Teil durch die vom **„Riesengebirgs-Verein"** (R. G. V.) angebrachten Wegweiser überflüssig geworden sind. Dieser Verein hat sich durch die Anlegung von guten Wegen, durch Wegmarkierungen an Steinen und Bäumen, durch Aufstellung zahlreicher Ruhebänke, durch verbessernde Einwirkung auf das Gasthauswesen, durch die aufklärende und unterrichtende Zeitschrift „Der Wanderer im Riesengebirge", durch Einrichtung eines Riesengebirgsmuseums in Hirschberg und durch andere gemeinnützige Tätigkeit ein hohes Verdienst erworben. Viele Leute verdienen ihr Brot mit dem Verkauf der sogenannten „Andenken", die die Reisenden aus dem Gebirge mit nach Hause nehmen. Das sind hauptsächlich Knieholz und andere Holzwaren, Glaswaren, Papparbeiten, Photographien und Lederwaren. Viele dieser Waren werden im Gebirge selbst gefertigt, so besonders Holzwaren. In der neuerrichteten Holzschnitzschule in Warmbrunn sollen tüchtige Holzschnitzer ausgebildet und durch die Anstalt

36. Der Abhang von der Bismarckhöhe aus gesehen.

selbst geschmackvolle Modelle für die Waren geliefert werden. Im Winter führt der immer mehr betriebene W i n t e r s p o r t , bestehend in Sport= und Hörnerschlittenfahrten und im Skilaufen, von Jahr zu Jahr dem Gebirge und seinen Bauden mehr Gäste zu und bringt vielen Leuten Verdienst.

Der Winter wird hauptsächlich auch dazu benutzt, auf den zahlreichen Schneebahnen die reichen Holzschätze, die der Wald des Gebirges liefert, zu Tale zu „rücken". Immer noch ist die H o l z s c h l ä g e r e i ein Haupter= werbszweig der Arbeiterbevölkerung der Gebirgshänge. Frauen und Kin= der finden durch Einsammeln von Blaubeeren, Himbeeren, Pilzen und islän= dischem Moos lohnenden Nebenverdienst. Wald, Wasser und Wiese bilden die Hauptgrundlagen der schwunghaften G r o ß i n d u s t r i e des Riesen= gebirges. Sie hat ihren Sitz im

Hirschberger Tal.

Die U m g r e n z u n g e n dieses Talbeckens bilden im Süden und Osten das Riesengebirge, im Westen das Jsergebirge und im Norden der Steilrand des Bober=Katzbach=Gebirges. Der Bergzug mit dem **Kräber= berge** (784 m), der sich nahe den Teichen von dem Hauptkamme loslöst, bringt eine T e i l u n g des Tales in das östliche **Schmiedeberger,** westliche **Schreiberhauer** und nördliche **Hirschberger Tal** hervor.

Die Ansichten über die **geologische Entstehung** dieses Tales sind sehr verschieden. Die einen betrachten es als das Ergebnis einer ungleichmäßig erfolgten Erosionstätigkeit, die anderen als ein Einsturzbecken. Die letztere Ansicht stützt sich besonders auf die Verhältnisse des Boberlaufes. Bei K u p f e r = b e r g und am S a t t l e r durchströmt der Fluß Engtäler, die das Aussehen von D u r c h b r u c h s t ä l e r n haben, in Wirklichkeit aber E r o s i o n s t ä l e r sind. Schon östlich vom Sattler hätte der Fluß die Möglichkeit gehabt, bequemer durch die Senke von Grunau nach Norden abzufließen. Aus dem allem schließt man: der Bober hat in ältester Zeit von Kupferburg an eine zusammenhängende Erosionsrinne gebildet. Der mittlere Teil dieser Rinne ist bei einem gewal= tigen Einsturz verschwunden, dem das ganze Hirschberger Tal seine Entstehung verdankt. Nur der Anfang der Rinne bei Kupferberg und ihr Ende beim Sattler blieben bestehen und erscheinen nun als Durchbruchstäler, während der Bober auf der Diluvialschicht des Hirschberger Tales eben dahinfließt. Die Boberdurchbrüche waren nach dieser Ansicht also v o r der Entstehung des Hirsch= berger Talbeckens da.

Die Vertreter der andern Ansicht über die Entstehung des Hirschberger Tales behaupten, der Bober sei erst durch die G r u n a u e r P f o r t e geflossen, habe aber durch Aufschüttung von Terrassen sich selbst genötigt, in die S a t t l e r s c h l u c h t abzufließen, die schon vorher vorhanden, aber durch Jn= landeis verstopft gewesen sei.

Zur Eiszeit ist sicher beinahe das ganze Tal vergletschert gewesen. Das Jnlandeis ist von Norden ins Tal hereingedrungen, hat aber nur die Gegend von E r d m a n n s d o r f , S t o n s d o r f und den S c h o l z e n b e r g bei Warmbrunn erreicht. Die Gebiete nördlich dieser Linie weisen sämtlich Ge= schiebelehm auf, dessen Geschiebe meist aus dem Bober=Katzbach=Gebirge, aber auch aus der Goldberger und Löwenberger Gegend stammen. Der südliche Teil des Tales aber war vom Gebirge her vereist. Die Zungen der Gebirgs= gletscher reichten bis etwa 900, die „fluvio=glazialen Gebilde" aber viel tiefer herunter. Zu ihnen gehören z. B. der sogenannte W o l f s h a u e r S c h u t t = k e g e l , der an der Vereinigung von B l a c k n i t z und K l e i n e r Lomnitz endet, sowie die Terrassen der L o m n i t z und des Z a c k e n . Danach entstand zwischen den beiden Gletschergebieten ein eisfreies Terrain, hauptsächlich bei

Giersdorf. Hier stauten sich die Schmelzwasser der Gebirgsgletscher an den Moränen des Inlandeises, und so entstand ein Binnensee, auf dem einstmals Eisberge schwammen und zuzeiten der ganze Farbenreiz der Arktis erschienen sein muß. Von diesem Gletschersee legen noch heute die Sümpfe, Moore und Teiche südlich von Warmbrunn Zeugnis ab.

Der fruchtbare Geschiebelehm im nördlichen und die immerhin auch fruchtbare Verwitterungskrume des Granits im südlichen Teile des Hirschberger Tales ermöglichen in ihm einen lebhaften A c k e r b a u, der freilich am Abhang des Gebirges recht mühsam wird. Langzeilige Dörfer, die sich an den Flüssen hin und durch die Lücken im südlichen Rande des Bober= Katzbach=Gebirges bis auf dessen Hochfläche hinaufziehen, geben durch die schmucke Bauart ihrer Gehöfte zu erkennen, daß der Ackerbau auch lohnend ist.

Der eigentliche Wohlstand des Hirschberger Tales beruht aber doch auf der G r o ß i n d u s t r i e.

Der Holzreichtum des Gebirges in Verbindung mit den reichen Wasser= kräften ließ überall an den Flüssen die sogenannten „H o l z s c h l e i f e n" entstehen, in denen der Rohstoff zur P a p i e r f a b r i k a t i o n hergestellt wird. Papier selbst wird in **Arnsdorf, Petersdorf, Cunnersdorf** und **Eich= berg** fabriziert, und zwar betrug im Jahre 1904 im ganzen Handels= kammerbezirk Hirschberg, zu dem auch der Kreis S c h ö n a u gehört, die Gesamtproduktion 36 Millionen kg im Werte von 8—9 Millionen Mark.

In Verbindung mit Quarzfundstätten in den Bergen hat der Holz= reichtum des Gebirges zu einer regen G l a s i n d u s t r i e im Hirschberger Tale Veranlassung gegeben. Ihre Mittelpunkte sind **Petersdorf** und vor allem die **Josephinenhütte** in **Schreiberhau**, die eine ständige Ausstellung ihrer Industrie=Erzeugnisse unterhält. Sie bezog früher ihr Quarzmaterial nur vom W e i ß e n F l i n s am Hochstein und stellt weltberühmte Luxus= waren her. Sie beschäftigte im Jahre 1900 an 330 Arbeiter und fertigte für 450 000 Mark Glaswaren an. Zum Schleifen und Polieren der Glas= erzeugnisse wird die Wasserkraft des Zacken und seiner Nebenflüsse benutzt; darum sind auch die Bewohner von **Schreiberhau, Agnetendorf, Hermsdorf** und **Warmbrunn** vielfach Glasschleifer.

Wald, Wiese und Wasser endlich haben gemeinsam die schwunghafte L e i n e n i n d u s t r i e des Tales hervorgerufen. Sie findet durch Leinen= fabriken oder Bleichen ihre Mittelpunkte in **Schmiedeberg, Arnsdorf, Pe= tersdorf** und **Erdmannsdorf.** Besonders das letztgenannte Dorf hat durch seine große mechanische Flachsgarn=Weberei und =Spinnerei Bedeutung für die ganze Umgegend und übt außerdem durch sein stattliches, ehemals königliches Schloß inmitten eines prachtvollen Parkes immer noch eine große Anziehungskraft auf die Fremden aus.

Seine nähere Umgebung führt den Namen „**Zillertal**". Hier siedelte Friedrich Wilhelm III. 1837 über 400 Tiroler an, die aus dem Zillertal wegen ihres evangelischen Glaubens auswandern mußten. Die Bauart der Häuser erinnert noch jetzt an die Herkunft ihrer Bewohner.

Der natürliche Mittelpunkt des ganzen Tales ist

Hirschberg.

Es bildet gleichsam den Brennpunkt des ganzen Tales. Hier oder in seiner Nähe fließen alle Wasser der nördlichen Abdachung des Riesengebirges zusammen. Darum öffnen sich alle Täler schließlich nach diesem Punkte, und so bildet Hirschberg den Ausgangspunkt aller Wege ins Gebirge, auch den der beiden Gebirgseisenbahnen ins Schmiedeberger und Warmbrunn-Schreiberhauer Tal. So entstand denn auch hier schon sehr früh eine Befestigung, in deren Schutze die Stadt sich erweiterte. Die Befestigungswerke sind aber zum Glück für die Entwicklung der Stadt schon sehr früh gefallen, und an ihre Stelle sind wie in so vielen andern schlesischen Städten Promenadenanlagen getreten. — Die Stadt hat zu allen Zeiten viel durch Kriege gelitten. Ihr Wohlstand hob sich vom 15. Jahrhundert an durch schwunghafte Fabrikation dünner Schleier; für den Alleinhandel mit ihnen hatte sie ein Privilegium. Dieser Handel blühte, bis ihn die Napoleonischen Kriege vernichteten. — An seine Stelle ist heute Leinwand- und Holzhandel getreten, dessen Aufblühen in der natürlichen Beschaffenheit der Umgegend begründet liegt. Hirschberg weist auch große Fabriken für Holzzementbedachung, Holzstoff, Obstwein und Fruchtsäfte, Papier und Maschinen sowie eine bedeutende Kammgarnspinnerei auf. Der Ring ist von „Lauben" umgeben (vgl. S. 105).

Die Umgegend ist reich an Naturschönheiten. Die Anlagen am **Kavalier-** und **Hausberge** und an der **Sattlerschlucht** haben besonderen Ruf.

Der lebhafte Verkehr, den der Fremdenzufluß und die Industrie gerade in Hirschbergs Umgebung hervorbringen, hat zur Anlage einer elektrischen Straßenbahn geführt, die Hirschberg mit Hermsdorf u. K. verbindet und für Warmbrunn von besonderer Bedeutung ist.

Im Tale des Zacken sprudeln fünf warme, radiumhaltige, alkalisch-salinische Schwefelwasserquellen. Ihre Heilkraft hat **Warmbrunn** zu einem besuchten Badeort, hauptsächlich für Rheumatismuskranke, gemacht. Das Bad gehört dem Reichsgrafen von Schaffgotsch, dem auch das große Schloß in Warmbrunn, der nahegelegene **Kynast** und so ziemlich die ganze Nordseite des Riesen- und Isergebirges gehören. In den Verkaufshallen an der Promenade, die einen herrlichen Anblick des Gebirges gestattet, bietet man unter anderm auch sehr schön geschliffene Steine zum Verkauf aus, die meist in den Warmbrunner Steinschleifereien bearbeitet worden sind. Die Reichsgräflich Warmbrunner Bibliothek zählt etwa 80 000 Bände und ist besonders reich an schlesischer Literatur. Neben der Holzschnitzschule (s. S. 73) soll eine ständige Ausstellung des Hausfleiß-Vereins die künstlerische Herstellung von Gebrauchsgegenständen, Trachten, Spitzen u. a. neu beleben.

Ziemlich dicht ist das Hirschberger Tal bevölkert; denn trotz der fast unbewohnten Gebirgsstrecken, die zum Kreise Hirschberg gehören, zählt er doch 138 Einwohner im Durchschnitt auf 1 qkm.

Rückblick: In wunderlich symmetrischem Aufbau, der in seiner geologischen Beschaffenheit begründet ist (in der Mitte eine gewaltige, ost-westwärts streichende Mauer von Riesengebirgsgranit, um die sich nördlich und südlich Mäntel von Gneis, Glimmerschiefer und Urschiefer legen), breitet sich das **Riesengebirge** zwischen dem **Bobertal** bei Liebau und Landeshut und dem **Zackental** aus, durch den **Grenzbaudenpaß** in einen östlichen und westlichen Flügel geteilt. Jener hat seine Haupt= richtung von Norden nach Süden und gliedert sich in dieser Richtung in den **Landeshuter Kamm** (mit den **Friesensteinen,** vorgelagert die **Falkenberge** bei **Fischbach**) und in den **Kolbenkamm** mit der südlichen Fortsetzung des **Rehorngebirges** (Boberquelle). Der westliche Flügel umfaßt zwei parallel streichende Kämme (im Norden den **Preußischen** mit **Schwarzer Koppe, Schneekoppe, Kleiner** und Großer **Sturmhaube, Hohem Rad** und **Reifträger,** im Süden den **Böhmischen Kamm** mit **Brunnenberg, Ziegenrücken, Krkonos** und **Kesselkoppe**). Die **Mädel= wiese** und der **Elbdurchbruch** gliedern beide Kämme in übereinstimmen= der Weise, und der südliche schickt zwei ebenfalls parallel laufende Kämme (der östliche mit dem **Schwarzen Berge** bei **Johannisbad,** der westliche mit dem **Heidelberge** bei **Hohenelbe**) nach Süden. Sie be= grenzen die Täler der nach Süden dem Gebirge entströmenden **Aupa** und **Elbe,** deren jedes sich im obersten Laufe gabelt, dieses ins Tal des **Elbseiffen** (mit **Elbfall**) und des **Weißwassers,** jenes (durch den **Rosen= berg**) in das der **Großen** und **Kleinen Aupa.** Der Preußische Kamm stürzt nach Norden steil zum **Hirschberger Tale** ab (Nischenöffnungen des **Großen** und **Kleinen Teiches** und der **Großen** und **Kleinen Schnee= grube**), das sich in die Täler der **Eglitz** (Schmiedeberger Tal), der **Lom= nitz** (Hirschberger Tal im engeren Sinne) und des **Zacken** (**Warm= brunner Tal**) gliedert, sehr fruchtbar und reich an Teichen und iso= lierten Berggipfeln ist (**Kynast** und **Herdberg, Heinrichsburg, Prudel= berg** und **Kräbersteine**). — Vom Tal bis zur Höhe des Kammes unter= scheidet man einen dreifachen Pflanzengürtel: über der Region des Ackerbaues einen Waldgürtel (bis 1200 m) und darüber (bis 1500 m) den der Grasflächen mit Knieholzgebüsch. Was noch höher liegt, ist mit Felstrümmern bedeckt, die nur mit Flechten, Moosen und Algen ("Veilchenmoos"=Alge) bekleidet sind. Alle Höhenabschnitte weisen besondere Charakterpflanzen und =tiere auf.

Der ("Bauden"=)Bevölkerung des Gebirges dienen Viehwirtschaft und Waldarbeit als Erwerbsquelle. Der immer sich steigernde Besuch des Gebirges durch Touristen und Sommergäste führte einen schwung= vollen Gasthausbetrieb und vielgestaltige Fremdenindustrie herbei. Der schnell hier eingeführte Wintersport eröffnete neue Er= werbsquellen. Mittelpunkte des Fremdenverkehrs: **Krummhübel** und **Schreiberhau.** — Im Hirschberger Tal ist neben der Landwirtschaft unter dem Einfluß von Wald, Wiese und Wasser eine reiche Industrie emporgeblüht: Leinen= und Baumwollweberei und Bleicherei in **Hirsch= berg** und **Schmiedeberg, Erdmannsdorf** und **Arnsdorf,** Holzstoff= und Papierfabriken in **Hirschberg, Arnsdorf, Petersdorf, Cunnersdorf** und **Eichberg,** Glasindustrie in **Schreiberhau** (Josephinenhütte) und **Peters= dorf,** Steinschleifereien in **Warmbrunn,** das auch als Wohnsitz der Reichsgrafen von Schaffgotsch, Hauptgrundbesitzer des Gebirges, ferner als Badeort bedeutsam ist.

V. Das Jsergebirge.

Es schließt sich am Passe von **Jakobstal** ans Riesengebirge an, reicht nach Westen bis zur **Tafelsichte** und besteht aus vier Zügen, die einander fast parallel gehen. Der **Hauptzug** beginnt zwischen **Petersdorf** und Schreiberhau mit dem **Moltkefelsen**, der einen Ausblick auf das Tal von Schreiberhau und auf den Westflügel des Riesengebirges gestattet, und erhebt sich sogleich steil zum kegelförmigen **Hochstein** (1058 m). Von ihm aus steigt der Hauptzug allmählich nach Westen hin an und endet in der **Tafel- sichte** (1125 m). Auf diesem Kamme, am **Weißen Flins**, entspringen der **Kleine Zacken** und der **Queis** nahe beieinander, fließen aber durch

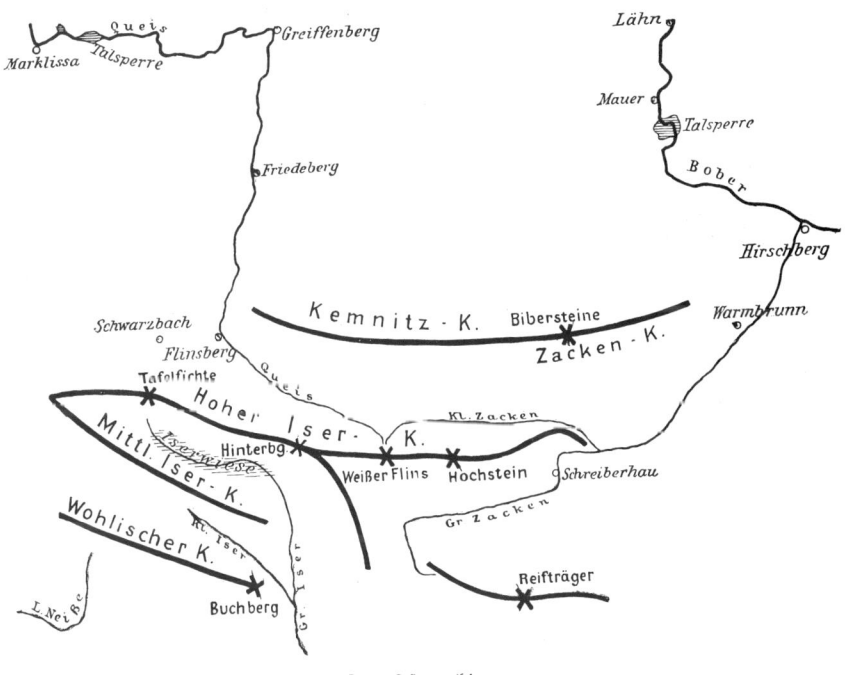

37. Das Jsergebirge.

ein Längstal nach verschiedenen Richtungen ab. Westlich vom Weißen Flins spaltet sich der Kamm und sendet einen Ast nach Süden, der **Theißen- hübel** genannt, der die Täler der Großen Jser und des Großen Zacken scheidet. Nahe der Tafelsichte erhebt sich das **Heufuder** zu 1107 m Höhe. Der Turm auf ihm und der auf der Tafelsichte gestatten allein Rundsichten auf dem westlichen Gebirgsteile.

Das Längstal des Zacken trennt von dem Hauptzuge den **Kemnitzkamm**, der ihm parallel läuft. Er biegt nach Nordosten um und hört am Bober- durchbruche beim **Sattler** auf. An seinem Südabhange bietet die Felsgruppe der **Bibersteine** eine berühmte Aussicht auf das Gebirge.

An der Tafelsichte entspringt die **Große Iser** und fließt erst nach Süd=
osten und dann nach Süden. Ihr Tal trennt von **Mittleren Iserkamm** vom
Hauptkamm ab. Südlich, von ihm durch das Tal der **Kleinen Iser** ge=
trennt, streichen die **Welschen** oder **Wohlischen Kämme.** Sie treten mit dem
Basaltkegel des **Reulichten Buchberges** (999 m) an den Vereinigungspunkt
der **Großen** und **Kleinen Iser** heran. Da der Buchberg weit und breit
der einzige Spitzkegelberg ist, erscheint er ungemein auffällig in diesem Ge=
biete, das sonst eine sehr einförmige Linienführung der langgestreckten Berg=
rücken aufweist.

Zwischen dem Haupt= und dem Mittel=Iserkamm dehnt sich an der
Iser die

Große Iserwiese

aus, ein Hochmoor von bedeutender Größe, auf dem das Knieholz schon in
einer Höhe von 730 m vorkommt, während die Kämme über der Wiese mit
Hochwald bestanden sind. Nirgend mehr in Schlesien gibt es eine Gegend
von so schwermütigem Charakter als diese. Dem Wanderer, der auf der
großen „Iserstraße" von Wurzelsdorf her nordwärts über die Iserwiese
hinschreitet, legt es sich leise wie ein Alp auf die Brust inmitten dieser Knie=
holzgebüsche. Der Botaniker aber findet hier manches, was er anderwärts
vergeblich oder doch lange sucht, z. B. Zwergbirke (Betula nana) und Zwerg=
wacholder (Juniperus nana). Die Isermoore gehören auch zu den arm=
seligsten Gegenden Schlesiens. Zerstreute Hütten liegen zu beiden Seiten
der Straße. Unmittelbar über der Wiese bilden ihrer mehrere die Kolonie
Groß=Iser. Ganz auf der Höhe aber liegen die **Kammhäuser.** Getreidebau
ist in der Umgebung dieser Hütten nicht zu finden. Ihre Bewohner sind
allein auf Viehzucht angewiesen. Den hauptsächlichsten Lebensunterhalt
aber gewähren Waldarbeit und Weberei. Auch der Forellenfang in den
klaren Zuflüssen der Iser kommt den Leuten zustatten.

Im Längstal des Queis, da, wo er sich aus dem Gebirge nach Norden
hin wendet, liegt

Flinsberg.

Dichte Nadelholzwälder reichen bis an das langgestreckte Dorf heran, das
man seiner Lage wegen nicht mit Unrecht das „Schlesische Engadin" genannt
hat. Seine würzige Waldluft, seine sieben Stahlquellen, die besonders bei
Bleichsucht, Blutarmut und Nervosität sich wohltätig erweisen, die nicht zuletzt
auch die Fürsorge der Schaffgotschen Verwaltung, die hier ein pracht=
volles Kurhaus erbauen ließ, haben Flinsberg zu einem besuchten Badeort,
besonders für Frauen, gemacht. Mit ihm wetteifert, freilich vergeblich, das
benachbarte **Schwarzbach.**

Obwohl die Kämme des Isergebirges zum Teil geradezu die Fort=
setzung derer des Riesengebirges bilden, trägt das Gebirge doch einen
C h a r a k t e r, der es vom Riesengebirge auffällig unterscheidet. Im Relief
fehlt ihm die ausgeprägte Gipfelbildung des Riesengebirges. Es ist minder
gangbar als dieses, viel spärlicher bewohnt, rauher im Klima, seine Moore
sind größere und bedeutendere Verkehrshindernisse als die des Nachbar=
gebirges, und seine großen, weiten Wälder sind viel eintöniger als die
Riesengebirgswälder; denn sie überziehen auch die Kammlinie, selbst auf den
Gipfeln meist die Aussicht raubend.

Diese Unterschiede sind um so bemerkenswerter, weil sie nur geringfügige **geologische Voraussetzungen** haben. Ohne Unterbrechung ziehen sich die gewaltigen Glimmerschiefer= und Riesengebirgsgranitmassen nach Westen über die geographische Scheide der beiden Gebirge hin. Allein die mächtige Basaltinsel des B u c h b e r g e s ist ein eigenartiges Vorkommnis in dem Granit des Isergebirges. Am Südabhange des Hohen Iserkammes hört der Riesengebirgs= granit plötzlich auf. An einer ostwärts streichenden schmalen Terrassenstufe setzt oberhalb des Schreiberhauer Tales der Glimmerschiefer wieder ein. Aus ihm bestehen die Kuppen des Hohen Iserkammes, die östlich vom W e i ß e n F l i n s liegen. Dieser selbst ist eine große Linse von Quarzitschiefer. Das Tal des Kleinen Zacken aber bildet eine sehr scharfe Verwerfungsspalte zwischen Glimmerschiefer und Gneis. Alles, was nördlich und östlich von ihm liegt, besteht aus letzterem, vor allem die Westhälfte des Hohen Iserkammes und der Kemnitzkamm. Östlich von V o i g t s d o r f (nordwestlich von Warmbrunn)

38. Flinsberg.

erhebt sich aus dem Diluvium des Hirschberger Tales eine schmale Glimmer= schieferzone. Sie streicht bis Alt=Kemnitz, wo sie einen Dolomitbruch enthält, nordwestlich und dann immer westlich bis zum Diluvium des Wittichtales bei (Böhmisch=) F r i e d l a n d. Meist ist sie als Plateau oder schmale Wanne dem Gneis eingelagert. Sie ist von Wichtigkeit, weil sie bei R a b i s h a u von mächtigen Basaltmassen durchbrochen wird und bei Q u e r b a c h und G i e h r e n ehemals abbaufähige Lager von Magnetkies, Kupferkies, Bleiglanz und Zinkblende enthielt; auch Granaten finden sich hier im Glimmerschiefer. Lange Zeit hat man in Querbach auch Kobalt abgebaut und zu Smalte ver= arbeitet. Die nördlich lagernde breite Gneiszone wird vielfach von Zwei= glimmergranit durchbrochen und überdeckt. Bei M a r k l i s s a und L i e b e n = t a l streicht das nordwestliche Diluvium in schmalen Buchten tief in das Gebirge hinein. Die Liebentaler Bucht sieht man am besten als Nordost= grenze des Isergebirges an, während seine geologische Nord= und Westbegrenzung ein wahrer Schwarm von Basaltkuppen bildet.

Die Gneisgrundlage des nördlichen Vorlandes der Iserkämme bietet fast überall Gelegenheit zu ergiebigem A c k e r b a u. Und so ziehen sich hier stattliche Dörfer in schier endloser Länge talwärts hin. Die Hochmoore des Gebirges wirken als Wasserreservoire und erhalten den Flüssen auch im Sommer eine hinreichende Wasserkraft. Darauf beruht der schwunghafte F a b r i k b e t r i e b der Ortschaften am Nordfuße des Gebirges, z. B. in den mechanischen Leinen=, Tuch= und Seidenwebereien in **Lauban, Marklissa** und **Seidenberg**. — In der Nähe von Marklissa wurde zur Verhütung fernerer Verheerungen durch den Queis die erste schlesische T a l s p e r r e erbaut. Eine 44 m hohe, unten 40 und oben noch etwa 8 m breite Sperr= mauer hält das Wasser auf und vermag, im Notfalle 15 Mill. cbm Wasser aufzustauen. Das Queistal ist hier von großer landschaftlicher Schönheit, besonders bei dem alten Schlosse **Tzschocha**, das eine wertvolle Waffensamm= lung und in seinem Parke seltene Eibenbäume aufweist.

Reichliches Vorhandensein an Wald, Wiese und Wasser ließ hier eine lebhafte L e i n e n i n d u s t r i e — Weberei, Bleicherei und Färberei — emporblühen. **Greiffenberg** und **Lauban** zeichnen sich durch große Garn= bleichen, Kattun= und Leinwand=Druckereien und =Färbereien aus, durch letztere auch **Marklissa**. Wald und Wasser riefen auch in diesem Gebiet Holzstoffabriken ins Leben, z. B. in **Friedersdorf a. Qu.**, sowie Papier= fabriken in **Messersdorf** und **Ullersdorf** (bei Liebental), endlich auch die große Schlesische Holzindustrie=Gesellschaft in **Langenöls** (vorm. Rusche= weyh).

39. Die Burgruine Greiffenstein.

Der Geschiebelehm enthält vielfach gerade da, wo er mit dem Gneis zusammenstößt, ausgedehnte Tonlager. Sie haben zu der bedeutenden Töpferindustrie am Nordfuße des Jsergebirges geführt. Die zahlreichen Töpfereien in der Umgebung Friedebergs, in Langenöls und Seidenberg, vor allem aber die große Kunstziegelei und Tonwarenfabrik der Laubaner Tonwerke geben Zeugnis davon. Das volkreiche Dorf Lichtenau (bei Lauban) verdankt seinen Aufschwung besonders den sechs Braunkohlengruben, die sich hier vorfinden. Die feuchte Braunkohle wird zu Preßsteinen, „Briketts" genannt, zusammengepreßt.

Die „Schlesische Gebirgsbahn" und deren Seitenlinien Greiffenberg—Friedeberg und Lauban—Marklissa sorgen für den Verkehr dieses industriellen Gebietes und für seine weitere Erschließung, und so findet dieser Verkehr seine natürlichen Brennpunkte in Greiffenberg und Lauban. Bei Greiffenberg liegt die Burgruine Greiffenstein auf einem 423 m hohen, steilen Basaltkegel. Sie ist die Stammburg der Grafen von Schaffgotsch und war noch 1778 im Verteidigungszustande, nachdem sie im Dreißigjährigen Kriege dreimal belagert worden war. — Lauban ist eine alte Stadt, eine von den „Sechsstädten" der Oberlausitz. Im Hussiten- und Dreißigjährigen Kriege hat sie schwer gelitten. Auch im Siebenjährigen Kriege wurde sie noch einmal fast völlig zerstört. Ihr blühender Leinwandhandel aber und neuerdings ihr schwunghafter Fabrikbetrieb haben sie wieder heraufgebracht.

Rückblick: Geologisch ist das **Jsergebirge** als Fortsetzung des Riesengebirges anzusehen. Seiner Form nach gliedert es sich in vier Parallelzüge (von Norden nach Süden aufgezählt): in den **Kemnitzkamm** (mit den **Bibersteinen**), den **Hohen Jserkamm** (**Hochstein, Weißer Flins** und **Tafelfichte**), den **Mittleren Jserkamm** und die **Wohlischen Kämme** (**Keulichter Buchberg**). Die drei letzteren werden durch die **Große** und **Kleine Jser** voneinander getrennt, die nördlichen beiden durch das Längstal des **Kleinen Zacken** und des **Queis** (an ihm **Flinsberg**). — Der Charakter des Gebirges ist viel einförmiger und rauher als der des Riesengebirges (Knieholz auf der Großen Jserwiese schon in 730 m Seehöhe). — Im Gebirge bestimmt der ausgedehnte Wald die Erwerbsquellen. Im Vorlande blüht der Ackerbau. Mancherlei Bodenschätze bedingen in ihm eine lebhafte Industrie (Töpferei in **Lauban,** **Friedeberg, Langenöls** und **Seidenberg,** Braunkohlenprodukte in **Lichtenau,** Papier- und Holzstoffabriken in **Messersdorf, Ullersdorf** und **Friedersdorf** und Möbelfabrikation in **Langenöls**). Wald, Wiese und Wasser riefen rege Leineninduftrie (in **Greiffenberg** und **Lauban**) und Webereien (in **Lauban, Marklissa** und **Seidenberg**) hervor. **Flinsberg** und **Schwarzbach** haben Ruf als Kurorte. Auch im Jsergebirge ist Sommerfrischenbetrieb und Wintersport in ständiger Zunahme begriffen.

VI. Das Bober=Katzbach=Gebirge.

Es liegt den Kämmen des Riesen= und Isergebirges nördlich gegenüber, ist im wesentlichen eine Hochfläche und gleicht einer Mulde, die sich nach Norden hin öffnet. Etwa in ihrer Mitte liegt die Stadt **Schönau** (Sch.). Die Südgrenze bildet der Bober. Im Norden verliert sich die Hochfläche all= mählich ins Tiefland; an manchen Stellen fällt sie steil zu ihm ab.

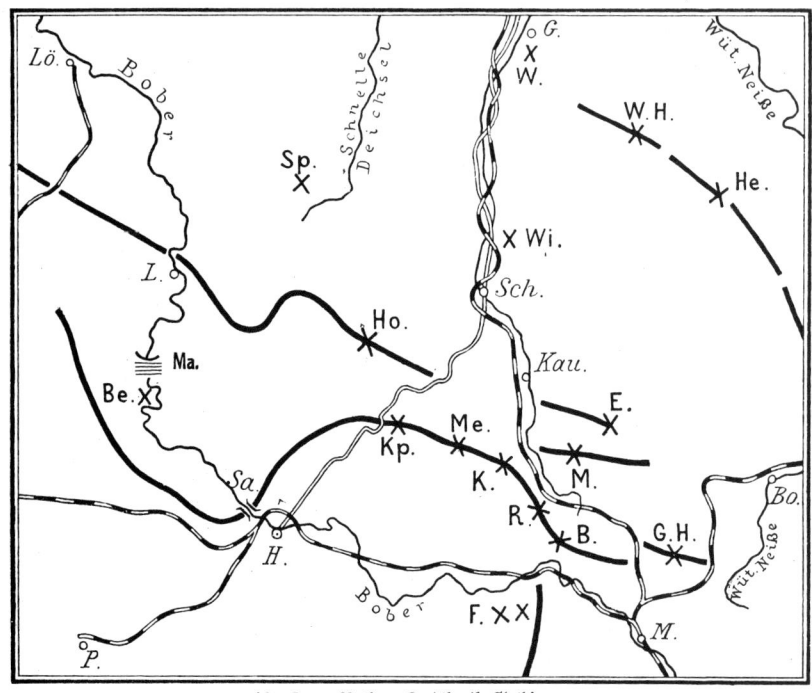

40. Das Bober=Katzbach=Gebirge.

Auf den Südrand der Hochebene ist ein Bergzug aufgesetzt, der mit dem **Bleiberge** (B., 676 m) am Bober beginnt. Von hier aus zieht er in nordwestlicher Richtung bis zum **Kitzelberge** bei **Kauffung** (K., 667 m) und dann in genau westlicher Richtung bis jenseit des **Kapellenberges** (Kp.). Er trägt in der **Melkgelte** (Me., 724 m) den höchsten Punkt des Bober=Katz= bach=Gebirges und im **Rosengarten** (R.) dessen schönsten Aussichtspunkt. Am Kapellenberge ist der Zug etwas eingesattelt; darum ist an dieser Stelle die Kunststraße von Hirschberg nach Schönau über ihn hinweggelegt worden. Nun wendet sich der Zug nach Südwesten bis zum Boberdurchbruch am **Sattler** (S.) und begleitet dann den Fluß an der linken Seite nach Norden, ihn zu vielen Windungen zwingend. An einer von ihnen ragt der **Berns= kenstein** (Be.) empor, eine romantische Fernsicht bietend.

Fast parallel mit diesem Zuge läuft ein zweiter, der der Hochebene aufgesetzt ist. Er beginnt im Osten mit dem Porphyrkegel der **Eisenkoppe** bei **Altenberg** (E., 666 m). Von ihr aus erhält man einen klaren Einblick in die Faltung des Gebirges. Westlich fällt dieser Bergzug schnell zum Flußtal der Katzbach ab, das hier recht breit ist. Jenseit der Schönau—Hirschberger Straße erhebt er sich wieder zu einer der bedeutendsten Höhen des ganzen Gebirges. Das ist die **Hogolie** oder **Hogulje** (Ho., 720 m). Von ihr aus öffnet sich dem Beschauer der Blick in weite, stille, gut bebaute Wannentäler, die von sanften, bewaldeten Schieferhöhen, aber auch von steilen Kalkbergen eingeschlossen werden (s. S. 86). Dann streicht der mehr= fach gebogene Zug bis an den Bober heran, von dem er bei **Lähn** (L.) durchbrochen wird. Zwischen Bober und Queis senken sich beide Züge all= mählich zur Ebene ab.

Nach Osten und Norden aber dehnt sich die Hochfläche bis in die Gegend der Städte B o l k e n h a i n, J a u e r und G o l d b e r g, ja bis nach B u n z l a u hin aus.

Einzelne Teile des Nordostrandes sind steil und von Bergkuppen ge= bildet. So erheben sich bei Jauer die dicht bewaldeten **Heßberge** (He.).

Geologisch betrachtet, ist das Gebirge eine Mulde aus sehr alten, siluri= schen (meistens Grün=) Schiefern, deren Südrand bedeutend höher liegt als der Nordrand. Im Süden, an der Nordgrenze des H i r s c h b e r g e r T a l e s, im Osten, entlang der s u d e t i s c h e n O s t r a n d l i n i e, und im Westen an der L i e b e n t a l e r B u c h t (s. S. 81) ist der alte Schieferrand meist breit und vollständig erhalten. Ost= und Westrand haben merkwürdig paralleles nord= westliches Streichen. Aus diesen alten Schiefern besteht der schon erwähnte Rücken zwischen Freiburg und den Bleibergen, ferner die Bergflucht von den B l e i b e r g e n bis zum S a t t l e r, endlich der W i l l m a n n s d o r f e r H o c h b e r g samt den ziemlich ansehnlichen Bergen, die nach Südosten und Nordwesten von ihm ausgehen. Südöstlich und nordwestlich von G o l d = b e r g werden die alten Schiefer vielfach von Diluvium überdeckt; am Nordrande der Mulde tauchen sie ganz unter das Diluvium unter. Große Basaltmassen haben den Muldenrand durchbrochen und bilden vielfach auffällige Kuppen, z. B. den W o l f s b e r g, den H e ß b e r g, den P o m b s e n e r S p i t z b e r g, d e n L a n g e n B e r g (bei Mochau). Besonders auffällig aber sind die Ab= lagerungen von Urkalk, die am Südrande perlenschnurartig aneinandergereiht sind. — Im Innern dieser Mulde sind Gesteinsschichten fast aller auf das Silur folgenden Formationen vertreten. Durch ihre Ablagerung hat sich die ganze Mulde in vier gesonderte Becken geteilt, die wir[1]) das Schönauer, Goldberger, Lähner und Löwenberger Becken nennen.

Die Trennung zwischen dem S c h ö n a u e r und dem G o l d b e r g e r B e c k e n bildet eine schmale Mauer von Zechsteinkalk. Sie beginnt südöstlich von G o l d b e r g bei dem Dorfe H a a s e l, zieht von hier in einer mehrfach ge= bogenen Linie nach Süden und dann genau westlich bis jenseit der K a t z b a c h, von der sie bei Neukirch durchbrochen wird (s. S. 91).

In dem südlich gelegenen **Schönauer Becken** stößt an diese Mauer von Zechsteinkalk zunächst Rotliegendes, im Osten aber auch schon an einzelnen Stellen ein gewaltiger Porphyrerguß, der südlich von Melaphyr begleitet, schräg über die K a t z b a c h hinüber liegt. Da, wo letzterer von der Katzbach durchbrochen wird, ist er mandelsteinartig und schließt schöne Achate ein (bei R o s e n a u). Südlich davon taucht abgesondert die Porphyrinsel des W i l l e n = b e r g e s auf (s. S. 88). Das Rotliegende aber setzt sich am rechten Katzbachufer südöstlich zwischen den alten Schiefern fort, erfüllt das Innere der B o l k e n = h a i n e r Seitenbucht und bildet an den Ufern der W ü t e n d e n N e i ß e sogar eine Strecke die sudetische Ostrandlinie. Aus ihm erhebt sich in der Bolkenhainer Bucht der steile Porphyrrücken, auf dem die S c h w e i n h a u s = b u r g steht. Die Höhen dieses Beckenteils bestehen meist aus Tonschiefer.

---

[1]) Nach P a r t s c h, Schlesien. Breslau, Ferdinand Hirt.

41. Das Bober-Katzbach-Gebirge; Blick von der Hogosie gegen Kauffung
(Gebiet der Kalksteinindustrie des Katzbach-Tales).

Im **Goldberger Becken** lagert sich an die begrenzende Zechsteinmauer eine Zone von Buntsandstein mit einem nördlich und einem westlich streichenden Flügel. Den Beckenkern aber bildet Quadersandstein zu beiden Seiten der Katzbach. Die Ränder der Quadersandsteinplatte sind sehr steil und heben sich meist auffällig aus der grünen Talsohle heraus. Die ebene Oberfläche der Platte haben Basaltkuppen vielfach durchbrochen. Sie finden sich besonders zahlreich an den Rändern der Platte, z. B. der W o l f s b e r g bei Goldberg.

Die begrenzenden Höhen des **Lähner Beckens** reichen im Südwesten als Quadersandstein bis an das Hirschberger Tal heran. Ähnlich wie im Heuscheuer= gebirge lagern hier Unterer Quader, Pläner und Oberer Quader übereinander, auch hier ähnliche Abstufung der Verwitterung und ähnlichen Wechsel der Frucht= barkeit zeigend wie dort (s. S. 33 f.). Die Schichten der Kreideformation ziehen als fast gleichförmig breite Zone nach Nordwesten bis zu zwei Melaphyrzonen bei S c h m o t t s e i f f e n , welche auch im Relief die nordwestliche Begrenzung des Lähner Beckens bilden. In jener Kreidezone erhebt sich an der Grenze des Hirschberger Tales der G r u n a u e r S p i t z b e r g und jenseit des Bobers der K i e h n b e r g (unweit Lähn) und der H u m p r i c h b e r g, die letzteren beiden als echte Quadersandsteinkuppen. Im Innern des Beckens aber wechseln alte Schiefer, Rotliegendes, Buntsandstein, Melaphyr und Kalk so oft miteinander ab, daß dadurch diese Stelle zu denen Schlesiens gehört, die die mannigfachste geologische Zusammensetzung aufweisen. Die geologische Nordgrenze des Lähner Beckens bildet wieder eine schmale Zechsteinmauer. Sie beginnt bei S i e b e n = e i c h e n am Bober und streicht wie alle Schichten dieser Gegend immer nord= westwärts hin.

An sie legt sich unmittelbar eine breite Zone von Buntsandstein an, die sich rechts vom Bober in einzelnen Inseln bis südlich vom G r ö d i t z b e r g e fortgesetzt, dann diesen selbst im Süden umgibt und von ihm aus nordwest= lich wieder in einzelnen Inseln bis fast an den Bober zu verfolgen ist. Den Buntsandstein begleitet bei G r o ß = H a r t m a n n s d o r f und W a r t h a u Muschelkalk, und dessen Spuren sind bis über den Bober und Queis (bei W e h r a u) zu verfolgen. Dieser nach Nordwesten offene Bogen von Trias= gesteinen umschließt auf drei Seiten das **Löwenberger Becken.** Sein Inneres ist besonders bei Löwenberg hauptsächlich mit Pläner= und Quader= gestein ausgefüllt (s. L ö w e n b e r g e r S c h w e i z). Am Bober und Queis entlang ziehen sich abwärts bis B u n z l a u und W e h r a u die jüngsten Ge= bilde der Kreide, das Senon, zu denen auch der Ton von B u n z l a u gehört.

Nicht nur geologisch, sondern auch im Relief zerlegt sich die Gesamt= mulde des Bober=Katzbach=Gebirges in vier Becken, in zwei östliche, das Schönauer und das Goldberger, und in zwei westliche, das Lähner und das Löwenberger Becken.

Das Schönauer Becken

reicht geographisch im Norden bis zu dem Porphyr= und Melaphyrhöhen= zuge, den die Katzbach nördlich von Schönau durchbricht (bei R o s e n a u). Seinen Nordwestpfeiler findet es im

Probsthainer Spitzberge (Sp., 501 m).

Er ist „der schönste aller schlesischen Tertiärvulkane". Weithin ist sein spitzer Kegel sichtbar, auf dessen Scheitelfläche nur wenige Personen Platz finden. Schöne Bewaldung und mancherlei botanische Eigentümlichkeiten zeichnen den Berg mit seinem tiefschwarzen Basaltgestein aus.

Die Mitte des Schönauer Beckens durchströmt

die Katzbach.

Sie hat ihre Quelle am **Bleiberg** und fließt zunächst in einem roman=
tischen, engen Tale nordwärts. Hier liegt an ihr das siebenteilige, lange
Bergdorf **Kauffung.** Die Urkalflager zu beiden Seiten des Tales, besonders
im **Kitzelberg** und **Mühlberg** (M.), haben hier eine blühende Kalkindustrie
hervorgerufen (Kalkringöfen, Marmormühlen usw.). Da, wo von rechts
und links die Seitentäler ins Katzbachtal münden, liegt **Schönau,** das seinen

42. Die „Große Orgel" am Willenberge.

Namen mit Recht trägt. Zwar ist das kleine Städtchen ohne namhafte
Industrietätigkeit; aber die Schönheit seiner Umgebung lockt viele Fremde
herzu. Durch seine Aussicht und merkwürdige geologische Beschaffenheit
sticht in Schönaus Umgebung der **Willenberg** (Wi., 369 m) hervor. Mit
steilem Hange erhebt sich dieser Porphyrberg am rechten Katzbachufer. Einst=
mals war an seinem Fuße viel besser als jetzt die Absonderung des Por=
phyrs in fünfseitigen Säulen zu bewundern, die dieser Stelle den Namen
der „Großen Orgel" eintrug.

Eine fast gleichmäßig recht breite Talfurche senkt sich von Schönau ost=
wärts durch die Schieferumrandung des Beckens allmählich zur Schlesischen
Ebene ab. Dieser Talfurche folgt die alte Straße Jauer—Schönau durch

das lange Dorf **Kolbnitz**, in dem ehemals der Erzreichtum des Schiefers abgebaut wurde. Nahe bei Kolbnitz ist aus demselben Schieferrande das romantische Tal von **Moisdorf** herausgewaschen worden.

Durch sanfte Bodenschwellungen hängt mit dem Schönauer das B o l = k e n h a i n e r B e c k e n zusammen. Im Westen, Süden und Osten über= ragen Ton= und Grünschieferhöhen seinen roten Talboden. Die bedeutendste von ihnen ist der **Große Hau** (G. H., 675 m). Ein Tonschieferkegel steigt aus der Mitte des Beckens auf. An ihn schmiegt sich das Städtchen **Bolken= hain**, und auf seiner Spitze trägt er die Reste der **Bolkoburg.** Sie gehört zu den besterhaltenen Ruinen Schlesiens. Ihr hoher Turm, der wohl nahezu 900 Jahre alt sein mag, ist noch heute besteigbar und war einst das Schatz= haus Bolkos I., des mächtigsten Piasten. Ein herrlicher Blick erschließt sich

43. Die Ruine der Bolkoburg.

von diesem Turme auf die liebliche, malerische und fruchtbare Bergland= schaft. Das Städtchen zu seinen Füßen ist nach der Burg benannt und in ihrem Schutze entstanden. Hier war zur Heidenzeit ein G ö tz e n h a i n , auf den die zweite Hälfte des Namens hindeutet. Wiese und Wasser, die hier vielfach vorhanden sind, ermöglichten es, B l e i c h e r e i e n und eine mechanische W e b e r e i der „Aktiengesellschaft für Schlesische Leinenindu=
strie" hierherzulegen.

Nur eine halbe Wegstunde von der Bolkoburg entfernt liegt die um= fängliche Ruine der **Schweinhausburg** auf einem steilen Porphyrkegel. Sie zeichnet sich vor andern schlesischen Burgen durch ein vielstöckiges, hohes Giebelhaus aus. Leider ist sie fast ganz zerfallen.

In der Nähe des Großen Haues entspringt die **Wütende Neiße.**
Sie fließt durch lange Dorfreihen inmitten des Beckens und am Fuße des
Bolkoburgfelsens vorüber und hat sich unterhalb Bolkenhain eine schmale
Rinne durch den Schieferrand gegraben. Ihre oft recht bedeutenden Hoch=
wasserverheerungen haben eine sorgsame Regulierung ihres Bettes not=
wendig gemacht.

Zwei Wegstunden von Bolkenhain entfernt, erheben sich auf einem
steilen Felsen die Trümmer des Raubnestes **Nimmersatt.** Seine Mauern
bestehen zum Teil aus dem Felsen selbst. Nicht zufällig liegen diese und noch
ein paar unbedeutendere Ruinen auf verhältnismäßig engem Raume am

44. Die Ruine der Schweinhausburg.

Südostrande des Bober=Katzbach=Gebirges beieinander. Es hängt das viel=
mehr mit dem Umstande zusammen, daß sich hier das Bergland gegen die
Ebene in einer Menge von Schluchten öffnet, durch die schon in früher Zeit
bequeme Straßen führten.

Der Reichtum an Urkalk, den gerade die nordwestlichen Tonschiefer=
und Grünschieferhöhen des „Bolkenhainer Oberlandes" bergen, hat vielfach
zur Anlage von Kalköfen geführt. Auch der Bergbau auf Arsenik an der
Eisenkoppe ist wieder aufgenommen worden.

Die Ausnutzung aller Erzeugnisse des Tales sowie der Fremdenverkehr
in diesem Fleckchen „schlesischen Thüringens" haben sich bedeutend gehoben,
seit die Bahnlinie Striegau—Bolkenhain—Merzdorf das Tal durchschneidet.

Ähnliches kann man von der Linie Merzdorf—Schönau—Goldberg in bezug auf das Schönauer Becken behaupten. Durch die enge Scharte von Rosenau dringen diese Bahnlinie und die Katzbach in

das Goldberger Becken

ein. Der Willmannsdorfer Hochberg (W. H., 464 m) und die nordwestwärts von ihm weiterstreichenden Schieferberge bilden den Nordoststrand dieses Beckens, der freilich durch die Katzbach und die Schnelle Deichsel in breiten Furchen durchbrochen wird. An der ersteren liegt am Südrande des Beckens Neukirch. Eine hier zutage tretende Zechsteinmauer hat zur Anlage eines großen Zementwerkes Veranlassung gegeben. Die Malachitund Kupferlasurerze derselben Zechsteinmauer wurden einstmals am Nordabhange des Willmannsdorfer Hochberges bei Haasel abgebaut und verschmolzen.

Unterhalb Neukirch durchschneidet die Katzbach das große Quadersandsteingebiet, welches das Innere des Beckens ausfüllt. Mit steilen, weißen Wänden fällt die Hochfläche auf beiden Seiten zum Flusse ab. Der Quadersandstein nimmt auch hier, wie auf der Heuscheuer, phantastische Formen an, z. B. in den „Rabendocken", nahe dem idyllischen Badeorte Hermsdorf. Am Rande des Quaderplateaus aber sind vielfach Basaltkegel emporgetaucht, die durch spitze Form und dunkle Farbe einen malerischen Zug mehr in die ohnehin schon reizvolle Landschaft hineinbringen. Obenan steht unter ihnen der allerdings mehr halbkugelförmige Wolfsberg (W., 373 m).

Am Austritt der Katzbach aus dem Schiefergebirge liegt

Goldberg.

Dieses malerische, alte Katzbachstädtchen verdankt seine Anlage und seinen Namen dem Bergbau auf Gold, der vor der Tatarenschlacht hier bedeutend war. — Später blühte hier die Tuchmacherei, die man noch jetzt schwach betreibt. — Die Stadt hat infolge ihrer Lage an der Schwelle des Gebirges in allen Kriegen, die Schlesien heimsuchten, schwer gelitten. — In der Reformationszeit war sie berühmt durch die lateinische Schule des Rektors Trotzendorf. Gegenwärtig besitzt sie eine Waisen- und Schulanstalt, die nach ihren hochherzigen Stiftern die „Schwabe-Priesemuth-Stiftung" heißt. In den romantischen „Auen" um die Stadt her bringt die Obstbaumzucht reichen Gewinn.

An der Schnellen Deichsel, die am Probsthainer Spitzberg entspringt, zieht sich eine zusammenhängende Reihe blühender Dörfer hin, „die lange Gasse" genannt, die aber nur in ihrem oberen Teile dem Goldberger Becken angehört. Dieses findet seinen Nordwestpfeiler in dem

Gröditzberge (392 m).

Er ragt aus einer völlig ebenen Fläche empor, und nur ein einziger breiter, viel niedrigerer Bergrücken liegt in seiner Nähe. So ist er weithin sichtbar. Sein spitzer Kegel (aus Basalt) ist oben abgeplattet. Wie abgeschnitten sieht er aus. Der Berg ist dicht bewaldet, besonders mit alten, ehrwürdigen Linden. Auf seinem Gipfel trägt er die Ruinen einer großen

45. Die Bobertalsperre

Die Boberschleife unterhalb der Sperre. Rechts die Mündung des Umlaufstollens, die Sperrmauer

Burg der Herzöge von Liegnitz. Ein Teil des Schlosses ist, getreu seiner ursprünglichen Beschaffenheit, wiederhergestellt und ausgebaut worden und gehört nun zu den stattlichsten Burgbauten Deutschlands. Der zinnengekrönte Umgang seines hohen Daches bietet einen weiten Blick auf die Niederschlesische Heide und das Riesengebirge.

Das Lähner Becken

hängt durch die **Pforte von Grunau** geographisch mit dem Hirschberger Tal zusammen. Auf einem schmalen, nordwestwärts streichenden Sandstein=gebiet wandert man aus diesem in jenes. Wieviel die Kräfte der Erosion von diesen Quader= und Plänerplatten schon abgetragen haben, beweist der **Grunauer Spitzberg** (551 m), dessen spitzer Gipfel einstmals mit ihnen gleiche Höhe hatte und sich jetzt wohl an 200 m über sie erhebt. Die ver=heerenden Überschwemmungen des Bobers veranlaßten den Bau einer Tal=sperre, die in der Nähe von **Mauer** (Ma.) angelegt ist. Bei völliger Aus=füllung faßt sie 50 Mill. cbm Wasser. Diese werden durch eine 60 m hohe, an der Sohle 50 m und am First noch 6 m dicke Mauer aufgestaut. 20 Mill. cbm soll die Sperre ständig enthalten zum Betrieb elektrischer Kraftwerke, die unterhalb der Sperrmauer angelegt sind.

Inmitten des Beckens liegt am Bober

bei Mauer.
mit den Durchläffen, vor ihr das Elektrizitätswerk und darüber der Bahnhof Talsperre.

Lähn.

Hier stand bereits im 11. Jahrhundert ein slawisches Kastell. Auf eine Befestigung weist auch der Name hin; er bedeutet „Bollwerk". Das Kastell wurde später zu einer festen Burg ausgebaut, „das Lähnhaus" genannt, in deren Schutze die kleine Stadt Lähn entstand. Sie hat unter den viel= fachen Belagerungen und Eroberungen der Burg, die eine Zeitlang auch ein gefürchtetes Raubnest war, viel zu leiden gehabt. Während der Freiheits= kriege wurde das Städtchen fast vernichtet. — Von der Burg steht nur noch ein hoher Turm, der eine der schönsten Rundsichten im Vorgebirge bietet. Die gesunde Lage der Stadt in waldreicher Umgebung lockte zur Gründung einer K a l t w a s s e r h e i l a n s t a l t. Die Stadt hält alljährlich einen T a u b e n m a r k t ab, der jedoch früher mehr besucht war als jetzt.

Die feinkörnigen roten und weißen Sandsteine, die in der Lähner Mulde anstehen, werden vielfach gebrochen und zu Mühlsteinen, Rinnen u. dgl. verarbeitet, z. B. bei **Waltersdorf.**

Mit breiter Talrinne tritt der Bober in

das Löwenberger Becken.

Bald aber engen ihn steile, etwa 60 m hohe Quadersandsteinfelsen ein, zwischen den Dörfern **Plagwitz** und **Mois** die „Löwenberger Schweiz" bildend. — Drei Tage nach der Katzbachschlacht wurde hier ein französisches Korps von den Russen in den Bober gejagt, wobei viele Franzosen ertranken. Eine Marmorbüste Blüchers, die auf den Höhen von **Buchholz** aufgestellt wurde, erinnert daran. Zu Füßen dieser Quadersandsteinfelsen liegt in dem schon wieder sehr verbreiterten Bobertale

Löwenberg.

Die alte Stadt ist von zahlreichen Dörfern, Schlössern und Mühlen, frisch grünenden Matten, üppigen Getreidefeldern, Gebüschen und Wäldchen umgeben. Weil sie weit ablag von den großen Verkehrswegen und erst in der letzten Zeit Bahnverbindung bekommen hat, ist sie in ihrer Entwicklung zurückgeblieben, zählt sogar jetzt weniger Einwohner als in vergangenen Jahrhunderten. Viele Häuser zeigen noch a l t e r t ü m l i c h e B a u a r t , und die Stadt ist reich an h i s t o r i s c h e n E r i n n e r u n g e n . Im 17. Jahrhundert blühte hier die T u c h m a c h e r e i . Das neuerdings künstlerisch renovierte Rathaus ist eine Perle schlesischer Baukunst.

Allmählich senkt sich nach Löwenberg zu von Südwesten her der Begrenzungswall des Löwenberger Beckens ab. Ihm ist Zechstein eingelagert, dessen Gipseinschlüsse bei **Neuland** abgebaut, gemahlen und gebrannt werden. Eine kurze Strecke östlich davon bricht man weiße, harte Quadersandsteine und arbeitet treffliche Mühlsteine daraus.

Auch die Bodenschätze des östlichen und nordöstlichen Beckenrandes werden ausgenutzt. Hier liefern die Sandsteinbrüche von **Alt-** und **Neuwarthau** das Material zu trefflichen Steinmetzarbeiten.

Auch an dem sich abwärts immer mehr verbreiternden Boberlaufe blüht der Steinbruchbetrieb, so in **Wenig-Rackwitz**. Ihm gegenüber verengen die gewaltigen Felsvorsprünge des S c h o t t e n s t e i n s und des H u s a r e n - s p r u n g e s das Bobertal noch einmal.

Im nördlichen Teile der Mulde birgt der Boden ausgedehnte Ton- und Lehmlager. Tonwaren- und Schamottefabriken in **Naumburg a. Q.** und **Siegersdorf a. Q.** haben darin ihren Entstehungsgrund, vor allem aber die blühende Töpferindustrie **Bunzlaus** (s. S. 170).

Den äußersten Nordwestpunkt seiner Ausdehnung erreicht das Löwenberger Becken und damit auch das Bober-Katzbach-Gebirge in den Sandsteinufern des Queis bei **Wehrau**. Der Fluß bildet hier einen Wasserfall, das **Teufelswehr** genannt. Links begleiten ihn senkrechte Sandsteinwände von ansehnlicher Höhe. An manchen Stellen sind sie zu merkwürdigen Formen ausgewaschen. Einer dieser Felsen wird zutreffend „Bunzlauer Kaffeekanne" genannt. Den Flußlauf durchsetzen mächtige, abgerundete Blöcke eines konglomeratischen, sehr quarzreichen Gesteins, das der Verwitterung widerstanden hat und so das Wasser staut und den Fall verursacht. Die ganze Talrinne des Queis ist an dieser Stelle mit herrlichem Laubwalde geziert. Die Wasserkraft wird hier wie auch weiter aufwärts zur Holzstoff- und Papierfabrikation ausgenutzt.

Alle vier Becken des Bober-Katzbach-Gebirges bergen weite Strecken fruchtbaren Bodens. Nehmen sie doch schon reichlich teil an den Geschiebe- lehmstrichen Norddeutschlands. Auch die Verwitterungskrume ist zum Teil sehr fruchtbar. Darum steht auch allerwärts der A c k e r b a u in hoher Blüte. An den Bergabhängen gesellt sich zu ihm die B i e h z u c h t. Große, blühende Ortschaften, fast ausschließlich Reihendörfer, entlang den Flüssen angelegt, geben Zeugnis von der Ergiebigkeit dieser Erwerbsquellen, die freilich in den höheren Gebirgsdörfern nicht so reichlich fließen, daß sie den Lebensbedarf allein decken könnten. Darum klappert auch hier sehr viel- fach der Webstuhl.

Die B e v ö l k e r u n g s d i c h t e beträgt durchschnittlich im Bober-Katz- bach-Gebirge 80 Einwohner auf 1 qkm. Im Kreise Schönau bleibt sie dahinter zurück (75 auf 1 qkm), steigt aber im Kreise Jauer auf 110 und im Kreise Lauban sogar auf 140 Einwohner.

Rückblick: Das **Bober-Katzbach-Gebirge,** eine nach Norden sich öff- nende Muldenlandschaft, begrenzt nördlich das Gebiet des Riesen- und Isergebirges. Seinen erhöhten Südrand bilden die **Bleiberge** (aus alten Schiefern bestehend; Katzbachquelle), an die sich westlich die Erhebungen des **Kitzelberges,** der **Melkgelte** und des **Kapellenberges** anschließen. Seine westliche Fortsetzung durchbricht der **Bober (Sattlerschlucht).** Sie trägt nahe ihrem Nordwestende den **Bernstenstein.** — Parallel mit der Südumwallung und ihr teilweise sehr nahe streicht ein durchs Tal der Katzbach in zwei Flügel getrennter Zug, der rechts der Katzbach die **Eisenkoppe,** links von ihr die **Hogolie** trägt. Er wird bei **Lähn** (Ruine **Lähnhaus**) vom Bober durchbrochen. Den Ostrand der Mulde bilden die Höhen von **Jauer (Heßberge)** und **Goldberg (Wolfsberg),** die meist aus Basalt bestehen, ebenso wie die beiden isolierten, weit nach Norden vorgeschobenen Kegel des **Probsthainer Spitzberges** und des **Gröbitz- berges** (Burgruine). — Das ganze Gebiet zerlegt sich geologisch in das Schönauer, Goldberger, Lähner und Löwenberger Becken und setzt sich aus mannigfachsten Formationen zusammen. — Die Grundlage des Erwerbs bildet die Landwirtschaft, die überall blüht, besonders aber in den Dörfern der **Langen Gasse** entlang der **Schnellen Deichsel.** Die Ausbeute der Gesteine (Basalt bei **Goldberg,** Sandstein bei **Warthau),** des Kalkes (bei **Kauffung),** des Gipses (bei **Neuland),** des Arseniks (an der **Eisenkoppe**) und des Zechsteinkalkes (bei **Neukirch**) gibt mancherlei Beschäftigung. Die Wasserkräfte, Wald und Wiese führten auch hier zu Leineninindustrie und andere Arten von Weberei und Tuchmacherei (in **Bolkenhain** und **Goldberg**) sowie zur Holzstoff- und Papierfabrikation **(Wehrau** am **Teufelswehr).** — Neuen Antrieb wird die Industrietätig- keit dieser Landschaft durch die **Talsperre von Mauer** erhalten. — Die Bahnlinien Liegnitz—Goldberg—Merzdorf, Goldberg—Löwenberg— Greiffenberg mit Abzweigung nach Bunzlau und Hirschberg—Lähn— Löwenberg erschließen die Gegend wirtschaftlich immer mehr.

VII. Die Vorgebirgslandschaften.

Eine Anzahl vorgelagerter Berglandschaften steht im engsten geolo=
gischen Zusammenhang mit den Sudeten. Das gibt sich zum Teil auch im
Relief des Landes kund. Recht zutreffend nennt man diese Vorberge der
Sudeten darum „Vorposten des Gebirges“. Sie begleiten die Sudeten
beinahe in ihrer ganzen Nordflucht bis zur Katzbach hin und werden
durch die Neiße, Ohle, Lohe und Weistritz in fünf Gruppen
geteilt.

Das Oberschlesische Bergland der linken Oderseite
ist im allgemeinen ein welliges Hügelland, das sich im östlichen Teile nach
Nordosten, im westlichen nach Norden zu senkt. Es ist lediglich als eine
Abdachung und Ausstrahlung des Gesenkes anzusehen. Als Bergzug oder
Berglandschaft setzt sich das Gesenke nur an wenigen Stellen nach Schlesien
hin fort, so zu beiden Seiten der Hotzenplotz, wo etwa 300 m hohe Berge
die „Oberschlesische Schweiz“ bilden. Nach Südosten hin begleiten die Oppa
ansehnlichere Höhen, in der Landecke (279 m) an der Oder wirkungsvoll mit
schöner Fernsicht endend. Unfern von ihr liegt das alte, früher stark be=
festigte Handwerkerstädtchen Hultschin, in dessen Nähe Kulmsandsteine ab=
gebaut werden. Auch weiter nordwärts fallen die bewaldeten Bergrücken
steil und darum auffällig zur Oder ab. Zwischen der Neiße und der
Falkenberger Steinau reicht das Hügelland am weitesten nach
Norden, zu jener steil, zu dieser hin sanft abfallend. Dieser Abschnitt des
Hügellandes ist zum großen Teil sandig und darum ertragsarm. Auf dem
undurchlässigen Grunde sammelt sich das Wasser zu zahlreichen Teichen an,
zwischen denen sich echte Heidelandschaften entwickelt haben. Ihre reichen
Torflager bieten manchen Erwerb. Die Gegend ist spärlich bewohnt, Grund
und Boden sind billig zu haben; darum hat die Militärbehörde hier (bei
Lamsdorf) einen Truppenübungsplatz eingerichtet. Die an der Steinau ge=
legenen Städte Falkenberg und Friedland können über Ackerbau und etwas
Kleinhandel nicht hinauskommen.

Rechts der Steinau ist das Oberschlesische Bergland meist mit Löß=
boden bedeckt, der stellenweise eine Mächtigkeit von 8 m erreicht und sehr
fruchtbar ist. 87 Prozent des Landes stehen unter dem Pfluge. Hier zeigt
sich der Ackerbau in hoher Blüte; auch Zuckerrüben werden angebaut und in
einer Anzahl sehr großer Zuckerfabriken verarbeitet. Obst und Wein ge=
deihen vortrefflich. Darum ist auch die Bevölkerungsdichte ziemlich erheb=
lich, und der allgemeine Wohlstand prägt sich in der stattlichen Bauart der
großen Dörfer aus. Unter ihnen zeigen viele eine auffällig städtische An=
lage und werden darum „Städtel“ genannt. Ein so wohlhabender Bauern=
stand ist hier zu finden, daß er sogar eine Anzahl Rittergüter aufzukaufen
und in Bauernbesitzungen umzuwandeln vermochte. Dem Ackerbau ver=
danken auch die Städte Zülz (einstmals ein Zufluchtsort der Juden),
Bauerwitz und Katscher ihren Verkehr und ihre Industrie, doch gilt das nicht
von der Krimmer= und Hutfabrikation der letztgenannten Stadt. Am Ufer
der Hotzenplotz erhebt sich über dem Städtchen Oberglogau das stattliche
Schloß der Reichsgrafen von Oppersdorf, denen ein großer Teil des Löß=
landes gehört.

Die Mittelpunkte des Verkehrs im linksseitigen Bergland Oberschlesiens bilden **Leobschütz, Neustadt** und **Neiße.** Der ertragreiche Ackerbau des Landes ist die Veranlassung zu den bedeutenden Getreidemärkten in **Leobschütz** geworden. Die Stadt ist freundlich und regelmäßig aufgebaut. Hier werden durch eine große **W o l l w a r e n = f a b r i k** mehrere tausend Hausarbeiter beschäftigt.

Neustadt, ein Grenzort, war früher befestigt; aber das hat ihm fast nur Schaden gebracht. Die Stadt ist jetzt meist von Webern und Schuhmachern bewohnt. Hier befindet sich die weltberühmte **F r ä n k e l s c h e K u n s t w e b e r e i,** in der mechanische Webstühle die künstlichsten Gewebe herstellen.

Neiße war eine wichtige **F e s t u n g,** die die Übergänge über das Gesenke, besonders den **Ramsauer Paß,** beherrschte. Früher lag die Bedeutung der Stadt darin, daß sie das „schlesische Rom" war. Das Fürstentum Neiße wurde schon im 12. Jahrhundert dem Bistum Breslau geschenkt. Daher rühren die zahlreichen **S t i f t u n g e n** und **K i r c h e n** in der Stadt. Der Dreißigjährige Krieg hat das Aussehen der Festung verändert; denn sie erhielt stärkere Werke als früher. Noch mehr aber verstärkte sie Friedrich der Große. Sie hielt sich 1807 lange Zeit gegen die Franzosen. Die Stadt ist reich an schönen **a l t e n B a u t e n** aus der Bischofszeit. Weil die Festungswerke nach außen gelegt wurden, konnte sich die Stadt ungehindert ausdehnen. — Sie ist der Sitz vieler **B e h ö r d e n,** weist mehrere **S c h u l = a n s t a l t e n** und viele Fabriken auf, hauptsächlich für Maschinen und Gewehre, und enthält große **W a s s e r =** und **P u l v e r m ü h l e n.** So ist auch ihre Einwohnerzahl im Steigen begriffen.

Zwischen Neiße und Neustadt liegt **Ziegenhals** an der Bischofskoppe. Es hat in der Jetztzeit an Bedeutung gewonnen; denn von hier aus führt eine Eisenbahn ins Tal der Biele und nach Mähren hinein. Die großen Wälder der Umgegend begründen den schwunghaften **H o l z h a n d e l,** der hier getrieben wird. Auch als Kurort kommt Ziegenhals mit seinen Kaltwasserheilanstalten immer mehr in Blüte.

Im südlichen Teile des Berglandes finden sich mannigfache Bodenschätze. Bei **Dirschel** wird Gips gegraben und gebrannt, und in **Kunzendorf,** südlich von Neiße, Marmor gebrochen.

Zwischen Neiße und Ohle breitet sich

das Strehlen-Münsterberger Bergland

aus.

Geologisch hängt es innig mit dem **R e i c h e n s t e i n e r G e b i r g e** zusammen. Der Gneis des Heidelberges und seiner Vorberge zeigt nordöstliches Streichen und bricht zwischen **C a m e n z** und **P a t s c h k a u** plötzlich gegen das Tal der **N e i ß e** ab. Jenseit desselben erhebt sich ebenfalls steilrandig die Platte von **H e r t w i g s w a l d e,** deren Gneis mit dem der Vorberge des Reichensteiner Gebietes wesentlich gleiche Beschaffenheit und Streichungsrichtung zeigt. So ist an dieser Stelle das Neißetal als eine Grabensenkung, das nördlich von ihm lagernde Strehlen-Münsterberger Bergland aber als Fortsetzung vom Reichensteiner Gebirge anzusehen. Immer wieder taucht Gneis derselben Art und Streichungsrichtung in der südlich von **M ü n s t e r = b e r g** gelegenen Hochebene auf, bis endlich nördlich davon das Bergland selbst aus ſolchen Gneisrücken ſich aufbaut. Durch den Gneis iſt vielfach Granit in Stöcken, Kuppen und Decken hindurchgebrochen und bildet die höchſten Erhebungen. In den öſtlichen Randbuchten des Gebirges aber hat ſich Quarzitſchiefer nieder= geſchlagen, der vielfach Graphit einſchließt (ſ. S. 99); auch Urkalk hat ſich ab= geſetzt. So bildet dieſes Bergland einen vorzüglichen Vertreter einer azoiſchen Landſchaft. Unaufgeklärt iſt das Vorkommen baſaltiſcher großer Geſchiebe um den Südfuß des Berglandes.

Die Begrenzung der eigentlichen Strehlen=Münſterberger Berge bilden die **Ohle** und das **Kryhnwaſſer.** Sie beginnen aber ſchon als nördliche Fort= ſetzung des **Reichenſteiner Gebirges** an der Neiße mit der Gneis= platte von **Hertwigswalde** und dem **Harteberge.** Erſtere ſetzt ſich als Hoch= ebene nach Norden fort, bis ſie zum Talkeſſel von **Münſterberg** abfällt.

Die Stadt **Münſterberg** liegt an der **Ohle,** die im nordöſtlichen Teile der eben genannten Hochfläche entſpringt. Ihr Tal iſt ſüdlich und nördlich der Stadt derartig verengt, daß dieſe Stelle leicht verteidigt werden konnte. Darum wurde hier auch von den Piaſten eine Burg erbaut, die in den Zeiten der Huſſitenkriege eine wichtige Rolle ſpielte. Heute iſt ſie ver= ſchwunden. Die Hügel weſtlich der Stadt enthalten einen vorzüglichen Ton. Infolgedeſſen iſt hier eine der größten Tonröhrenfabriken Deutſchlands ent= ſtanden. Das Aufblühen einer bedeutenden „Präſervenfabrik", die das ſo= genannte „Münſterberger Dörrgemüſe" herſtellt, hat in dieſer Gegend den Gemüſebau im großen gebracht.

Am Nordende des Münſterberger Talkeſſels liegt, ebenfalls an der Ohle, das ehemalige Kloſter **Heinrichau,** das durch Ziſterzienſermönche ge= gründet wurde. Noch ſtehen die prächtige Kloſterkirche mit ihrem hohen, weithin ſichtbaren Turme und das große Stiftshaus, an deſſen Rückſeite ge= wölbte Wandelgänge einen terraſſenförmig anſteigenden Hof umſchließen. Jetzt iſt das Kloſter eine Beſitzung des Großherzogs von Weimar, der den aus= gedehnten Park mit ſeinen großen, prächtigen Raſenplätzen und ſeinen ur= alten Eichen ſorgfältig pflegen läßt. Von dieſem Kloſter iſt zum großen Teil die Kultivierung Mittelſchleſiens ausgegangen. Und auch gegenwärtig iſt die Herrſchaft Heinrichau mit ihren zahlreichen Gütern ringsum eine Muſter= landwirtſchaft im größten Stile.

Bei Heinrichau beginnen die eigentlichen

Strehlener Berge.

Man verſteht darunter eine Reihe gut bewaldeter, ſanft geſchwungener Kuppen, die in der Richtung von Süden nach Norden an Höhe zunehmen. Der höchſte Gipfel iſt die Granitkuppe des **Rummelsberges** (393 m). Er trug in alten Zeiten ein Raubſchloß, das von den Breslauer Bürgern zer= ſtört wurde. Heute ſteht auf ihm ein hoher Turm, von dem aus man eine völlige Rundſicht auf die ſchleſiſchen, beſonders die Glatzer Gebirge und die ſchleſiſche Ebene genießt. Am Weſtabhange dieſer Berge wird an mehreren Stellen vorzüglicher, feinkörniger Granit gebrochen.

Am Oſtabhange bei **Prieborn** wird Marmor gefunden, aber nicht mehr abgebaut. Der weiße Quarzitſchiefer des Oſtabhanges liefert das Material zu feuerfeſten Steinen zum Auslegen der Schmelzöfen. Am Weſtabhange, bei **Sackrau**, liegt in einer Bucht am Fuße der Berge Graphiterde, jedenfalls herabgeschwemmte, nicht zerstörbare Reste verwitterter graphitführender Quarzitschiefer.

Auf dem sanften Nordabhange der Berge haben sich in den Dörfern **Huſſineß, Podiebrad** und **Mehlthener** böhmische Reformierte angesiedelt, Nachkommen der Huſſiten. Friedrich der Große erlaubte ihnen hier die Niederlaſſung. Sie haben noch ihre böhmische Sprache und Sitte bewahrt, finden aber infolge der rauhen Höhenlage ihrer Felder nur ein spärliches Auskommen.

Am Nordfuße der Berge liegt **Strehlen.** Hier blüht der Anbau von Weizen und Zuckerrüben, der dem südlichen Ohletal und seinen westlichen Nachbargebieten einen besonderen Charakter verleiht. Wegen seiner Lage am Austritte des Ohletals in die Ebene ist Strehlen, dessen Name „Schützen= stadt" bedeutet, schon sehr früh zu einem befestigten Orte ausgebaut worden. Diesen Charakter hat es jetzt ganz verloren. Seine heutige Bedeutung be= ruht auf der Fruchtbarkeit seiner Umgebung und deren Reichtum an nützlichen Gesteinsarten. Nahe bei der Stadt wird trefflicher G r a n i t gebrochen, der besonders beim Breslauer Straßenbau Verwendung findet.

In vielfach von tiefen Schluchten durchfurchten Hochebenen setzt sich das Strehlener Bergland nach Osten und Südosten hin fort. Hier fällt es bei Patschkau, Ottmachau und Neiße in steilen Rändern zum Flusse ab.

Patschkau erhielt vom Neißer Bischof im 15. Jahrhundert eine be= deutende Waldstrecke mit der Bestimmung, daß der Wald „ohne Veräußerung und Verschenkung auf ewige Zeiten bei der Stadt bleiben solle". So kam der Ort zu seinen großen K ä m m e r e i w a l d u n g e n, die heute einen sehr bedeutenden Wert haben. Aus ihnen wurde jeder Haushaltung bis in die neuere Zeit alljährlich eine bestimmte Menge Freiholz geliefert. — In Patschkau blüht besonders das S c h u h m a c h e r g e w e r b e.

Den Ursprung **Ottmachaus** bildete ein festes Schloß, um das besonders in den Huſſitenkriegen viel gestritten worden ist.

An der Ostgrenze des Berglandes liegt **Grottkau**. Es ist eine sehr alte Stadt. Das zeigen ihre zahlreichen altertümlichen Bauten und die Be= deutung ihres Namens: „Burgstadt". Weil die Umgegend so fruchtbar ist, werden hier bedeutende G e t r e i d e = und V i e h m ä r k t e abgehalten.

Der **Harteberg** (s. S. 98) besteht aus Glimmerschiefer, der gemeine Granaten in großer Menge einschließt, und trägt an seinem Südabhange den stolzen Schloßbau von

Camenz.

Prinz A l b r e c h t v o n P r e u ß e n (der Vater des ehemaligen Prinz= regenten von Braunschweig, † 1906) erbaute das Schloß. Es war der Lieb= lingsaufenthalt seiner Gemahlin, der Prinzessin M a r i a n n e d e r N i e = d e r l a n d e, und ist ein riesenhafter Bau mit vier hohen, runden Eck= türmen. Von dem breiten Vorplatze des Schlosses, den prächtige Garten= anlagen zieren, genießt man einen herrlichen Blick auf die Glatzer, besonders auf das Reichensteiner Gebirge. Von diesem Platze aus führen breite Ter= rassen und Treppen ins Tal hinab, neben und auf denen viele Springbrunnen ihr Wasser hoch in die Luft und in große Marmorbecken schleudern. Ein weiter, alter Park umschließt das Ganze. Die Herrschaft Camenz gehörte einst zu dem Zisterzienerkloster am Fuße des Schloßberges. Die Zisterzienser sind hier kurz nach dem Tatareneinfall im 13. Jahrhundert an Stelle der Augustiner eingesetzt worden, die wahrscheinlich im 12. Jahrhundert eine uralte Burg zum Kloster umwandelten. Die Zisterzienser sind für diese Gegend die Schöpfer der Kultur geworden. Sie haben diesen Landstrich deutsch gemacht und erst recht bebaut. Ihre Besitzungen dehnten sich einst über Frankenstein, Wartha und Reichenstein bis nach Mähren hinüber aus. Sie besaßen eigene Gerichtsbarkeit. Der Abt Tobias Stusche war ein Günstling und Freund Friedrichs des Großen schon beim Beginn der schlesischen Kriege. Die Sage berichtet, er habe einst Friedrich vor der Gefangennahme durch die österreichischen Kroaten bewahrt, indem er ihn als Chorherrn verkleidete und die Messe singen ließ. Eine Inschrift der Camenzer Kirche erinnert daran.

Der Glimmerschiefer von Camenz setzt sich nördlich (ohne Granateneinschluß) in einer Hochebene fort, in die bei dem langgestreckten Dorfe Stolz Kalk eingelagert ist, der früher abgebaut wurde. Vielfache Ausstrahlungen dieser Hochfläche bilden das wellige

Frankenstein-Nimptscher Bergland

zwischen Ohle und Lohe. Die letztere hat in dem Berglande selbst ihren Ursprung in zwei Quellflüssen, in der Großen (westlichen) und Kleinen (östlichen) Lohe. An ihrem Vereinigungspunkte bei Markt Bohrau hat sich das Bergland bereits gänzlich zur Ebene herabgesenkt.

Etwa im Mittelpunkt dieses Berglandes liegt in reizvoller Umgebung Nimptsch. Dieser Ort wird in der Geschichte der Besiedelung Schlesiens zuerst erwähnt. Hier wurde einst in slawischer Zeit eine Burg angelegt, aber von deutschen Rittern, darum hieß sie auch Niemci, d. h. „Sitz der Fremden". Um den Besitz dieser Burg ist während des ganzen Mittelalters viel gestritten worden, besonders heftig in den Hussitenkriegen. Die Lage des Ortes auf einer förmlichen Gebirgsinsel eignete sich auch sehr zur Anlage einer Burg.

Vom Lohetal ging sicher die Besiedlung Schlesiens durch Deutsche aus. Der Fluß, „Slenza", die Ebene an ihm, „Slenzane" (s. S. 7), haben dem ganzen Lande den Namen gegeben. Zahlreiche Gräberfunde gerade an der Lohe weisen ebenfalls auf das Alter der hiesigen Ansiedlungen hin.

Eine uralte Handelsstraße führt durchs Lohetal. Sie verbindet die Grafschaft mit der Oder und hat vor der Zeit der Eisenbahnen dem Lohetal eine große Bedeutung verliehen.

Heutzutage hat es viel von dieser Bedeutung verloren, weil es von den Hauptlinien der schlesischen Eisenbahnen umgangen wird. Die Sekundärbahn, die neuerdings von Strehlen bzw. Breslau nach Gnadenfrei hin durch das Tal gelegt ist, hat nur untergeordneten Verkehrswert.

An der alten Straße aber wurde Frankenstein von fränkischen Kolonisten am Pausebach angelegt und erweiterte sich auch dank dieser uralten Handelsstraße. Schon früh ist an ihr ein festes Schloß erbaut worden.

Es hat der städtischen Ansiedlung um seine Mauern herum manche schwere Belagerung und entsetzliche Plünderung zugezogen, besonders im Hussiten= und Dreißigjährigen Kriege. — Weil die Breslau—Mittelwalder Bahn statt durchs Lohe= durchs Ohletal und über Camenz gelegt wurde, hat Fran= kenstein viel von seiner Bedeutung verloren. Der r e g e G e s c h ä f t s = v e r k e h r, welcher immer noch hier herrscht, beruht auf der Fruchtbarkeit der Umgebung, die den berühmten „weißen Weizen" erzeugt, den man hier zu Markte bringt.

Die Gegend zwischen Nimptsch und Frankenstein sowie die südlicher ge= legene ist geologisch merkwürdig durch das reiche Vorkommen des Serpentins. Er bildet ganze Berge, den **Grochauer Berg** (492 m), und Bergrücken, die vielerlei interessante Mineralien einschließen, z. B. den schlesischen Halb= edelstein C h r y s o p r a s (bei **Kosemitz**). Auch nutzbare Mineralien werden im Serpentin abgebaut, so bei Frankenstein Nickelerze und bei **Baumgarten** M a g n e s i t, im Volksmunde „Steinmark" genannt, und S p e c k s t e i n. Die Ausbeute an Nickelerzen ist 1899 mit 75 Tonnen begonnen worden und betrug 1904 auf einer Grube bereits 13 500 Tonnen.

———

Geologisch und geographisch hängt mit dem Frankenstein=Nimptscher Berglande

das Zobtengebirge

zusammen.

Die Gneisunterlage des F r a n k e n s t e i n e r B e r g l a n d e s zeigt nordwestliches Streichen und hat mit dem Gneis des E u l e n g e b i r g e s un= mittelbaren Zusammenhang. Sie setzt sich zwischen P e i l e und L o h e nordwärts fort und bildet eine Mulde, die sich von allen Seiten her zu der Stelle neigt, an der das Z o b t e n g e b i r g e emportauchte. Es besteht aus Gabbro, Granit und Serpentin, also aus lauter alten Eruptivgesteinen. Und zwar bestimmt die Verteilung dieser Gesteine auch den Aufbau des Gebirges. Der Gabbro bildet den ganzen Nordteil und Kern desselben bis zum S i l s t e r w i t z e r T a l e hin. In einer scharfen Verwerfung grenzt hier an ihn der Serpentin; die aus ihm gebildeten Berge umgeben in einem nach Norden geöffneten Bogen 15 km lang jenen Kern. Fingerförmig strahlt dieser Bogen Apophysen nach Süden hin aus.

An der Nordwest= und Westflanke des ganzen Gebirges legt sich Granit an den Gabbro, der aber jünger ist als jener. Der Umstand, daß in den Konglomeraten des Waldenburger Kulms der Gabbro des Zobten schon ver= treten ist, beweist, daß das Zobtengebirge sehr alt und vor der Steinkohlen= formation aufgetaucht ist.

Im Westen und Osten wird das Zobtengebirge vom **Zobtener Wasser** umflossen, das von rechts her in die Weistritz mündet. Im Osten begrenzt die Lohe sein Gebiet. Es gliedert sich in den eigentlichen **Zobtenberg**, der von kleinen Bergen im Halbkreis umschlossen ist, und in das Bergland des **Geiersberges** (573 m). Die Scheidung zwischen beiden vollbringt das wal= dige, romantische **Silsterwitzer Tal**, das auch die Grenze zwischen den beiden hauptsächlichsten Gesteinsmassen ist, aus denen das Ganze besteht. Der Zobten wird nämlich von Gabbro, das Bergland des Geiersberges aber von Serpentin gebildet. Darauf ist die große Verschiedenheit in der Form der Berge (dieser ein stumpfer, jener ein spitzer Kegel) und in ihrer Flora

begründet. Eine Kunststraße folgt dem gesteinscheidenden Tale und über=
schreitet den Sattel, der beide Teile des Gebirges verbindet. In diesem
Serpentin findet sich stellenweise Chromeisenstein, den man zuzeiten abbaut,
weil er sich zur Herstellung der Wandungen gewisser Öfen der oberschle=
sischen Hütten eignet.

Der Zobtenberg (718 m)

hat ausgeprägte Kegelform und fällt nach Norden und Süden steil, nach
Westen allmählicher ab. In alter Zeit hieß er **Slenzberg** und diente den
Wenden als Opferstätte. Im Mittelalter wurde auf ihm ein Kloster erbaut,
dessen Mönche aber die rauhe Luft nicht vertragen konnten. Sie ließen
sich darum in **Gorkau**, am Fuße des Berges, nieder. Später erstand auf
ihm eine Burg, die in den Hussitenkriegen wieder geschleift wurde. Heute
steht auf dem Gipfel des Berges eine Kapelle. Er wird sehr viel besucht;
denn die Aussicht von ihm aus auf die Schlesische Ebene ist unvergleichlich
schön und umfassend. Gestalt, Geschichte und Sage machen ihn merkwürdig.
Die letztere knüpft sich besonders an uralte Steinbilder, die an seinem
Abhange stehen. (Bär, Jungfrau mit dem Fisch.) Endlich gilt er den Be=
wohnern der Ebene als Wetterprophet. (S. Holteis Gedicht „Zutaberg".)

Niedriger als Zobten= und Geiersberg ist der Serpentinrücken der
Költschenberge (466 m), die westlich ziemlich weit bis **Schweidnitz** vorge=
schoben sind.

Am Nordfuße des **Zobten** liegt das gleichnamige Städtchen, dessen Name
„Sonnabend= (Sobota-) Markt" bedeutet. Hier sammelte sich im Jahre 1813
das L ü t z o w s c h e F r e i k o r p s und wurde dann in der Kirche zu **Rogau**
bei Zobten eingesegnet.

In **Gorkau**, am Nordfuße des Berges, wird trefflicher Granit ge=
brochen und ein berühmtes Bier gebraut.

Östlich vom Geiersberg liegt **Jordansmühl**, in dessen Umgebung sich
auch noch Serpentin in einzelnen Inseln findet. Am S t e i n b e r g ent=
hält er Nephrit, eine seltene Gesteinsart, aus der wohl die in Schlesien ge=
fundenen Waffen der Steinzeit vielfach hergestellt sind.

Da, wo das Frankensteiner Bergland die Wasserscheide zwischen Lohe
und Neiße bildet, entspringt die **Peile**. Ihr tief eingeschnittenes Tal scheidet
das Zobtengebiet von den Vorbergen des E u l e n g e b i r g e s. Flußab=
wärts verbreitert sich das Tal der Peile immer mehr und bildet eine frucht=
bare Ebene mit hochentwickeltem Betriebe der Landwirtschaft.

Südwärts aber lehnt sich an diese nach dem Eulengebirge zu Schlesiens
bedeutendster Textilindustriebezirk an, der

Industriebezirk um Reichenbach.

Seinen Mittelpunkt hat er in der Stadt **Reichenbach,** die in fruchtbarer
Gegend malerisch die hohe evangelische Kirche umgibt. — Infolge ihrer Lage
mitten zwischen großen Weberdörfern ist sie zum S t a p e l = u n d V e r =
s a n d p l a t z e für Leinen= und Baumwollwaren geworden. Das ist in den
gesamten Verhältnissen dieser Gegend begründet. Die Weber in den Dörfern
am Fuße des Eulengebirges waren mit dem Bezuge des Garnes und der

Baumwolle seit alter Zeit auf die Garnhändler angewiesen, die meist in Reichenbach oder in dessen Nähe wohnten. Auch die fertigen Waren mußten sie zu den Reichenbacher Kaufleuten oder doch auf den Reichenbacher Markt bringen. Als die Eisenbahn an Reichenbach vorübergelegt wurde, steigerte sich dessen Garn= und Leinwandhandel noch mehr. Dazu kommt, daß seit der Erfindung der mechanischen Webstühle die nahegelegenen Dörfer g r o ß e F a b r i k e n erhielten und darum an Einwohnerzahl ungeheuer zunahmen. Zu ihnen gehören: **Langenbielau, Peterswaldau, Peilau, Faulbrück** und **Ernsdorf** (jetzt R e i c h e n b a c h = N i e d e r s t a d t). Langenbielau zählt 18 500, die andern haben zwischen 3000 und 8000 Einwohner. Alle erstrecken sich meist in Meilenlänge an den Nebenflüssen der Peile oder an dieser selbst bis hoch in die Berge hinein.

Unter der Weberbevölkerung dieses Bezirkes hat — nicht selten infolge gewissenloser Ausbeutung durch Garnhändler und Kaufleute — oft schon sehr große Not geherrscht, die die Weber mehrfach zu blutigen Aufständen getrieben hat. (Vgl. G e r h a r d H a u p t m a n n s Drama „Die Weber"!)

Als ein Einschiebsel in das mehrere Kilometer lange Dorf P e i l a u erscheint **Gnadenfrei**, Schlesiens zweitgrößte H e r r n h u t e r k o l o n i e, die in der Mitte des achtzehnten Jahrhunderts gegründet worden ist. Die B a c k w a r e n und S t e i n m e t z a r b e i t e n aus Gnadenfrei haben Ruf. Hier wird auch P f e f f e r m i n z ö l im großen gewonnen und zu P f e f = f e r m i n z k ü c h e l c h e n verarbeitet.

Die Peile fließt dann weiterhin an **Kreisau** vorüber. Es war einstmals die Besitzung des Generalfeldmarschalls Grafen M o l t k e, auf der er in den letzten Jahren seines Lebens meist den Sommer verbrachte. Hier liegt er an der Seite seiner Gemahlin begraben.

Nahe der Mündung der Peile in die Weistritz liegt an der letzteren **Schweidnitz** in einer sehr fruchtbaren Gegend zwischen dem Zobten= und Waldenburger Gebirge. — Die G r ü n d u n g der Stadt reicht weit zurück. Die Fürsorge der ersten Piasten ließ sie aufblühen. Schon vor dem Dreißigjährigen Kriege war sie bedeutend und befestigt. Durch die F e s t u n g s w e r k e wurde sie in ihrer Entwicklung aufgehalten und hatte unter vielfachen Belagerungen und Eroberungen schwer zu leiden. Seit die Festungswerke geschleift sind, hat die Stadt an Ausdehnung und Verkehr sehr zugenommen. Die alten Wälle sind zum Teil in prächtige P r o m e = n a d e n umgewandelt worden. — Unter den Gebäuden fällt besonders die k a t h o l i s c h e Pfarrkirche auf. Ihr Turm gehört zu den höchsten Türmen Schlesiens. In den Gebäuden ehemaliger Klöster befinden sich jetzt s t a a t = l i c h e A n s t a l t e n, z. B. ein Arbeits= und Landarmenhaus und ein Gefängnis. — Die aus Holz errichtete, turmlose e v a n g e l i s c h e Kirche ist eine von den drei „Friedenskirchen", die sich die Evangelischen Schlesiens nach dem Westfälischen Frieden erbauen durften. — Der Reichtum der Umgegend verleiht Schweidnitz einen lebhaften G e s c h ä f t s v e r k e h r und eine mannigfache, mit der Landwirtschaft zusammenhängende F a b r i k t ä t i g = k e i t. Unter den übrigen Fabriken ist eine für Orgelbau von bedeutendem Rufe (Schlag & Söhne). Schweidnitz ist auch reich an S c h u l a n s t a l t e n.

46. Granitsteinbruch Häslicht, Kreis Striegau.
Die Jahresentnahme aus diesem Bruche beträgt etwa 10000 cbm

Völlig aus der Ebene steigen jenseit der Weistritz in auffälliger Formengebung die

Striegauer Berge

empor. Sie bilden zwei Gruppen. In der einen liegen drei Basaltberge beieinander, unter denen der **Georgenberg** am höchsten (354 m), der **Kreuz-berg** (352 m) aber am auffälligsten ist. Er hat eine ganz spitze Kegelform und trägt auf seinem Gipfel ein Kreuz. Von ihm aus erschließt sich ein weiter Blick auf das Gebirge und die Ebene. Sein Nachbar, der **Breite Berg** (340 m), ist nach seiner Gestalt benannt; er birgt einen großen Basaltbruch. Fast zur Hälfte abgesprengt schon ist der **Streitberg** (340 m), der von den drei Basaltbergen durch ein breites Tal mit fruchtbarem Lehmboden getrennt liegt und besonders geschätzten Granit liefert.

Geologisch stehen auch diese Berge nicht ohne Zusammenhang da. Zwar tauchen die Urschiefer des Bober-Katzbach-Gebirges an der jude-tischen Ostrandlinie gänzlich unter das Diluvium unter, aber schon Bohrlöcher von geringer Tiefe, die westlich von Striegau getrieben wurden, förderten roten Ton zutage, der für diese Gegend ein untrügliches Verwitterungsprodukt des Grünschiefers ist. 10 km östlich von der Randlinie tauchen die alten Schiefer wieder auf in einer dreieckigen Fläche, die allerdings im Relief nicht auffällig hervortritt. Diese Fläche ist als Ostrand einer Schiefermulde aufzufassen, aus deren Mitte der Granit nördlich von Striegau hervorbrach. Er bildet eine östliche kleine Masse, die des Streitberges, und eine westliche größere, eine Kuppenlandschaft, aus der sich einzelne Berge, z. B. die Häslichter und Groß-Rosener, zu bedeutenderer Höhe erheben, so der Gansberg bei Groß-Rosen zu 351 m. Aus dieser Granitmasse sind die Basaltkegel der Strie-gauer Berge hervorgebrochen.

(Granitwerke von C. Kulmiz, G. m. b. H., Striegau.)
und der Jahresversand der Firma überhaupt etwa 70000 cbm Gestein.

Striegau, das sich am Fuße der Striegauer Berge ausbreitet,
war wohl schon zur Römerzeit unter dem Namen Stragona vorhanden. Es
war einstmals eine Festung, aber die alten Wälle sind in Gärten und Pro=
menaden verwandelt worden. — Auch hier ist wie in Schweidnitz das auf=
fälligste Gebäude die katholische Kirche, die eins der höchsten Dächer
Schlesiens trägt. Sie gehört zu den ältesten gotischen Bauwerken Schle=
siens. In den Räumen des ehemaligen Klosters der Benediktinerinnen ist
jetzt eine Strafanstalt eingerichtet. — Der Reichtum der Striegauer Berge
an Granit und Basalt hat bedeutende Steinmetzereien in Striegau
entstehen lassen. Der Fruchtbarkeit seiner Umgebung verdankt es mehrere
Zuckerfabriken in nächster Nähe und lebhafte Getreidemärkte.
— Auch eine große Bürstenfabrik befindet sich hier. — An der Südseite des
Ringes sind einige der stattlichen „Lauben" erhalten, von denen einst der
ganze Ring umgeben war. Die vorderen Räume im Unterstocke solcher
Laubenhäuser sind nicht ausgebaut, sondern bestehen aus Gewölben, die
von Pfeilern oder Bogen getragen werden. So bilden mehrere nebenein=
anderliegende Häuser einen Säulengang, der meist als Verkaufsstelle ver=
wendet wird.

Bei Striegau begann die Schlacht, in der Friedrich der Große die
Österreicher und Sachsen in wenigen Stunden am 4. Juni 1745 glänzend
besiegte. Das Schlachtfeld zieht sich von Striegau aus über Rohnstock, wo
dem Grafen Hochberg ein prächtiges Schloß in großen Parkanlagen
gehört, südwestlich hin bis Hohenfriedeberg, wo die Schlacht endete. Nach

diesem kleinen Städtchen ist sie auch benannt. Es liegt am Abhang eines Berges, der „Siegeshöhe", auf dem zum Andenken an die glorreiche Schlacht ein hoher Aussichtsturm als Denkmal errichtet worden ist.

Das Striegauer Bergland senkt sich nordwestwärts auf Jauer zu ganz allmählich, so daß die Hügel, welche die W ü t e n d e N e i ß e begleiten, immer niedriger werden. Jauer liegt schon wieder völlig in der Ebene und ist eine alte Stadt, die vor dem Dreißigjährigen Kriege dadurch eine hohe Blüte erlangte, daß sie von der Herrschaft der Piasten losgelöst wurde und unter das unmittelbare Regiment der böhmischen Könige kam. In jener Zeit war besonders ihr L e i n w a n d h a n d e l weltberühmt. Der Dreißigjährige

47. Striegau, südlicher Ringteil mit Lauben.

Krieg vernichtete ihn aber. Die Stadt wurde mehrfach durch Brände zer=
stört. Der Ring ist auch von „L a u b e n" umgeben. — Auf der Frucht=
barkeit der Umgebung beruhen die bedeutenden G e t r e i d e m ä r k t e der
Stadt und die Anlage von Z u c k e r f a b r i k e n in ihrer Nähe. — Unter
den Gebäuden ist die e v a n g e l i s c h e K i r c h e sehenswert. Sie ist gleich
der Schweidnitzer eine „Friedenskirche" und entspricht jener auch in der
Bauart.

Nordwestlich und nordöstlich von Jauer wird die Gegend wieder
hügelig. Allerdings sind die Berge meist mit fruchtbarem Diluvium über=
zogen, und nur ganz vereinzelt treten die älteren Erdschichten durch jenes
hindurch. Am häufigsten wird es vom Basalt durchbrochen. Seine größte
zusammenhängende Masse durchschneidet bei **Bremberg** und **Schlaup** die
Wütende Neiße zweimal. Von dieser Stelle an wird der Fluß auf seinem
rechten Ufer von einer Hochfläche begleitet, die zu ihm in sehr steiler,

40—60 m hoher Böschung abfällt. Auf ihrem Scheitel trägt diese Hoch=
fläche, die ganz mit Diluvium überzogen ist, das Dorf **Eichholz.** Sie ist
der Schauplatz der Schlacht an der Katzbach am 26. August 1813 gewesen.
Über den steilen westlichen Hang der Hochebene und durch seine engen Hohl=
wege drängte das Yorksche Korps Macdonalds Truppen in die angeschwolle=
nen Fluten der Neiße hinein. Bei **Dohnau** mündet die Neiße in die **Katzbach,**
deren Lauf von G o l d b e r g her ziemlich tief in die Diluvialhochebene ein=
geschnitten ist. Auch zu ihr fällt die Eichholzer Hochebene in steiler Böschung
ab, während sie sich nach Osten ganz allmählich zur Straße und Bahnlinie
Jauer—Liegnitz abdacht. Jenseit derselben steigen aber noch einmal Dilu=
vialhügel und einzelne Basaltkuppen auf. Von Westen her erscheint unter
ihnen am auffälligsten der **Ojasberg** bei Kloster **Wahlstatt,** an dem am
9. April 1241 Heinrich I. mit den Mongolen rang. Auf dem Schlachtfeld
ist ein Benediktinerkloster errichtet worden, das mit seinem Doppelturme
weithin sichtbar ist. In seinen Räumen befindet sich jetzt eine K a b e t t e n =
a n s t a l t.

Auch die Hügel von Wahlstatt dachen sich nach der Katzbach zu ab, und
zwar nach der Stelle hin, wo

Liegnitz

liegt. Bis hierher streichen die Vorberge nach Norden, und die Flußränder
sind südlich von Liegnitz meist sehr steil, zum Übergange darum schon un=
bequem. Südlich, östlich und nördlich von Liegnitz dehnt sich ein weites
Sumpf= und Seengebiet zu beiden Seiten der Katzbach und des hier mün=
denden **Schwarzwassers** aus, worauf auch die Bedeutung des Namens
Liegnitz („Sumpfstadt") hinweist. Bei Liegnitz aber sind die Flußufer fest

48. Liegnitz, das Portal des Schlosses.

und niedrig. Darum bildet diese Stelle so recht das Tor von Niederschlesien nach Mittelschlesien, und schon seit den ältesten Zeiten ist blutig um
sie gekämpft worden. Hier liegt das eigentliche s ch l e s i s ch e S ch l a ch t =
f e l d. (Schlachten am 9. April 1241, am 15. August 1760 und am 26. August 1813.)

Auf der fast allseitig geschützten Landzunge zwischen Katzbach und
Schwarzwasser legten noch vor dem 12. Jahrhundert die Piasten ein festes
S ch l o ß an, das Brände mehrmals zerstörten, das aber immer wieder auf-
gebaut wurde. Es ist noch heute vorhanden und dient jetzt als Sitz der
Königlichen Regierung. Unter dem Schutze dieses festen Schlosses ist die
Stadt erstanden.

Der mächtige Bau mit seinen trutzigen Türmen, großen Höfen und
schönen Giebeln, vor allem aber mit seinem köstlichen, zweiteiligen Renais-
sance=Portal gehört zu den schönsten Baudenkmälern Schlesiens aus alter
Zeit (s. S. 107).

49. Liegnitz, das Piastenschloß.

Die Stiftung eines Piasten ist auch die „Ritterakademie", von ihrem Gründer zur Bildung künftiger Schul- und Kirchendiener bestimmt, vom Kaiser Leopold aber in eine „Hochschule für die hiesige Ritterschaft und Noblesse" umgewandelt, jetzt ein Gymnasium, das neben abligen „Fundatisten" auch von Stadtschülern aus allen Kreisen besucht wird.

Uralt sind auch die Kirchen der Stadt, unter denen die Peter-Paul-Kirche zu einem der schönsten Gotteshäuser in ganz Schlesien umgebaut und mit einem Glockenspiel versehen worden ist. Auf dem Platze neben der Kirche ist Friedrich dem Großen, „dem Sieger von Liegnitz", ein Denkmal errichtet worden.

Liegnitz verdankt sein Emporblühen zunächst der Fruchtbarkeit seiner Umgebung. Auf den Feldern um die Stadt wird Gemüsebau im großen betrieben. Weite Flächen sind mit Gurken, Zwiebeln und den verschiedensten Kohlarten bebaut. Das trägt den „Kräutern" viel Gewinn ein; denn es werden alljährlich Hunderte von Wagenladungen Gurken und Zwiebeln durch die Eisenbahn fortgeschafft. Dieses Gemüsebaues und seiner wohlgepflegten Anlagen wegen gilt Liegnitz als die „schlesische Gartenstadt".

Auch als Knotenpunkt für sechs hier einlaufende Eisenbahnlinien, als Sitz der Regierung, als Garnisonstadt des berühmten tapferen Königs-Grenadier-Regiments (2. Westpreußisches Nr. 7, König Wilhelm I.), durch seine Schulanstalten und seine bedeutenden Fabriken für Maschinen, Tuche, Hüte, Wollwaren, Möbel, Pianoforte (12, darunter die größte Ostdeutschlands), durch seine Kunstziegeleien (allein die Rothersche stellt alljährlich etwa 50 Millionen Verblendsteine her), Eisengießereien u. a. hat sich Liegnitz zur Großstadt emporgeschwungen.

Das Hügelland der Oberlausitz[1].

Es stellt sich dar als eine Reihe von Hochflächen, die schmal von Süden nach Norden hinstreichen und sich auch in dieser Richtung allmählich senken. Sie bilden die Wasserscheiden zwischen den Flüssen, die sie in derselben Richtung begleiten.

Im Süden hängt es mit den Vorbergen des Isergebirges zusammen. Als Grenze kann man hier die Reihe der Basaltberge ansehen, die von Lauban aus das linke Ufer des Queis nach Süden begleitet, sich nordwestlich von Marklissa genau nach Westen wendet und bei Schönberg endet. Andere Basaltkuppen erheben sich auch nordwärts dieser Berge zu Höhen von etwa 300 m.

Die auffälligste dieser Wasserscheiden liegt zwischen der Lausitzer Neiße und dem Weißen Schöps. Sie beginnt im Süden mit den Jauernicker Bergen (393 m) und trägt als bedeutendste Erhebung den Basaltkegel der Landeskrone (420 m). Am weitesten nach Norden vorgeschoben ist hier die Porphyrkuppe des Geiersberges.

Zwischen dem Weißen und dem Schwarzen Schöps lagert die Granitmasse der Königshainer Berge auf einer gemeinsamen Grundlage.

---

[1] Bearbeitet hauptsächlich nach der vorzüglichen „Görlitzer Heimatkunde", herausgegeben von Prof. E. Stutzer. Zweite Auflage. Breslau 1906, Ferdinand Hirt. Kart. 1,60 Mark.

50. Die Landeskrone, 4 km südwestlich von Görlitz.

Sie bilden ansehnliche, bewaldete Erhebungen, unter denen die **Kämpferberge** und der **Hochstein** bis zu 400 m ansteigen. Sie liefern vorzüglichen Granit zu Bausteinen.

Aus der Wasserscheide westlich vom **Schwarzen Schöps**, der in der Nähe des **Paulsdorfer Spitzberges** (366 m) entspringt, hebt sich der **Rotstein** mit langgestrecktem Rücken und steilem Südrande besonders hervor. Das ganze Gelände links der Neiße bildet die Wasserscheide zwischen Ostsee und Nordsee.

Geologisch besteht das Hügelland zum größten Teile aus **Diluvium**. Durch seine Decke aber treten ältere Formationen vielfach zutage. So breitet sich in und bei Görlitz zu beiden Seiten der Neiße ein **Granitgebiet** aus, das im Stadtbezirk selbst vielfach in Aufschlüssen zu sehen ist. Dies Gebiet reicht bis zum **Weißen Schöps** und noch über ihn hinaus. (S. oben Königshainer Berge.)

Daran grenzt unmittelbar nördlich eine Zone **devonischer Schiefer**. Nördlich der Stadt sind diese Schiefer gefaltet, und die dadurch entstandenen Sprünge sind mit **Kalk** ausgefüllt (bei **Ludwigsdorf**). Bei **Hennersdorf** ragt aus den Schiefern der Quarzfelsen des **Teufelssteins** hervor. Von jüngeren Formationen findet sich bei **Sohra** und **Flohrsdorf Zechsteinkalk**, bei **Hochkirch** und **Waldau Quadersandstein** der Kreide und zwischen **Görlitz** und **Lauban** vielfach **Tertiäres** mit **Braunkohle**.

Der allgemeinen Abdachung nach Norden folgen die **Flüsse** in ihrer Richtung. Der wichtigste unter ihnen ist die

Lausitzer Neiße.

Aus drei Quellflüssen, deren längster aus der **Moosbeerheide** kommt, strömt sie am Südabhange der **Wohlischen Kämme** zusammen und fließt bei **Reichenberg** durch die **Lausitzer Pforte**. Da von hier aus nicht weniger als 8 Pässe in den Böhmischen Kessel führen, ist diese Pforte immer als Völker- und Heeresstraße von besonderer Bedeutung gewesen, so zuletzt 1866. Mehrfach durchsägt der Fluß Granitplateaus, so zuletzt beim „**Blockhaus**" in **Görlitz**, hier eine malerische Schlucht schaffend (s. S. 112!). Von Görlitz abwärts macht der Fluß viele Windungen und hat sich in der lockeren Erdschicht immer tiefer eingegraben. Bei **Muskau**, wo die Neiße den Lausitzer Grenzwall durchbricht, liegen die Steilränder ihres Ufers bis 40 m über der Talsohle. Unter ihren Nebenflüssen findet sich kein bedeutender; denn rechts kommt ihr das Flußgebiet des **Queis** und links das der **Spree** (im **Weißen Schöps**) stellenweise so nahe, daß ihr eigenes Flußgebiet nur 4—5 km breit ist. Der längste ihrer Nebenflüsse ist die **Wittich**. Sie kommt vom Isergebirge und trägt die Hauptschuld daran, daß die Neiße zuzeiten durch ihre Überschwemmungen gefährlich wird.

Der Hauptort an der Neiße und in der gesamten Oberlausitz ist „die Bergstadt"

Görlitz.

Ihre Anlage wurde durch eine Furt in der Neiße verursacht, durch welche die alte Handelsstraße von Breslau nach Dresden führte, die sogenannte „Hohe" oder „Schlesingerstraße", auch „Königsstraße" genannt.

52. Görlitz von Norden.

An diesem Kreuzungspunkt entstand zuerst ein Wendendorf mit einem Ritterhof und dann um 1200 die deutsche Stadt. Sie wurde die Führerin unter den „Sechsstädten" der Lausitz und gelangte zu großer Macht. Durch Kämpfe der Zünfte gegen den Rat und in den großen Kriegen aller Jahr= hunderte hat sie viel gelitten. Kaiser Ferdinand I. legte ihr zur Last, ihm im Schmalkaldischen Kriege die Hilfe versagt zu haben, und verhängte 1547 über sie den „Pönfall", durch den die Stadt eine „Krondomäne" wurde und so ihre wichtige politische Selbständigkeit verlor. Ihre starken Befestigungs= mauern sind schon früh niedergerissen worden; darum hat sie sich ungehindert ausbreiten können. Ihre großen K ä m m e r e i w a l d u n g e n machten die

53. Der Eisenbahnviadukt über die Neiße bei Görlitz.

Stadt reich und erlaubten viele Verschönerungen durch P r o m e n a d e n = a n l a g e n und D e n k m ä l e r, unter denen aus der neueren Zeit ein großes Reiterstandbild Kaiser Wilhelms I. das bedeutendste ist. — Den schnellsten Aufschwung hat Görlitz genommen, seit es E i s e n b a h n = k n o t e n p u n k t geworden ist. Die Bedeutung der Eisenbahn für Görlitz zeigt sich schon darin, daß die Stadt hauptsächlich nach dem Bahnhofe hin und über ihn hinaus erweitert worden ist. Unter den öffentlichen Gebäuden ist besonders die stattliche evangelische P e t e r = P a u l = K i r c h e mit ihren schlanken Säulen im Schiff und ihrer „Krypta" bemerkenswert. Die Krypta ist eine zweite, unterirdische Kirche unter dem großen Gotteshause.

Das sehr alte R a t h a u s hat einen Treppenaufgang, der von hohem Kunstwert ist, und einen zierlichen „Gerichtslaubenerker" aufzuweisen. Als

Reste der alten Befestigung stehen noch eine alte Bastei, „Kaisertrutz" genannt, und drei mächtige Tortürme. Die herrlichen Promenaden erreichen ihren höchsten Teil im „Blockhaus", einer Restauration im Burgstil. Hier fließt tief zu Füßen des Beschauers zwischen hohen, bewaldeten Ufern die Neiße hin, auf der meist zahlreiche bunte Kähne schaukeln. Von hier aus führt über das Neißetal ein langer Eisenbahnviadukt mit hohen Pfeilern. In der Ferne erblickt man das blauende Iser= und Riesengebirge. Vor dem Blockhause steht ein treffliches Standbild des Prinzen Friedrich Karl. — Ganz neu ist der gewaltige Kuppelbau der „Oberlausitzer Ruhmes= halle", die ein Museum birgt.

54. Die Oberlausitzer Ruhmeshalle in Görlitz.

Der Fruchtbarkeit seiner Umgebung verdankt Görlitz seinen bedeutenden Getreidemarkt und seine großen Fabriken für landwirtschaftliche Maschinen. Seit alter Zeit blüht hier die Tuchmacherei, einst kurzweg als „das Handwerk" bezeichnet; noch jetzt befindet sich eine große Anzahl bedeutender Tuchfabriken in Görlitz, auch eine große Fabrik für chemische Stoffe. — Görlitz ist Sitz der „Oberlausitzer Gesellschaft der Wissenschaften" und auch sonst der geistige Mittelpunkt der Oberlausitz.

Hier lebte zur Zeit des Dreißigjährigen Krieges der „philosophische Schuster", der Theosoph Jakob Böhme. Ein Denkmal erinnert an ihn.

Die Schönheit der Stadt und ihrer Umgebung hat viele pensionierte Beamte und Militärs zur Niederlassung angelockt.

Ein Teil der Görlitzer Fabriken ist in die benachbarten Orte gelegt, so eine große Fabrik für Chemikalien nach **Reichenbach**, zubenannt „in der Lausitz". Das kleine Städtchen liegt an der sächsischen Grenze. Die Mineralschätze des Lausitzer Berglandes werden vielfach ausgebeutet. Der Granit der **Königshainer Berge** (s. S. 109 f.) und der Basalt der Landes= krone und anderer Basaltkuppen werden zu Bau= und Pflastersteinen ge= brochen. Bei **Ludwigsdorf** wird Kalk gefunden und gebrannt. Hier wurde vor Jahren auch Kupfererz gefördert. Lohnend ist der Bergbau auf Braun= kohlen in **Moys**, **Troitschendorf**, **Hermsdorf** und **Nikolausdorf**.

Das Gebiet der Oberlausitz gehört erst seit dem Jahre 1815 zu Preußen. Darauf gründen sich einige besondere Eigentümlichkeiten in der

Verwaltung.

Die „K o m m u n a l s t ä n d e", welche bis dahin einen besonderen Ein= fluß auf die Gesetzgebung, unter anderm auch das Steuerbewilligungsrecht besessen hatten, üben noch jetzt die selbständige „k o m m u n a l s t ä n d i s c h e V e r w a l t u n g d e r O b e r l a u s i t z" aus. Ihnen sind unterstellt: Land= armenwesen, Wegebauten, Förderung gemeinnütziger Bestrebungen, haupt= sächlich aber die Verwaltung des großen Grund= und Kapitalvermögens und zahlreiche Stiftungen. Sie verwalten die Oberlausitzer Kommunalständische Bank, die Oberlausitzer Provinzialsparkasse und die Feuersozietät. Die Kommunalstände setzen sich zusammen aus Vertretern der Ritterschaft, der Städte und des bäuerlichen Standes. Im Ständehause zu Görlitz findet alljährlich ein Kommunallandtag statt. An der Spitze der Kommunalstände steht der von ihnen erwählte L a n d e s h a u p t m a n n.

Die Bevölkerung

des Lausitzer Berglandes ist durchweg d e u t s c h. Es kommen hier etwa 160 Einwohner auf 1 qkm. Eine besondere Stammesart ist nicht ausgebil= det, doch ist den Einwohnern anzumerken, daß sie von Mitteldeutschen, hauptsächlich von Thüringern abstammen. Mitteldeutschen Charakter trägt auch die M u n d a r t, die der schlesischen sehr nahe verwandt ist. Sie hat aber eine andere Satz= und Wortbetonung als diese.

Der H a u p t e r w e r b s z w e i g auf dem Lande ist Ackerbau, der in hoher Blüte steht, und in der Stadt Industrie und Handel.

Der Umstand, daß die Lausitzer Hochebene durch eine Anzahl parallel laufender Flüsse in mehrere Abschnitte zerlegt wird, hat Bedeutung in der K r i e g s g e s c h i c h t e gewonnen. Hier hat Friedrich der Große die Öster= reicher 1745 bei **Katholisch=Hennersdorf** geschlagen.

Bei **Moys** fand 1757 ein unglückliches Gefecht gegen die Österreicher statt, in dem Friedrichs Liebling, der General Winterfeldt, fiel.

Rückblick: Ein Kranz von **Vorgebirgslandschaften** umschließt im Bogen das gesamte Sudetengebirge, geologisch mit diesem zusammen= hängend bis zur **Katzbach** hin, durch **Neiße, Ohle, Lohe** und **Weistritz** in fünf Abschnitte geteilt.

1. Das **Oberschlesische Bergland** der linken Oderseite ist eine hügelige Ausstrahlung des Gesenkes, das von **Landeck** an der Oder bis zur **Glatzer Neiße** reicht. Die **Zinna**, die **Hotzenplotz**, die **Falkenberger Steinau** und die **Freiwaldauer Biele** durchströmen es in meist tief eingewaschenen Tälern. — Es ist fruchtbares Lößland (besonders um **Leobschütz, Bauerwitz, Zülz, Katscher, Oberglogau** und **Neustadt** her). Große, stattliche Dörfer bezeugen hier, daß die Landwirtschaft in hoher Blüte steht. Der nördlichste Abschnitt an der Steinau (bei **Falkenberg** und **Steinau**) ist unfruchtbares Heidegebiet (Truppen= übungsplatz **Lamsdorf**). — **Leobschütz, Neustadt** und **Ziegenhals** sind Mittelpunkte der durch die Wasserkräfte und die Nähe der Gebirgs= wälder bedingten Industrietätigkeit (Weberei, Wollmanufaktur, Holzindustrie). — An der Glatzer Neiße bildet **Neiße** den Verkehrs= mittelpunkt (alte Festung und Hauptstadt des dem Bistum Breslau gehörigen Fürstentums, jetzt nur Waffenplatz; Industrietätigkeit).

2. Das **Strehlen=Münsterberger Bergland**, zwischen Glatzer Neiße und Ohle gelegen, hat seinen geologischen Mittelpunkt in dem Rum= melsgebirge, dessen Gneisgrundlage eine Ausstrahlung des Reichen= steiner Gebirges ist. Die höchsten Kuppen **(Rummelsberg)** bestehen aus Granit. Am Westfuße des Gebirges (bei **Sakrau**) findet sich Graphit, am Ostfuße Quarzitschiefer und Marmor (bei **Prieborn**). Der Abbau des Granits (bei **Strehlen**) ist ein wichtiger Erwerbszweig, desgleichen der des Tons und seine Verarbeitung in **Münsterberg**, wo auch Dörrgemüse im großen erzeugt wird. Sonst bildet die (sehr hoch= stehende) Landwirtschaft die Haupterwerbsquelle, so auch um die Städte des Süd= und Ostrandes **Patschkau, Ottmachau** und **Grottkau**. Kloster **Heinrichau** ist ein Ausgangspunkt der germanischen Besiedlung dieser Gegend gewesen, desgleichen **Camenz**, jetzt durch schönen Park und stattliches Schloß berühmt.

3. Das **Frankenstein=Nimptscher Bergland** zwischen **Ohle** und **Lohe** ist geologisch nur eine Fortsetzung des vorangehenden. Eigen= artige Mineraleinschlüsse (Nickelerde im Chrysopras bei **Kosemitz** und Magnesit nebst Speckstein bei **Baumgarten**) werden bergmännisch ge= wonnen. In diesem Gebiete ist erst recht die Landwirtschaft auf Boden erster Güte ("weißer Weizen") die Haupterwerbsquelle. **Franken= stein**, ein alter, ehemals befestigter Ort, und **Nimptsch**, wohl die älteste deutsche Ansiedlung in Schlesien, sind seine städtischen Mittelpunkte.

4. Das **Zobtengebirge**, zwischen Lohe und Weistritz gelegen, erhebt sich auf der Gneisunterlage, die vom Eulengebirge nordwärts streicht. Das Gebirge selbst ist ein Granit=, Gabbro= und Serpentindurchbruch durch die Gneisschale. Und zwar besteht der **Zobtenberg** (die Haupt= erhebung) aus Granit und Gabbro, während **Geiersberg** und **Költschen= berg** von Serpentin gebildet werden. Der Zobten trug in alter Zeit ein Kloster, das nachher nach **Gorkau**, an seinen Fuß, verlegt wurde; er ist der Wetterprophet der Schlesier. An seinem Nordfuße liegt die kleine (auch historisch merkwürdige) Stadt **Zobten**. Die Grenze des Zobtengebirges gegen das Eulengebirge hin bildet die **Peile**, die

das **Reichenbacher Induſtriegebiet** durchfließt. An ihr umſchließt das meilenlange **Peilau** die Herrnhuterkolonie **Gnadenfrei.** Peilau ge= hört mit **Langenbielau** (dem volkreichſten Dorfe Schleſiens), **Peters=** **waldau** und **Faulbrück** zu den Dörfern, die die alte Weberſtadt **Reichen=** **bach** umgeben und ſämtlich durch Leineninduſtrie und Baumwoll= weberei Weltruf haben. Auch **Schweidnitz** liegt im Bereich des Zobten= gebietes. Als (jetzt geſchleifte) Feſtung hat es zu allen Zeiten, be= ſonders im Siebenjährigen Kriege, eine wichtige Rolle geſpielt. Reiche Induſtrietätigkeit (Orgelbauanſtalten) entwickelte ſich hier. — Die Haupterwerbsquelle des ganzen Gebietes iſt Landwirtſchaft.

5. Die **Striegauer Berge** und ihre weitere Umgebung breiten ſich zwiſchen **Weiſtritz** und **Katzbach** aus. Sie ſondern ſich in die Baſalt= gruppe des **Kreuz=, Georgen=** und **Breiten Berges** in unmittelbarer Nähe Striegaus und in die Graniterhebung des **Streitberges.** Granit umſchließt auch jene Gruppe und bildet nördlich von ihr noch erheb= liche Erhöhungen bis gegen die **Wütende Neiße** hin. Eine lebhafte Steininduſtrie (mit dem Mittelpunkt in **Striegau**) beruht auf dieſer Bergbeſchaffenheit. Neben ihr bildet die ſehr hochſtehende Landwirt= ſchaft (beſonders Zuckerrübenanbau) die Haupterwerbsquelle und führt in den ſtädtiſchen Mittelpunkten der Gegend, **Striegau** und **Jauer,** regen Geſchäftsverkehr und Fabriktätigkeit herbei. **Hohenfriedeberg,** die Ufer der **Wütenden Neiße** und **Katzbach** und **Wahlſtatt** (ehemals Kloſter, jetzt Kadettenanſtalt) ſind hiſtoriſch merkwürdige Orte. Des= gleichen auch **Liegnitz,** das am Nordrande dieſes Gebietes, nahe der Mündung des **Schwarzwaſſers** in die Katzbach, in geographiſch bevorzugter Lage zu finden iſt. Sie hat Liegnitz zu einer wichtigen Verkehrs= und Fabrikſtadt (Pianinofabrikation), durch die „Kräuter= wirtſchaft" ſeiner fruchtbaren Umgebung aber zur „ſchleſiſchen Garten= ſtadt" gemacht.

Durch das **Bober=Katzbach=Gebirge** und ſeine nördlichen Ausſtrah= lungen von dieſen Vorgebirgslandſchaften getrennt, legt ſich dem Jſer= gebirge das **Hügelland der Oberlauſitz** vor. Als Grenze gegen dieſes ſind eine Reihe Baſaltberge anzuſehen, deren Geſtein vielfach aus= gebeutet wird. Das Hügelland ſetzt ſich aus ſchmalen Hochebenen zu= ſammen, die durch die **Tſchirne,** die **Lauſitzer Neiße,** den **Weißen** und **Schwarzen Schöps** und die **Spree** voneinander geſchieden ſind. Die Granitgruppen der **Jauerniker,** der **Königshainer Berge** und des **Rot=** **ſteins** erheben ſich auf ihnen. Die auffälligſte Erhebung aber iſt der Baſaltkegel der **Landeskrone** bei **Görlitz.** Dieſes (einſt die wichtigſte der „Sechsſtädte der Oberlauſitz") bildet den Verkehrs=, Verwaltungs=, Handels=, Fabrikations= (Tuchmacherei) und Bildungsmittelpunkt der, eine ſelbſtändige „kommunalſtändiſche Verwaltung" beſitzenden preußiſchen Oberlauſitz. — Gegenüber der ſehr entwickelten Landwirt= ſchaft tritt außerhalb **Görlitz** und **Reichenbach** die Fabriktätigkeit zu= rück, auch der Bergbau auf Braunkohle in der weiteren Umgebung von Görlitz. — **Katholiſch=Hennersdorf** und **Moys** ſind als Schlachten= orte bemerkenswert.

VIII. Das Bergland der rechten Oberseite.

Es ist der westliche Teil der großen **Polnischen Höhenplatte** und der Beginn des sogenannten „**Südlichen Landrückens**", der den mittleren und süd-lichen Teil der **Norddeutschen Tiefebene** scheidet und erst in der L ü n e - b u r g e r H e i d e endet.

Das Bergland der rechten Oberseite gliedert sich in das **Oberschlesische Hügelland** und in den **Schlesischen Landrücken.** Die **Weida** bildet die Grenze zwischen beiden.

Das Oberschlesische Hügelland

wird durch die **Klobnitz** und **Malapane** in drei Abschnitte geteilt. Der nörd-liche ist das **Waldgebiet des Stober und der Malapane**, der mittlere das **Oberschlesische Kalkgebirge** und der südliche das **Oberschlesische Steinkohlen-revier.**

Etwa durch das zur Weichsel gehende Flüßchen B e r u n und durch die westwärts in die Oder mündende B i r a w k a wird das letztgenannte wieder in das südlich gelegene **Hügelland von Pleß und Rybnik** und in das **eigent-liche Kohlenrevier** zerlegt.

Das Hügelland von Pleß und Rybnik[1]).

Tone und Sande bilden im allgemeinen die Grundlage dieses Hügel-landes. Vielfach sind sie von fruchtbarem Diluvialboden überlagert. Fast überall leidet diese Gegend unter zu großer Feuchtigkeit; denn der über-lagernde Ton ist wasserundurchlässig. Daraus erklärt sich der Reichtum dieser Gegend an Teichen, z. B. in der Umgebung von **Pleß** und **Berun.** Bei **Rybnik** erheben sich diese Hügel zu Höhen bis 357 m, weisen aber nordöstlich von Rybnik, bei **Orzesche**, eine deutliche paßartige Senkung auf, die hier zur Anlage eines Eisenbahnknotenpunktes Veranlassung gegeben hat. Vielfach treten auch die zugrunde liegenden Schichten des Steinkohlengebirges hervor. Südöstlich von Rybnik sind die Hügel so wenig ausgeprägt und festgefügt, daß hier die Wasserscheide zwischen O d e r und W e i c h s e l oft sehr unbe-stimmt ist. Ein W a l d g e b i e t von 976 qkm Größe ist hier ausgebreitet. Es ist hauptsächlich Kiefernwald auf Sandboden; doch ragen auch uralte Eichen in großer Menge himmelan. An der **Olsa,** besonders aber an den zur **Weichsel** gehenden kleinen Flüssen, dehnen sich weite S u m p f - und M o o r s t r e c k e n aus, die im Sommer frei herumstreichenden Viehherden Nahrung bieten. Nur vereinzelt weiden im Frühjahr und Sommer die Hirten am Leitseil Herden von 6 bis 10 Häuptern. Wiesenschnarrer und Kiebitz beleben dann fast allein die öden Strecken mit ihrem Geschrei. Die ausgedehnten Wälder liefern nicht nur vorzügliches Holz und eine Unmasse Beerenobst aller Art, sondern sind auch die Heimstätte für einen bedeutenden Wildstand. Die Teiche und Flüsse aber bergen Karpfen und Krebse in erheb-licher Menge. Es ist dem Grenzoberschlesier nachzurühmen, daß er dem meist sehr mageren Boden immer noch gute Ernteerträge abzugewinnen weiß.

---

[1]) Vgl. „Bunte Bilder aus dem Schlesierlande", Bd. I.

Er ist auch fast allein auf die Landwirtschaft angewiesen, denn die Viehzucht lohnt nicht, weil aus Russisch-Polen zu viel billiges Vieh herübergebracht wird. Das Hauptprodukt und Hauptnahrungsmittel ist die Kartoffel. Mißrät sie, so macht sich das der ziemlich dichten Bevölkerung (130 auf 1 qkm) sehr fühlbar. Brot ist nicht das Hauptnahrungsmittel, sondern der Zur (jour zu sprechen!), eine mit Schweinefett versetzte, gesäuerte Mehlsuppe. Weitaus der größte Teil der oberschlesischen Bodenfläche gehört Großgrundbesitzern, im alten Herzogtum Oppeln vier Fünftel der Gesamtfläche. Der Fürst von Pleß hat mit etwa 40 000 ha den ausgedehntesten Grundbesitz unter allen. — Umringt vom Kreise der Wälder, liegen die Dörfer inmitten von Auen, Wiesen und Feldern. Jedes Dörfchen bildet sein eigenes Reich, über das hinaus der Oberschlesier wenig Verkehr treibt. Zu beiden Seiten der Dorfstraße liegen an zwei fortlaufenden Linien, die durch Bretter- und Staketzäune gebildet werden, die Gehöfte, überschattet von Pappeln, Linden, Weiden und Ebereschen. Ein breites Tor und ein schmales Türchen führen in das Gehöft, das aus Wohnhaus, Stallungen, Scheuern und Schuppen besteht. Die Gebäude sind fast ausschließlich aus Holz und Stroh aufgeführt. Das Wohngebäude ist niedrig; die Wohnstube weist nur wenige kleine Fenster auf. Einen einfachen Schmuck bilden die an Pflöcken aufgehängten oder auf Borden aufgestellten Teller, Töpfe und Krüge, die ebenso wie die riesige Bettstatt, die Schränke, Tische, Stühle und Truhen bunt bemalt sind. Wie die Hauptwohnräume, so sind auch die Kammern zwar eng und einfach ausgerüstet, aber doch sauber und ordentlich. Die Bewohner dieser Gegenden stammen meist in ununterbrochener Ahnenreihe von denjenigen **Polen** ab, die einst mit den Piasten nach Schlesien kamen, und sind noch jetzt Polen nach Sprache, Gesittung und Gesichtsbildung. Aber in politischer Beziehung sind die Mehrzahl unter ihnen königstreue Preußen und gute Soldaten. Alle sind sehr kirchlich gesinnt. Davon legen die zahlreichen und stattlichen Kirchenbauten Zeugnis ab, sowohl die steinernen, vielfach zweitürmigen der Neuzeit als auch die uralten Schrotholzkirchen. Diese Oberschlesier lieben den Gesang und ziehen die Lieder in Moll vor. Unter ihnen entstanden noch vor wenigen Jahren echte Volkslieder. Ihre Sprache, „Wasserpolnisch" genannt, hat eine Menge deutscher und anderer Fremdwörter aufgenommen und mit polnischen Endungen versehen (z. B. Bana, Caitungi). Unter den oberschlesischen Polen gibt es noch besondere Volkstrachten, z. B. in der Umgebung von Pleß. Männer und Frauen gehen hier gern in Hemdärmeln umher, selbst in der Kirche; das Oberkleid der Männer ist ein dunkelblauer Tuchmantel, das der Frauen ein dunkelgrünes Umschlagetuch. Alle Männer tragen ganz kurze Jacken mit glänzenden Knöpfen, schwarze oder weiße Lederhosen, ein buntes Halstuch und einen runden, breitkrempigen Filzhut; die Frauen sind mit kurzen, einfarbigen Leibchen und mit einem einfarbigen Tuchrock bekleidet, den ein buntes Band ziert und eine breite, sehr lange Schürze bedeckt. In konfessionell gemischten Gegenden hat nicht nur jede Konfession ihre Tracht, sondern auch besondere Vor-, ja sogar Zunamen. Schattenseiten dieses Volksstammes sind Leichtlebigkeit, Aberglaube, Unterwürfigkeit, hier und da mangelnder Respekt vor fremdem Eigentum, Hang zum

Schnapstrinken, Prozessieren und Schmuggeln. Manche dieser Charakterfehler haben ihren Grund darin, daß dieser Bevölkerung jahrhundertelang jeder feste und gesicherte freie Grundbesitz mangelte und sogar die persönliche Freiheit und Sicherheit fehlte. — Schule und Militärdienst haben schon vielfach das polnische Wesen zurückgedrängt und das D e u t s ch t u m auch unter diesen Polen ausgebreitet. (S. S. 194 f.) Die Städte dieses Gebietes, ja auch einzelne große Dorfschaften sind fast ganz deutsch in Sprache und Sitte. So liegt z. B. eine Meile südlich von Gleiwitz mitten in polnischem Sprachgebiet das große Dorf Schönwald, das seinen deutschen Charakter treu bewahrt hat. Allerdings ist der Dialekt der Bewohner stark mit polnischen Wörtern vermischt. — Ähnlich steht es mit der Gemeinde Anhalt in der Nähe der Przemsa, die dadurch entstand, daß der Fürst von Anhalt-Köthen-Pleß 1770 hier deutsche Reformierte aus Galizien ansiedelte, die wegen ihres Glaubens aus Österreich auswanderten.

Die Bodenschätze des südöstlichen Oberschlesien werden vielfach ausgebeutet und verarbeitet.

Im Kreise Rybnik findet man Steinkohlen, Eisen und Kalk.

Steinkohlen baut man in Pschow ab, desgleichen auch Kalkstein.

Eisenwerke befinden sich in Rybnik und in dem benachbarten Paruschowitz, wo besonders Blech und emaillierte Blechwaren fabriziert werden, ferner auch in Rauden, an der Ruda gelegen, einer Besitzung des Herzogs von Ratibor mit schönem Schlosse und großem Parke, 1258 als Zisterzienserkloster gegründet. Pilchowitz und Kieferstädtel sind unbedeutende Marktflecken. In letzterem hat sich die Nagelschmiederei in alter Weise erhalten. Außerdem zeichnen sich Rybnik und Loslau durch große Dampfziegeleien aus. Sohrau ist eins der oberschlesischen Schuhmacherstädtchen.

Der Hauptort dieser Gegend ist Pleß, das bedeutet „Jagdschloß". Es ist rings von den Forsten des F ü r st e n v o n P l e ß umgeben, die meist aus Kiefern bestehen. Den Mittelpunkt des Ortes bildet das S ch l o ß des Fürsten, inmitten ausgedehnter Parkanlagen. Im „Tiergarten", einem Teile dieses Parkes, kann man viel gezähmtes Wild beobachten.

Tichau, nahe bei Pleß, hat zwei großartige Brauereien, deren Bier nach ganz Oberschlesien versandt wird, und eine Zellulosefabrik.

Im äußersten Süden dieses Gebietes liegen die beiden Badeorte Königsdorf-Jastrzemb und Goczalkowitz. Sie verdanken ihren Ursprung Bohrungen auf Salzsole, die der Staat anstellen ließ. Beide Quellen enthalten Jod und Brom. Trotzdem beide Badeorte nur bescheidene Naturschönheiten in ihrer nächsten Umgebung bieten, sind sie doch stark besucht, weil ihre Wasser sehr heilkräftig sind, besonders gegen Frauenleiden, Hautkrankheiten und Rheumatismus.

Das eigentliche Steinkohlenrevier[1])

reicht nördlich bis an das **Beuthener Wasser** und die **Klobnitz** heran. Seiner Bodengestalt nach ist dieses Gebiet teils welliges Hügelland, teils Hochfläche. Im Kreise Beuthen erreicht letztere eine Meereshöhe von 250 bis 300 m. Aus ihr treten wellige Hügelreihen hervor. Ihre höchsten Erhebungen sind der **Kapellenberg** und der **Kalkberg** bei Miechowitz. Ersterer (315 m) ist der Kalvarienberg des benachbarten Wallfahrtsortes **Deutsch-Piekar.** In der Kirche zu Piekar flehte 1683 der Polenkönig Sobieski um Gottes Hilfe zur Befreiung Wiens von den Türken, um 1697 trat in ihr August der Starke zum katholischen Glauben über. Der Turm der Kirche, die auf der Spitze des Kapellenberges steht, ist weithin sichtbar. Südlich von ihm liegt der **Redenberg** (314 m) bei Königshütte. Ihn schmückt ein Denkmal des Grafen Friedrich Wilhelm von Reden. S. S. 55.)

Die Entwässerung

dieses Gebietes geschieht hauptsächlich durch die **Klobnitz.** Sie entspringt südlich von K a t t o w i ß, fließt an **Gleiwitz** vorüber, mündet bei **Kosel** und speist den **Klobnitzkanal.** Er ist der einzige größere Kanal Schlesiens, beginnt unterirdisch in der Nähe von **Gleiwitz** in einem Kohlenbergwerk und führt immer nahe an der Klobnitz hin bis zu deren Mündung. Sein Wasser ist schmutzig, weil er hauptsächlich zur Fortschaffung der oberschlesischen Bergwerkserzeugnisse dient.

Von rechts her fließt in die Klobnitz der **Iserbach**, auch das **Beuthener Wasser** genannt. Im Osten durchströmt das Bergwerksgebiet die **Brinnitza**, aus Rußland kommend und in die Przemsa mündend. Südlich von ihrer Mündung liegt am Zusammenfluß der **Schwarzen** und **Weißen Przemsa** die „**Dreikaiserreichsecke**", eine Stelle, an der Rußland, Österreich und Deutschland aneinander grenzen. Sie ist landschaftlich nicht ohne Reiz.

„Die geologischen Grenzen des oberschlesischen Kohlenbeckens sind mit ziemlicher Sicherheit festgelegt durch das Auftauchen älteren Gesteins an der Oberfläche. Im Südwesten bei Hultschin und im Nordwesten bei Tost deutet das Vorkommen des Kulm den Rand des Beckens an, während die Ostgrenze von devonischen Klippen in der Nähe des polnischen Jurazuges gebildet wird und die Südgrenze von den Beskiden. Innerhalb dieses Beckens unterscheidet man den Z a b r z e = M y s l o w i ß e r H a u p t z u g, das N i k o l a i e r, das R y b n i k e r und das O s t r a u e r R e v i e r. Die Schächte des Nordflügels vom Hauptzuge durchlaufen den Muschelkalk. Man schreibt dem produktiven Steinkohlengebirge eine Mächtigkeit von 600 m zu; davon füllen die Flöze nur einen kleinen Teil aus." (Heimatkunde von Beuthen, herausgegeben vom Lehrerkollegium der städtischen Realschule zu Beuthen.)

---

[1]) Dieser und der nächste Abschnitt sind bearbeitet nach: Heimatkunde von Beuthen (O.=Schl.), herausgegeben vom Lehrerkollegium der städtischen Realschule — Rieger, Der Kreis Beuthen (O.=Schl.) — „Bunte Bilder aus dem Schlesierlande", Bd. I und II — Sachs, Die Bodenschätze Schlesiens — Bericht der Handelskammer Oppeln für 1904 und 1911.

55. Deutsch-Piekar.

Rußland.

Österreich.

56. Die Dreikaiserreichsecke.

Deutschland.

Erwerbsverhältnisse.

Im allgemeinen ist das Bergwerksrevier nicht gerade unfruchtbar. Südlich von K ö n i g s h ü t t e dehnt sich eine abwechslungsreiche Hügellandschaft mit wohlbestellten Feldern, grünen Wiesen und großen Wäldern aus. Weizen, Roggen, Gerste, Hafer, Klee und Kohl, sogar Zuckerrüben gedeihen vortrefflich. Freilich gibt es mitten in dem Fruchtgefilde auch viele durch den Bergbau verödete Stellen mit Schutthalden, Brand- und Bruchfeldern. Die Waldungen, die zumeist aus Kiefern, Fichten und Birken bestehen, fallen zum Teil dem giftigen Hauche der Zinkhütten zum Opfer. — Die Viehzucht ist auch hier nicht erheblich und erstreckt sich hauptsächlich auf Pferde- und Rinderzucht. Fast jeder Arbeiter hält sich eine Ziege (die „Bergmannskuh").

Der Hauptwert dieses Gebietes liegt in seinen unterirdischen Bodenschätzen. Darum ist diese Gegend auch vorherrschend Industriegegend. Im Kreise B e u t h e n beschäftigen sich zehnmal soviel Menschen mit Industrie als mit Landwirtschaft.

Die Grundlage der gesamten Industrie bilden die S t e i n k o h l e n [1]), die in dieser Gegend in einer solchen Fülle vorkommen, wie an keiner andern Stelle des europäischen Festlandes. Eine Anzahl Flöze liegen hier übereinander, von denen einige bis 15 m Mächtigkeit aufweisen. Häufig schießen mehrere Flöze zu einem zusammen, indem sie zugleich an Mächtigkeit abnehmen. Die gegenwärtige Ausdehnung des Kohlenbergbaues beträgt in Oberschlesien 1200 qkm, die noch abbaufähigen Kohlenfelder unter der Erdoberfläche aber sind 5—6000 qkm groß. Dies ist mit Hilfe von mehr als 100 Bohrlöchern festgestellt worden, unter denen das von C z u c h o w , Kr. Rybnik, mit 2240 m das tiefste Bohrloch der Erde ist. Alle kohlenführenden Schichten bilden zusammen ein Becken, dessen Mitte etwa bei Nikolai liegen dürfte, das aber im Osten über die schlesische Grenze hinaus und über die Przemsa und Brinnitza nach Polen hinüberreicht. Der ergiebigste Steinkohlenbezirk erstreckt sich von Z a b r z e im Westen über K ö n i g s h ü t t e bis nach M y s l o w i t z im Südosten. 1904 fanden sich in Oberschlesien 58 Kohlengruben, meist nur 100—400 m tief. Manche von ihnen fördern jährlich für 14 Millionen Mark Kohlen. Die Gesamtförderung betrug im Jahre 1911 36½ Mill. Tonnen im Werte von 300 Mill. Mark. Rund 100 000 Arbeiter wurden in den Gruben beschäftigt. Die oberschlesischen Kohlen zeichnen sich vor allen andern durch Festigkeit, Heizkraft und Reichtum an Gasen aus, sind aber weniger zur Koksbereitung geeignet.

In unmittelbarer Nachbarschaft der Steinkohle liegen hier aber auch E r z e in ungeheurer Menge, hauptsächlich E i s e n - und Z i n k e r z e, nicht selten in einer Grube vereinigt. Bisher war der Mittelpunkt der Zinkgewinnung **Scharley**, wo sich hauptsächlich Galmei fand. Nachdem diese Lager erschöpft sind, hat man mächtige Zinkblendelager bei **Beuthen** gefunden. Die oberschlesische Ausbeute an Zink beträgt etwa 40 Prozent von der der gesamten Erde. Die verwendeten Eisenerze bestanden früher meist in

---

[1]) Vgl. Karte auf S. 188!

57. Handbetrieb im Innern eines Kohlenbergwerkes.

Toneisenstein, jetzt fast ausschließlich in Brauneisenstein. (S. auch S. 187.) Verhüttet werden Zink- und Eisenerze hauptsächlich in der Nähe der Steinkohlengruben. Der Industriebezirk wies 1905 18 Zinkhütten auf. Die in den Zinkhütten entstehenden giftigen Schwefelgase müssen durch besondere Vorrichtungen möglichst unschädlich gemacht werden. Die Eisenerze wurden 1905 in 10 Werken verarbeitet (s. S. 187).

Infolge der großen Nachfrage nach Arbeitern ist der Industriebezirk nach und nach sehr v o l k r e i c h geworden. Hier ist die B e v ö l k e r u n g s - d i c h t e am höchsten in ganz Schlesien gestiegen. Im Kreise Beuthen beträgt sie im Durchschnitt auf den qkm 1875 Einwohner, und die Gesamtzahl der Bevölkerung des Industriebezirks ist auf nahezu 1 Million zu veranschlagen.

Unter solchen Voraussetzungen herrscht natürlich hier auch ein sehr reges

Leben und Treiben.

Auf den von Ruß geschwärzten Straßen bewegen sich Tausende ebenfalls meist rußiger und mit Kohlenstaub bedeckter Arbeitergestalten hastig hin und her. Bei der Menge der Schornsteine, die an manchen Stellen eng wie die Riesen des Urwaldes beieinanderstehen, ist es auch nicht zu verwundern, daß hier alles ins schwarze Gewand der Kohle gekleidet erscheint. Ein der Meeresbrandung ähnliches Getöse schlägt an manchen Zentralpunkten der Industrie dem Besucher ins Ohr, und zur Nachtzeit wird von all den abertausend Lichtquellen, von elektrischen Lampen aller Art, vom „Abstich" der Hochöfen oder von deren „Gichtfeuer", von den Gasschloten der Koksöfen und aus den Bessemerstahlwerken so viel Licht ausgestrahlt, daß der Industriebezirk völlig illuminiert erscheint. Ein Netz von V e r k e h r s - w e g e n aller Art spinnt sich über den Industriebezirk aus. Die Oberschlesische Eisenbahn, die Dampfstraßenbahn von Gleiwitz nach Rauden und Piekar, endlich eine elektrische Straßenbahn von Gleiwitz über Königshütte nach Kattowitz, sie alle sorgen für Vermittlung des Riesenverkehrs und seinen Anschluß an den Weltverkehr. Er war lange Zeit ungünstig, sehr zum Nachteile der oberschlesischen Industrie. Noch jetzt macht sich Mangel an leistungsfähigen Wasserstraßen fühlbar, und die Ausfuhr der Gruben- und Industrie-Erzeugnisse ist auf Eisenbahnbeförderung angewiesen. Darum hat die oberschlesische Industrie schon in Brandenburg mit der westfälischen und englischen Konkurrenz zu kämpfen.

Im allgemeinen sind Beamte und Arbeiter der Gruben und Hütten gut bezahlt. Der jährliche Durchschnittslohn eines männlichen Arbeiters über 16 Jahre betrug im Jahre 1904 in den Kohlengruben 1010 Mark, in den übrigen Betrieben etwas weniger. Eine Reihe von W o h l f a h r t s - e i n r i c h t u n g e n kommt ihnen in besonderen Lagen zu Hilfe, z. B. die Genossenschafts-Unterstützungskasse der Oberschlesischen Knappschaft. Gesunde Wohnungen, Unterkunfts- und Schlafhäuser für auswärtige Arbeiter, Konsumvereine, Fortbildungsschulen, Sparkassen u. a. haben Staat und private Gesellschaften zum Heile der Arbeiter geschaffen.

58. Die Nordostecke des neuen oberschlesischen Bergarbeiterdorfes „Gieschewald".

So ist von der Bergwerksgesellschaft Georg von Giesches Erben in der Nähe von Myslowitz ein ganz neues Bergarbeiterdorf mitten im Walde geschaffen worden — „Gieschewald" genannt —, das mit seinen Einfamilienhäusern inmitten kleiner Hausgärten als wahres Muster einer Arbeiterkolonie bezeichnet werden kann (s. S. 128).

Ein besonders verdienstvolles Kulturwerk der Regierung ist die staatliche Wasserversorgung des Industriegebietes. Sie ist dadurch erreicht worden, daß man im Norden des Industriebezirkes eine schmale Zone als Quellenschutzgebiet abgegrenzt und in ihm Tiefbrunnen in das Triasgestein getrieben hat, die nun Gleiwitz, Beuthen und Zabrze mit gutem, frischem Trinkwasser versehen. Königshütte, Schwintochlowitz und deren Umgebung erhalten ihr Trinkwasser aus der Friedrichsgrube bei Tarnowitz, und Kattowitz, Laurahütte und Myslowitz samt ihrer Nachbarschaft werden aus der eingegangenen Rosaliengrube bei Groß-Dombrowka mit Wasser versorgt.

Den geschichtlichen Mittelpunkt des Industriebezirks bildet

Beuthen.

Es ist eine uralte slawische Kastellei, später in eine befestigte Stadt umgewandelt, die schon früh Bergbau trieb, besonders auf Blei. Fast hundert Jahre gehörte die Herrschaft Beuthen den Hohenzollern, bis sie 1621 der Markgraf und Generalfeldoberst Johann Georg wegen seiner Parteinahme für den „Winterkönig" verlor. Ein großer Grundbesitz ermöglichte der Stadt, mit den bedeutenden Anforderungen der Neuzeit gleichen Schritt zu halten. Die alten Stadtteile sind niedergelegt und prächtige neue errichtet worden. Die Einwohnerzahl betrug 1820 noch 2000 Einwohner, hat dann aber rasch zugenommen. Mehrere Galmeigruben und Zinkhütten, darunter die älteste Oberschlesiens, eine bedeutende Kohlengrube und zwei große Eisenhütten, in denen hauptsächlich Eisenbahnschienen und Eisenbleche gewalzt werden, befinden sich nahe bei der Stadt.

Zum Landkreise Beuthen gehörte früher und nun einen eigenen Stadtkreis bildende Ort

Königshütte.

Er ist bei der „Königsgrube" (angelegt 1791) und „Königshütte" (errichtet 1797) entstanden und zählte 1852 nur 4500 Einwohner. Die heutige Stadt Königshütte aber ist erst 1868 aus der Verschmelzung mehrerer Dörfer hervorgegangen. Daraus erklärt sich die unregelmäßige Anlage der Stadt, die auf einen weiten Raum verstreut ist. Zahlreiche und stattliche Neubauten zieren die Straßen und Plätze; wohlgepflegte Anlagen umgeben den ansehnlichen „Hüttenteich" und den denkmalgeschmückten „Redenberg" (s. S. 122).

Die Königshütte gehörte bis zum Jahre 1869 dem Preußischen Staate, wurde aber in diesem Jahre an den Grafen Hugo Henckel von Donnersmarck verkauft, der bereits die Laurahütte besaß. Er vereinigte beide Hütten mit den dazugehörenden Kohlengruben und Erzfeldern und gründete eine Aktiengesellschaft, welcher nun beide Hütten gehören.

„Die ausgedehnten Fabrikanlagen der Königshütte nehmen einen großen Teil der Stadt ein. Die Hütte besteht aus dem Hochofenwerk, mit welchem ein großes Walzwerk (Alvenslebenhütte), die Lydognia-Zinkhütte,

59. Hochofenanlage der „Vereinigten Königs- und Laurahütte" bei Königshütte.

eine Koksanstalt, eine Eisen= und Stahlgießerei, eine Schamotteziegelei, eine Räder= und Waggonfabrik und eine Gasanstalt verbunden sind. Die Königs= hütte stellt besonders Eisenbahnschienen, Schwellen, Grob= und Feinbleche her; außerdem erzeugt sie Kupfer und Silber. Sowohl nach ihrem Umfang als auch nach der Menge der Erzeugnisse gehört die Königshütte zu den größten Hüttenwerken Oberschlesiens. Die Königshütte entnimmt die Stein= kohlen, deren sie sehr viel verbraucht, aus der nahen K ö n i g s g r u b e. Diese Grube ist Eigentum des Preußischen Staates. Ihr Grubenfeld breitet sich zum Teil in der Stadt selbst, zum Teil in der Nähe der Stadt aus. Zur Förderung der Kohle dienen acht Schächte. Es werden jährlich Kohlen im Werte von mehreren Millionen Mark gefördert."[1]) Königshütte ist Sitz einer K ö n i g l i c h e n B e r g i n s p e k t i o n.

Zum Landkreise Beuthen gehören noch jetzt die

Industriedörfer

Schwientochlowitz und **Lipine,** jenes mit etwa 16 200, dieses mit 18 200 Ein= wohnern. Jenes weist riesige Kohlengruben des Fürsten Guido Henckel von Donnersmarck auf, zu diesem gehört die großartige S i l e s i a h ü t t e, eine Zinkhütte, verbunden mit dem größten Zinkwalzwerk Europas. Die Hütte liefert 66 Prozent von allem schlesischen Zink.

Östlich von Königshütte liegt **Laurahütte** mit großartigen Kohlengruben. (S. oben bei Königshütte.)

Riesige Kohlengruben befinden sich auch bei **Zabrze.** Die dortige K ö n i g i n = L u i s e n = G r u b e gehört zu den größten Oberschlesiens. Sie hat zur Entstehung der beiden größten Hüttenwerke Oberschlesiens Veran= lassung gegeben. Das sind die D o n n e r s m a r c k = und die R e d e n h ü t t e. Sie stellen Roheisen, aber auch Gußwaren her. Zabrze, das „Kreisdorf" Schlesiens, ist Sitz einer K ö n i g l i c h e n B e r g i n s p e k t i o n. In der Nähe von Zabrze liegt das großartige Gußstahlwerk **Borsigwerk=Biskupitz.**

Kohlengruben befinden sich auch bei **Kattowitz** und **Myslowitz.**

Kattowitz

hat sich ähnlich rasch wie Königshütte entwickelt. Es war 1840 noch ein unansehnliches Dorf und hat nun nahe an 43 200 Einwohner. Auch hier sind Bergbau und Hüttenbetrieb sehr erheblich, aber die Stadt hat auch Be= deutung als G r e n z o r t. Sie ist der Sitz der oberschlesischen Eisenbahn= direktion, der Thiele=Wincklerschen Gesamtverwaltung und der Kattowitzer Aktiengesellschaft für Bergbau= und Zinkhüttenbetrieb. Auch als Mittel= punkt des geistigen Lebens Oberschlesiens darf es durch seine Schulbauten und sein neuerrichtetes Theater gelten. — In der Nähe brennt schon seit vielen Jahrzehnten eine Kohlengrube.

Myslowitz ist besonders wichtig für den Grenzverkehr. Es ist eine sehr alte Stadt in anmutiger Gegend. Das Zusammentreffen wichtiger Eisen= bahnlinien, auch der Verkehr auf der schiffbaren Przemsa haben zur Hebung der Stadt beigetragen, deren Wohlstand aber auf dem Bergbau beruht.

---

[1]) Aus Rieger, Stadt= und Landkreis Beuthen. (Gr.=Strehlitz, Wilpert.)

60. Das Gußstahlwerk Vorsigwerk-Biskupiß.

Zwischen Myslowitz und Kattowitz liegt der Hüttenort **Schoppinitz-Roszdzin.** Neben bedeutenden Blei= und Silberhütten befindet sich hier eine von den fünf großen S ch w e f e l s ä u r e f a b r i k e n Oberschlesiens. Die westlichste größere Stadt des Industriebezirks ist

Gleiwitz.

Zu Anfang des 19. Jahrhunderts war Gleiwitz eine kleine Stadt, deren Einwohner ein wenig Tuchmacherei und Handel nach Polen hinein trieben. Ihr Name bedeutet: Ort der Stallungen und des Pferdewechsels (auf der Straße von Oppeln nach Krakau). — Im Dreißigjährigen Kriege vertei= digten die Mädchen und Frauen die Stadt siegreich gegen die Mansfelder und Schweden, indem sie kochendes Wasser, Pech, Öl und Hirsebrei auf die anstür= menden Feinde ausgossen. — Die I n d u s t r i e t ä t i g k e i t hat das Bild der Stadt gänzlich verändert und ihre Einwohnerzahl auf etwa 67 000 ge= steigert. Das verdankt Gleiwitz hauptsächlich der Errichtung der großen K ö n i g l i ch e n E i s e n g i e ß e r e i, der Eröffnung eines G y m n a = s i u m s, dem Bau der C h a u s s e e n nach allen Richtungen hin und dem Bau der E i s e n b a h n und des K l o d n i ß k a n a l s. Bald entstanden hier große F a b r i k e n für Eisenwaren und Glas und eine Ölfabrik. — An die älteren Zeiten erinnern noch das einfache Rathaus auf dem viereckigen Ringe mit seinen engen Straßenzugängen, die alte Pfarrkirche mit dem dicken Turme daneben und niedrige, trauliche Bürgerhäuser inmitten der Stadt.

Am weitesten nach Süden vorgeschoben ist unter den Bergwerkstädten des eigentlichen Industriebezirks **Nikolai** mit Kohlen= und Eisengruben und Eisenhütten.

Allmählich geht im Osten das Steinkohlengebiet Oberschlesiens über in

das Oberschlesische Kalkgebirge,

während es im Westen durch die Klodnitz ziemlich scharf von diesem ge= schieden ist.

Dies Gebiet gehört der T r i a s an, doch findet man die zu dieser For= mation gehörigen K e u p e r und B u n t s a n d s t e i n nur wenig, den M u s ch e l k a l k dagegen am bedeutendsten entwickelt vor. Ihre Schichten sind flach gelagert. Sie treten trotzdem im Landschaftsbilde scharf hervor, weil sie ungleichförmig verwittert sind. So hebt sich besonders der widerstandsfähigere Muschelkalk mit scharfem Rande heraus, nach Süden über den Buntsandstein, nach Norden über den Keuper, die beide schneller verwitterten.

Ähnliche Erscheinungen weist das nördlich davon lagernde J u r a g e b i e t auf. Nur ganz unbedeutend und vereinzelt finden sich Gesteine der mitt= leren Juraformation bei L a n d s b e r g (östlich von Kreuzburg). Dagegen bildet in Polen, nahe der schlesischen Grenze, der obere weiße Jura eine von Krakau bis Czenstochau hinziehende, 120 km lange Mauer, die steil nach Schlesien abfällt, oft mit 200 m relativer Höhe. Dieser „polnische Jura" ist die eigentliche Westgrenze Schlesiens, an der auch das Oberschlesische Steinkohlenrevier endet.

Das Oberschlesische Kalkgebirge beginnt östlich von B e u t h e n mit Hügeln von 300 m Höhe, die die Wasserscheide zwischen Oder und Weichsel bilden, denn sie wässern nach Westen zur **Klodnitz,** nach Osten zur **Brinnitza** ab. Nach Westen erstreckt es sich bis zum **Annaberge.** Es liegen in diesem Gebirge die Kalkbänke auf großen Flächen unverhüllt zutage, und in diesen Gebieten ist es wasserarm, weist Risse und Höhlen auf und zeigt auch in einem Beispiel die den Karstgebieten eigentümliche Erscheinung des gänzlich versinkenden Flußlaufes. Das in die Tiefe gesickerte Wasser tritt dann am Fuße des Gebirges wieder zutage und speist zahlreiche Quellen. Besonders die des Südfußes sind für die Wasserversorgung des Industriegebietes wichtig (s. S. 129). Bei **Tost** senkt sich das Gebirge derartig, daß es hier (in 250 m Höhe) mit Diluvium überdeckt ist und von Straßen und Eisenbahnen leicht überschritten werden konnte. So gliedert es sich in einen Ost- und in einen Westflügel. Der Ostflügel ist

die Tarnowitzer Hochfläche.

Sie bildet einen nach Norden geöffneten Bogen und ist an der Oberfläche sandig und mit Kiefern bestanden. Die höchste Erhebung auf ihr ist der **Trockenberg** bei Tarnowitz (352 m). Ihr Abhang wird von kleinen Fluß- tälern malerisch durchschnitten, z. B. vom Tale der **Drama,** die an **Peis-** **kretscham** vorüber zur Klodnitz fließt.

Das Innere auch dieses Gebietes birgt reiche Metallschätze. Die Gegend um **Tarnowitz** ist als Ende einer schmalen Mulde aufzufassen, die weit ins Steinkohlengebiet nach Osten vorgeschoben ist. Von unten nach oben besteht diese Mulde aus Schichten 1. des ältesten Muschelkalkes, „Chorzower Kalk" genannt, 2. des blauen Sohlenkalkes, 3. des Dolomits. Dieser enthält be- sonders viel Erze. Ihre Lagerstätten senken sich von Osten nach Westen immer mehr dem Muldeninnern zu. Zinkerze, die in der Beuthener Mulde vorherrschen, treten in der Tarnowitzer zurück, und B l e i g l a n z nimmt den ersten Platz ein. Er ist silberhaltig. Da er der Verwitterung besser wider- steht als die Zink- und Eisenerze, liegt er auch mehr zutage. Infolgedessen hat er schon im Mittelalter, um 1250, den Anstoß zur Erzgewinnung in Oberschlesien gegeben. Nachdem der Bergbau durch „schwimmendes Gebirge", d. i. feinkörniger, toniger Sand mit großem Wassergehalt, sowie durch Wasserzuflüsse im 17. Jahrhundert oft unterbrochen worden war, setzte hier die Tätigkeit des Grafen R e d e n 1779 ein, und hier wurde 1788 von ihm die erste Dampfmaschine zum Betriebe der Wasserpumpen aufgestellt. Er setzte auch die „Friedrichsgrube" und die „Friedrichshütte" bei **Tarnowitz** in Betrieb. Die klaren Wasser, die dem Gesteine der „Friedrichsgrube" ent- quellen, speisen heutzutage die Wasserleitung für Königshütte und Umgebung. Der im Staatswerk „Friedrich" geförderte Bleiglanz wird sogleich in B l e i - h ü t t e n gereinigt und in mancherlei Fabriken zu allerhand Bleiwaren ver- arbeitet. In der **Königlichen Friedrichshütte** gewinnt man aus dem Blei- glanz auch Silber. Im Jahre 1904 betrug die Silberausbeute 14 107 kg im Werte von 1 120 878 Mark.

Der größte Teil des Kreises Tarnowitz sowie die Mehrzahl seiner Gruben und Hütten gehört dem Fürsten Henckel von Donnersmarck, der zu den reichsten schlesischen Magnaten zählt, und dem in **Neudeck** bei Tarnowitz ein prächtiges Schloß gehört.

61. Schloß Neudeck.

Den Westflügel des Kalkgebirges bildet

der Chelm.

Am westlichen Ende erreicht er seine bedeutendste Erhebung im höchsten Berge Oberschlesiens auf der rechten Oderseite, im

Annaberge (410 m).

Er hat Kegelform, denn er besteht aus Basalt, der in einigen großen Steinbrüchen am Abhang in schönen, fünfseitigen Säulen zutage tritt. Auf seinem Gipfel trägt der Berg ein Kloster mit einer Wallfahrtskapelle, die weithin im Lande zu sehen sind. Tiefe Schluchten durchfurchen seinen Abhang. Das Kloster ist mit Obstgärten umgeben. Viele tausend Wallfahrer besuchen es alljährlich. An seinem Südabhange liegt in freundlicher, baumreicher Umgebung das Städtchen Leschnitz mit einer Idiotenanstalt. Östlich von Leschnitz hat die Verwitterung so tiefe und malerische Schluchten in den Muschelkalk gefressen, daß man diese Stelle als „Oberschlesische Schweiz" bezeichnet. Nahe dem Südfuße des Chelm liegt an der Klodnitz Ujest mit schönem Schlosse des Herzogs von Ujest, der im benachbarten Slawentzitz residiert. Am Westfuße des Berges aber wird der Kalk bei Gogolin und Gorasdze in großen Mengen abgebaut und in mehr als siebzig Hochöfen gebrannt. Diese verbreiten über die ganze Gegend einen lästigen Qualm, geben aber auch vielen Hunderten Lebensunterhalt. Die „Vereinigten Oberschlesischen Kalkwerke" produzierten im Jahre 1904 379 151 Tonnen Stückkalk und 31 638 Tonnen Kalkasche.

Auch in der Nähe von Groß-Strehlitz, am Nordabhange des Chelm, befinden sich große Kalkbrüche.

Der Chelm setzt sich noch auf der linken Seite der Oder fort und bildet die Höhen von Krappitz, die ebenfalls reiche Ausbeute an Kalk gewähren. Der ehemalige Zusammenhang dieser Hügel mit dem Chelm hat Einfluß auf den Lauf der Oder. Sie ist bis zu dieser Stelle nördlich geflossen. Das Ende des Chelm nötigt sie aber, nordwestlich abzulenken, während die Krappitzer Hügel sie abermals nach Norden drängen. Auf dieser Stelle umfließt der Strom den Fuß des Annaberges und durchschneidet das Kalkgebirge. Das führt eine Verengung seines Bettes und Untiefen in ihm herbei.

Die Ebene, welche sich nördlich vom Chelm bis zur Malapane hin ausbreitet, ist sehr wasserreich, aber nur in der Umgebung von Groß-Strehlitz zum Ackerbau geeignet. Der nordöstliche Teil ist dicht bewaldet, und zwar vorherrschend mit Nadelholz. An der Malapane zieht sich ein ausgedehnter Industriebezirk hin, dessen wichtigste Orte Vossowska und Colonnowska sind. In ihren Eisenhütten wird altes Eisen oder Erz aus andern Gegenden Oberschlesiens verarbeitet. Auch Teer, Holzgeist und Holzessig werden an der Malapane gewonnen.

Welchen gewaltigen Fortschritt die Erzgewinnung im gesamten Industriebezirke gemacht hat, veranschaulicht folgende Tabelle:

Gewinnung von	Zinkerzen	Bleierzen	Eisenerzen
1791	1 668 Tonnen	910 Tonnen	
1868	290 362 „	11 047 „	244 877 Tonnen
1904	587 888 „	56 079 „	363 485 „

Das Waldgebiet zwischen Stober und Malapane.

Dieses im ganzen sehr reizlose und einförmige Gebiet hat, wie seine Flußläufe beweisen, eine nordwestliche Abdachung und erreicht im äußersten Nordosten seinen höchsten Punkt in dem zu den Woischniker Kalkbergen gehörigen Quartberge (360 m). Diese Berge sind Bestandteile eines Keupergebietes, das sich nördlich an den Muschelkalk des Chelm anlehnt. Der Untergrund ist überall undurchlässig, die dünne, ihm aufliegende Ackerkrume darum naß und kalt und zum Ackerbau nicht geeignet. Deshalb bildet diese Gegend einen gewaltigen, zusammenhängenden Waldbezirk. Er ist über 2000 qkm groß. Erst bei Lublinitz und Guttentag taucht der Keuper unter das Diluvium unter. Er birgt außer Kalk noch mancherlei mineralische Schätze. In der engeren und weiteren Umgebung von Lublinitz, das als Eisenbahnknotenpunkt und Sitz wichtiger Anstalten (von Grottowskische Erziehungsanstalt) Bedeutung hat, wird (in der mittleren Stufe des braunen Jura) Toneisenstein (Sphärosiderit) gegraben und zu Roh- und Stabeisen, Eisengußwaren, Blechen und Blechgeräten verarbeitet. In Koschentin und auf andern Besitzungen des Prinzen zu Hohenlohe-Ingelfingen erfahren die Erzeugnisse der großen Waldungen industrielle Verwendung. Malapane und Königshuld sind durch Eisenhütten bemerkenswert.

An diesem großen Waldgebiete haben auch

die Hügel von Rosenberg und Kreuzburg

noch Anteil. Sie sind flach gewölbt, meist sandig und mit Kiefern bestanden. Fast überall gehört ihre Oberfläche den jüngsten Erdschichten an. Nur bei Landsberg an der Prosna steht der Keuper an. In ihm finden sich Einschlüsse von geschätzten Sphärosideriten, ebenso auch bei Kreuzburg. Sie werden bei Rosenberg, Landsberg und Pitschen abgebaut und anderwärts verhüttet. — Die Hügel bilden die Wasserscheide zwischen Oder und Warthe. Zur Oder hin entströmt ihnen der Stober. Er entspringt bei Rosenberg und bildet einen Bogen, der nach Süden geöffnet ist. Sein Unterlauf ist mit der Oder durch einen Kanal verbunden, auf dem früher Holz geflößt wurde. In Rosenberg wird der Lehm- und Holzreichtum der Gegend in Ziegeleien und Sägewerken ausgenutzt. Am Stober liegt Kreuzburg. Die Stadt ist von einem geistlichen Ritterorden, den „Kreuzherren", angelegt worden. Hier und in der Umgegend fand die Reformation schnell Eingang, und die evangelische Lehre hat sich auch in dieser Gegend erhalten. Die Stadt ist jetzt ein Eisenbahnknotenpunkt.

Zwischen Kreuzburg und Pitschen fallen die Hügel ganz allmählich zum Tale der Weida ab. Sie entströmt einer Sumpfniederung nahe der posenschen Stadt Kempen. Aus demselben Sumpfe fließt das Schummerwasser der Prosna zu.

Rückblick: Das Oberschlesische Hügelland wird durch Klodnitz und Malapane in drei Abschnitte gegliedert.

1. Das Hügelland von Pleß und Rybnik. Tonige und sandige Hügelstrecken wechseln hier mit fruchtbaren Gegenden ab. Wo undurch-

lässige Tone die Grundlage bilden, finden sich zahlreiche Teiche, z B. bei **Pleß** und **Berun** (südöstlich von **Rybnit** breitet sich ein Waldgebiet von beinahe 1000 qkm Größe aus. An der **Olsa** und **Weichsel** dehnen sich Sumpf= und Moorstrecken aus. — Landwirtschaft bildet noch den Haupterwerbszweig, daneben Waldbetrieb und beginnende Ausbeute der Bodenschätze (bei **Rybnit, Pschow, Paruschowitz** und **Rauden**). Es ist die Gegend des ausgedehntesten Großgrundbesitzes (Fürst von **Pleß**, dessen Schloß im gleichnamigen Hauptort des Gebietes). Die Land= bevölkerung ist „wasserpolnisch", die Sadtbevölkerung meist deutsch (**Schönwald** und **Anhalt** deutsche Sprachinseln). **Königsdorf= Jastrzemb** und **Goczalkowitz** sind Badeorte.

2. Der mittlere Abschnitt ist das **Oberschlesische Steinkohlenrevier.** Die **Klodnitz** mit **Jserbach** und **Beuthener Wasser** entwässert es nach Westen, die **Przemsa** (an ihr die „**Dreikaiserreichsecke**") nach Osten hin. — Das produktive Steinkohlengebiet gliedert sich in mehrere Becken von verschiedener Mächtigkeit und Güte der Kohle. In unmittelbarer Nachbarschaft der Kohle findet sich (manchmal in einer Grube ver= einigt) Eisenerz und Zinkerz (Galmei). Die ergiebigsten Steinkohlen= felder liegen bei **Königshütte, Zabrze** und **Myslowitz.** Die Hauptzink= gewinnung erfolgt bei **Scharley** und **Beuthen.** — Der Abbau der Kohlen und der Erze und deren Verhüttung (in **Beuthen, Königshütte, Laurahütte, Zabrze, Borsigwerk=Biskupitz, Lipine, Schoppinitz** und **Nikolai**) sowie ein reger, durch sie hervorgerufener Fabrikbetrieb (außer in den ge= nannten Orten auch in **Kattowitz** und **Gleiwitz**) sind die Haupterwerbs= quellen der Gegend und haben eine solche Dichte der Bevölkerung ver= anlaßt, daß sie im Landkreise Beuthen einen Durchschnitt von 1875 erreicht hat. — Ein engmaschiges Netz der Eisen= und elektrischen Bahnen sowie der Schiffsbetrieb auf dem **Klodnitzkanal** sorgen für Bewältigung des ungeheuren Personen= und Güterverkehrs. — Eine staatlicherseits angelegte Wasserleitung versieht das Gebiet mit ge= sundem Trinkwasser.

Im Osten geht das Steinkohlenrevier allmählich in das **Ober= schlesische Kalkgebirge** über, von dem es im Westen scharf durch die **Klodnitz** getrennt ist. Es zieht sich von Osten nach Westen bis an die **Oder** hin, die es bei **Krappitz** durchsägt hat, und besteht meist aus Muschelkalk, der ihm einen karstartigen Charakter gibt. Der östliche Abschnitt ist die **Tarnowitzer Hochfläche** (mit dem **Trockenberge**), der westliche heißt **Chelm** (am Westende vom Basaltkegel des **Annaberges** durchbrochen). — **Klodnitz, Brinnitza** und **Drama** entwässern dies Ge= biet. — Sein Kalkreichtum wird bei **Gogolin** und **Gorasdze,** bei **Krap= pitz** und **Groß=Strehlitz** ausgebeutet. Im Osten bilden Bleiglanz= gruben die Grundlage der oberschlesischen Bleiindustrie von **Tarnowitz** und **Friedrichshütte** (Silber als Nebenprodukt). In dem bis an die **Malapane** vorgeschobenen Teile wird einige Eiseninduftrie betrieben (in **Vossowska** und **Colonnowska**).

3. Der dritte Abschnitt des Oberschlesischen Hügellandes, das **Wald= gebiet zwischen Malapane und Stober,** ist eine reizlose und ein-

förmige Ebene und steigt nur im Norden in den **Hügeln von Rosenberg
und Kreuzberg** ein wenig an. Wegen des meist undurchlässigen Keuper=
untergrundes ist es nicht geeignet zum Ackerbau und deshalb durchweg
bewaldet. So herrscht Waldwirtschaft vor. Wo der Keuper Toneisen=
stein einschließt, hat sich Eiseninbustrie entwickelt, so bei **Rosenberg,
Lublinitz, Landsberg** und **Pitschen. Kreuzburg** und **Lublinitz** sind auch
wichtige Eisenbahnknotenpunkte.

Der Schlesische Landrücken

beginnt nördlich der W e i d a und zieht von hier aus immer in nordwestlicher
Richtung bis an die Grenze Schlesiens. Ober und **Ohel** teilen ihn in drei
Abschnitte: in das K a tz e n g e b i r g e , in die D a l k a u e r und in die
G r ü n b e r g e r H ü g e l .

Das Katzengebirge

erhebt sich aus dem Weidatal mit ziemlich steiler Böschung. Es beginnt in
der Provinz **Posen** mit den Hügeln von S c h i l d b e r g und zieht in genau
westlicher Richtung bis an die Oder bei **Leubus.** Seine höchsten Erhebungen
liegen an der schlesischen Grenze, und hier ist das Hügelland auch am brei=
testen. Der **Polnische Bach** durchschneidet es bei **Groß=Wartenberg** in einer
breiten Bucht, die an Teichen sehr reich ist. In **Groß=Wartenberg** hat Prinz
Biron von Kurland ein Schloß inmitten großer Parkanlagen. Diese Bucht
öffnet sich nach Norden zur **Bartschniederung** bei **Neu=Mittelwalde,** früher
M e d z i b o r genannt. Erheblich höher liegt westlich davon **Festenberg,** wo
Tuchmacherei betrieben wird und große Schwarzviehmärkte abgehalten wer=
den. Auf den **Trebnitzer Höhen** ist der schmale Bergzug meist entwaldet und
mit Ackerland bedeckt, weil der Boden — er besteht aus Löß — sehr ertragreich
ist. **Trebnitz** selbst umgeben schattige Buchenwälder und Obstgärten. Die
Stadt ist um ein Zisterzienser=Nonnenkloster entstanden, das Herzog Hein=
rich I. hier gründete. Seine Gemahlin, die heilige Hedwig, hat lange Zeit
hier gelebt und liegt auch hier begraben. Ihr Grab ist zum Wallfahrtsort
geworden.

Am Südabhange der Hügel finden sich dichte Kiefernwälder und ertrag=
reiche Obstgärten bei **Obernigk,** das einen beliebten Sommerfrischen= und
Ausflugsort für das nahe Breslau bietet.

Allmählich senken sich die Hügel westwärts zum breiten Tale der **Jüseritz.**
Große Wälder dehnen sich hier aus, meist gemischten Bestand aufweisend.
Der Boden ist sandig und arm an Erträgen. Die Dörfer liegen zum Teil
meilenweit auseinander; die Städte sind meist klein und ohne lebhaften Ver=
kehr. **Prausnitz, Stroppen** und das hochgelegene **Winzig** sind solche Acker=
städtchen. Den Verkehrsmittelpunkt dieser Gegend bildet **Wohlau.** Es war
früher die Hauptstadt des gleichnamigen Fürstentums, dessen altes Piasten=
schloß noch erhalten ist.

63. Kloster Leubus.

Vom Jüseritztal erhebt sich die Gegend allmählich wieder, bis sie mit steiler Böschung bei **Leubus** zur Oder abfällt. An dem hohen und steilen Ufer ziehen sich Weinpflanzungen empor, und am Rande der Hügel steht eine alte Zisterzienserabtei, deren Doppelturm weithin über Strom und Land schimmert. 1175 siedelte Boleslaus der Lange hier Mönche aus (Schul=) Pforta an. Ihre Abtei wurde schon hundert Jahre nach der Gründung un= mittelbar dem Heiligen Stuhle unterstellt. Das Kloster erwarb sich große Verdienste um Schlesiens Germanisierung, gelangte aber auch zu unge= heurem Reichtum. Bei seiner Auflösung 1811 besaß es noch 10 Afterlehen und 59 Dörfer in 12 schlesischen Kreisen. — In seinen Räumen sind jetzt eine P r o v i n z i a l = H e i l = u n d P f l e g e a n s t a l t und das König= liche Niederschlesische L a n d e s g e s t ü t untergebracht. Die schöne Kloster= kirche enthält wertvolle Bilder von W i l l m a n n , dem „schlesischen Rem= brandt".

Zwischen Leubus und dem ebenfalls hochgelegenen Ackerstädtchen **Köben** durchbricht die O d e r den Landrücken in nördlicher Richtung. Inmitten dieses Durchbruchstales liegt die alte Stadt **Steinau**. Sie verdankt ihre Anlage wahrscheinlich der bequemen Übergangsstelle, die sich hier an der Oder bietet. Hier treten die Sandhügel rechts und links so nahe an den Strom heran, daß die Ufer vor Überschwemmungen gesichert sind. Die Erbauung einer B r ü c k e über die Oder brachte der Stadt schon im Mittelalter viel Gewinn, war aber auch die Ursache, daß mehrfach Kriegsscharen durch Steinau zogen, so Wallenstein im Dreißigjährigen Kriege und Karl XII., den hier die Evangelischen Schlesiens um Hilfe anflehten. Jetzt überspannen zwei Brücken den Strom, an dessen Ufer auch eine S c h i f f s w e r f t und ein U m s c h l a g h a f e n angelegt wurden. Eine Tonwarenfabrik, Ziegeleien, Brauereien und Sägewerke verarbeiten die Produkte der Umgegend.

Auf der linken Seite der Oder steigt dann der Bergzug langsam wieder in nordwestlicher Richtung an und bildet die

Dalkauer Höhen.

Durch das Tal von **Jakobskirch**, in dem sich noch Reste eines slawischen Ringwalles finden, wird diese Hügellandschaft in zwei Abschnitte geteilt. Nur der westliche führt eigentlich den Namen Dalkauer Hügel und erreicht im **Dalkauer Berge** 227 m Meereshöhe. Am Südabhange dieser Hügel liegt der uralte Marktflecken **Quaritz**. Der Torf der Bruchlandschaften dieses Ab= hanges wird ausgebeutet, nicht aber seine Braunkohlen= und Eisenlager. Auf dem östlichen Abschnitte liegt das Dorf **Hochkirch** mit seiner weithin sicht= baren Wallfahrtskirche. Bei **Naumburg** fallen die Hügel zum Bober ab.

Durch das alte Glogau=Baruther Flußtal (s. S. 160) von dem Katzen= gebirge getrennt, erheben sich als vierter Abschnitt des Landrückens

die Grünberger Hügel.

Sie beginnen mit niedrigen, sandigen Höhen in der Nähe von **Fraustadt** in Posen, ziehen sich westwärts, werden von der Oder durchbrochen und er= reichen bei **Grünberg** ihre bedeutendste Höhe. Rechts der Oder reichen diese Höhen südlich bis an die **Bartsch**, und zwar im Osten bei **Freyhan**, noch mit 186 m Höhe, im Westen bei **Guhrau** und **Herrnstadt**. Mit steiler

Böschung senkt sich die allerdings nur noch 150 m hohe Platte von **Guhrau** zur Bartsch. Sie wird vom **Schlesischen Landgraben,** der zur Bartsch geht, auf drei Seiten umflossen und durch das breite Tal des **Polnischen Land-grabens** gänzlich von dem übrigen Hügellande getrennt. Auf ihrer Oberfläche ist sie so fruchtbar, daß hier sogar Zuckerrüben- und Gurkenbau betrieben werden können. Der Kartoffelanbau und infolgedessen auch Spiritus- und Stärkefabrikation stehen in hoher Blüte.

Guhrau, eine sehr alte Stadt, betrieb früher sehr lebhaften M e h l - und G e t r e i d e h a n d e l. Noch jetzt ist die Zahl der W i n d m ü h l e n um Guhrau her groß und für diese Gegend charakteristisch. Eine große Zucker-fabrik und eine Kartoffeldörranstalt verarbeiten die Erzeugnisse der Um-gegend.

Nahe der Oder tragen die Hügel den langgestreckten **Schlawa-See,** der von düsteren Kiefernwäldern umgeben ist. Er ist Schlesiens größter Landsee (1135 ha). An ihm liegt auch das gleichnamige Städtchen. Nach Norden zu fließt aus ihm die **Faule Obra** ab.

Am Durchbruche der Oder durch diesen Teil des Landrückens liegt hoch und weithin sichtbar **Karolath** mit einem schönen Schlosse des Fürsten von Karolath-Beuthen. In seiner Umgebung steht der Obstbau auf hoher Stufe der Entwicklung. Westlich der Oder liegen die eigentlichen **Grünberger Hügel.**

Auch ihr Saum ist mit Kiefern bestanden. In der Umgebung der Stadt

Grünberg

aber findet sich Laubwald. Da liegt die freundliche „Grünberghöhe", von der aus man ein Weinbaugebiet von 1300 ha Größe (d. h. etwa der zehnte

64. Weinbau am Ziegelberg bei Grünberg.

Teil des am Rheine im Ertrage stehenden Weinlandes) überschauen kann.
Die Abhänge der Hügel und das Land an ihrem Fuße sind mit niedrigen
Weinstöcken bepflanzt, die im Winter ganz umgelegt werden. Zwischen den
Weinstöcken stehen vereinzelt Obstbäume. Die meisten Weingärten sind um-
zäunt. In vielen erhebt sich ein Winzerhäuschen. Es dient dem Wein-
bauer zur Aufbewahrung seiner Geräte, zeitweise auch zum Ausschank. Der
Grünberger Wein ist besser als sein Ruf. Man versendet die Trauben nach
ganz Deutschland oder preßt sie aus. In Grünberg selbst wird vorzüglicher
Schaumwein aus ihnen bereitet, der früher nur unter französischen Namen
ging, jetzt aber schon vielfach als „deutscher Schaumwein" verkauft wird.
Kognakfabrikation und Essigbereitung stehen mit dem Weinbau in Beziehung,
den ums Jahr 1200 Franken und Flamländer hier einführten. Grünberg
ist der nördlichste Ort der Erde, wo in größeren Mengen Wein gebaut wird.
Doch lohnt die Ernte in schlechten Jahren manchmal kaum die Kosten des
Anbaues. Möglich wird er überhaupt nur dadurch, daß der helle Sandboden die Wärme kräftig zurückstrahlt. Man sucht dies noch zu erhöhen,
indem man den Sand zwischen je 3 und 4 Stöcken zu spitzen Häufchen auf-
türmt. Meist sehr lohnend aber ist der beträchtliche O b s t b a u Grünbergs.
Die Herstellung von Obstwein ist hier sehr bedeutend, und der Versand von
Obst, besonders von guten Apfelsorten und Walnüssen, übersteigt zuzeiten den
der Weintrauben. — Dieselben Kolonisten führten in Grünberg auch die
W o l l w e b e r e i ein. Seitdem blüht hier die T u c h i n d u s t r i e. Doch
sind die kleinen Tuchmacherwerkstätten nun verschwunden und haben mechanischen Tuchfabriken weichen müssen, deren es jetzt über ein Dutzend hier gibt.

Die H a u p t e r w e r b s q u e l l e der Bewohner des Landrückens ist der
Ackerbau. Da, wo ihn die Dürre des Bodens unmöglich macht, dehnen sich
große Wälder aus. Die R o s e n b e r g = K r e u z b u r g e r H ü g e l sind
zur Hälfte mit Wald bedeckt. Große Waldgebiete liegen auch nördlich von
Trebnitz, wo bei **Katholisch=Hammer** sich der größte Buchenwald Schlesiens
findet. Auf dem Hügellande der linken Oderseite beträgt der Wald immer
noch ein Fünftel der gesamten Bodenfläche. — In diesen waldreichen Gebieten
ist die B e v ö l k e r u n g nur spärlich. Der Kreis L u b l i n i t z gehört zu
den am wenigsten bevölkerten Kreisen Schlesiens (etwa 50 auf 1 qkm). In
den Kreisen nördlich von diesem steigt die Bevölkerungsdichte im Durchschnitt
auf 93 im K r e u z b u r g e r, fällt dann aber im G r o ß = W a r t e n -
b e r g e r und T r e b n i t z e r wieder auf 59 bzw. 64, und erhebt sich im
G l o g a u e r K r e i s e auf etwa 80 Bewohner auf 1 qkm.

————

Rückblick: Der **Schlesische Landrücken,** eine diluviale Hügellandschaft, reicht von der Weida bis an die Nordgrenze Schlesiens. **Oder**
und **Ohel** gliedern ihn in das **Katzengebirge,** in die **Dalkauer** und in
die **Grünberger Hügel.**

1. Das **Katzengebirge** beginnt in Posen und endet an der Oder bei
Kloster Leubus. In den bewaldeten **Trebnitzer Höhen** erreicht es die

höchste Erhebung. (**Trebnitz,** wo ein ehemaliges Nonnenkloster steht, und **Obernigk** Hauptorte und Sommerfrischen.) Im westlich anstoßen=
den Gebiete der **Jüserit** ist **Wohlau** Verkehrsmittelpunkt. **Prausnitz,**
Stroppen und **Winzig** sind kleine Ackerstädtchen. Beim wichtigen
Umschlaghafen und alten Übergangsorte **Steinau** erreicht dieser Flügel
die Höhen der Oder, ein anderer Zweig bei **Köben.**

2. Die **Dalkauer Höhen** liegen links der Oder und erreichen in den
Dalkauer Bergen bei **Quaritz** die bedeutendste Höhe. Bei **Naumburg**
fallen sie zum Bober ab.

3. Durch den alten Flußlauf des Glogau=Baruther Tals vom
Katzengebirge getrennt, erheben sich die **Grünberger Hügel** zu beiden
Seiten der Oder. Ihr östlicher Abschnitt trägt auf einer frucht=
baren Hochfläche die alte Stadt **Guhrau** und nahe der Oder den von
Heidelandschaften umgebenen **Schlawa=See,** Schlesiens größten Land=
see. An der Durchbruchstelle der Oder liegt **Karolath** mit schönem
Schloß. Der Abschnitt links der Oder steigt am höchsten an („Grün=
berghöhe"), ist mit Laubwald bedeckt und trägt am Fuße die Wein=
berge von **Grünberg,** deren Erzeugnisse, Obst und Wein, roh und ge=
keltert, weithin versandt werden. Grünberg treibt auch nennenswerte
Woll= und Tuchindustrie.

Die Haupterwerbsquelle des Landrückengebietes ist Ackerbau. Auf
den höheren Stellen lohnt auch die Waldwirtschaft (bei **Katholisch=**
Hammer der größte Buchenwald Schlesiens). Die Bevölkerungsdichte
ist gering.

IX. Die Ebene.

Die Schlesische Ebene wird im Westen und Süden von den Sudeten, im
Osten von dem Oberschlesischen Berglande begrenzt und im Norden durch die
Dalkauer Höhen in zwei Äste gegabelt. Sie ist als eine Auszipfelung oder
Bucht der großen N o r d d e u t s c h e n und damit der N o r d =
e u r o p ä i s c h e n T i e f e b e n e anzusehen und gliedert sich in vier Becken:
1. das O b e r s c h l e s i s c h e, 2. das M i t t e l s c h l e s i s c h e, 3. das
N i e d e r s c h l e s i s c h e B e c k e n und 4. die N i e d e r s c h l e s i s c h = L a u =
s i t z e r H e i d e.

Geologisch wird dieses ganze Gebiet fast ausschließlich von Dilubium
und Alluvium gebildet. Das Dilubium erreicht an manchen Stellen eine Mäch=
tigkeit von 150 m, z. B. bei Grünberg, während es anderwärts nur wenige
Meter mißt. Darunter liegt sehr häufig Tertiäres, besonders Braunkohlen=
schichten. Sie treten in Flußtälern und sonst auch noch spärlich zutage. Die
Mächtigkeit des Tertiären ist noch bedeutender. Nur an ganz vereinzelten
Stellen hat bisher festgestellt werden können, was unter dem Tertiären liegt.
So fand man bei Kanth in 35 m Tiefe Glimmerschiefer, in der Nähe Breslaus
in 160 m Tiefe Sandstein des Rotliegenden von 100 m Mächtigkeit und ander=
wärts in 191 m Tiefe Kreidesandstein. (Über die Bereisung der Ebene und
deren Folgen s. S. 11.)

Das Oberschlesische Becken

wird von dem übrigen Teile der Ebene durch den **Chelm** abgegrenzt. Es ist der kleinste Teil der Schlesischen Ebene und umfaßt das **Obertal** bis Krappitz, das wenig fruchtbare Tal der **Klodnitz** und das sehr fruchtbare Gebiet der **Hotzenplotz.**

Die Oder

hat hier noch ein erhebliches Gefälle. Ihr Bett sinkt von der O l s a = zur M a l a p a n e m ü n d u n g von 192 auf 146 m Höhe. Bis zur R u d a = m ü n d u n g folgt der Strom dem linken, dann ständig dem rechten Talrande. Vielfach ist sein Lauf von Teichen begleitet. Feuchte Wiesenniederungen finden sich hauptsächlich an den Mündungen der Nebenflüsse. Einst waren die vielen Windungen des Flusses gefahrbringend, weil sich bei Hochwasser die Fluten in ihnen stauten. Sie sind jetzt größtenteils geradegelegt, und das hat auch viel zur Entwässerung der Oderauen beigetragen.

Zwei wichtige Städte liegen an diesem Teile des Stromlaufes: Ratibor und Kosel.

Ratibor wurde an einer Stelle angelegt, die schon früher ein wichtiger Übergangsplatz gewesen ist, und ist zum Mittelpunkt für diesen Teil Oberschlesiens geworden. Die alte Handelsstraße über den Jablunkapaß und die Mährische Pforte zielen hierher und gaben der Befestigung, die hier lag, schon in früher Zeit Bedeutung. Die Stadt ist auch durch den Besitz eines h ö h e r e n G e r i c h t s h o f e s und die verhältnismäßig frühe Gründung eines G y m n a s i u m s (1819) gehoben worden. In seinem Äußern gehört Ratibor zu den schönsten Städten Oberschlesiens und hat große F a b r i k e n für Schnupftabak, Zigarren und Maschinen, Eisengießereien, Gußstahlfabriken, Holzindustrie und Papierfabriken.

So recht im Mittelpunkt Oberschlesiens liegt **Kosel.** Hier beginnt erst eigentlich die Flußschiffahrt; hier mündet der Klodnitzkanal; hier verzweigt sich darum auch das oberschlesische Eisenbahnnetz, und hierher ist der wichtige „Umschlaghafen" der Oder gelegt, in dem die Mineralschätze Oberschlesiens verladen werden[1]. An dieser wichtigen Stelle ist darum auch schon in sehr alter Zeit eine Befestigung angelegt worden, aus der später die F e s t u n g Kosel entstand. Sie gehört zu den wenigen Festungen, die sich 1807 gegen die Franzosen behaupteten. Ihr tapferer Kommandant v o n N e u m a n n hielt sie bis zu seinem Tode.

Aber gerade die Einengung durch die Festungswerke hat die Stadt am Aufblühen gehindert. So mußte der Bahnhof beinahe eine Meile weit weg gelegt werden zu dem Dörfchen **Kandrzin,** das sich zu einem bedeutenden Beamten= und Fabrikort entwickelt hat. Die Festungswerke sind jetzt geschleift. — In Kosel befindet sich das oberschlesische L a n d e s g e s t ü t.

Die Nebenflüsse der rechten Seite,

Olsa, Ruda und **Birawka,** führen der Oder nur geringe Wassermassen zu; ihre Täler sind nur schmal und liegen fast gänzlich im Oberschlesischen Berglande. Erst die **Klodnitz** (s. S. 122) ist wasserreicher, und ihre Talaue öffnet sich breit zur Oder hin. Wo sie sich erweitert, liegt **Ujest** (s. S. 136).

---

[1] Im Jahre 1904 kamen an: 618 Dampfer, 3703 Segelschiffe mit 108 814 Tonnen Ladung, gingen ab: 616   „   3639   „   827 574   „   „

Als

linke Nebenflüsse

empfängt die Oder im Oberschlesischen Becken die **Zinna** und die **Hotzenplotz**.
Die **Zinna** entspringt nahe der Grenze bei **Leobschütz**, fließt an **Bauerwitz**
vorbei und in südöstlicher Richtung oberhalb **Ratibor** in die Oder.
Die **Hotzenplotz** kommt von der **Bischofskoppe**, fließt erst nach Osten
und dann nach Nordosten an **Oberglogau** vorüber. Bei **Krappitz** mündet
sie in die Oder. So kurz ihr Lauf ist, so kann sie bei Hochwasser doch
gefährlich werden. Ihr Tal ist reich an Lößablagerungen und darum sehr
fruchtbar.

Die Bevölkerung

ist zahlreich, im Mittel 160 auf 1 qkm, und auf dem Lande durchweg polnisch.
In dem ganzen Teile des Oberschlesischen Beckens links der Oder ist die
H a u p t e r w e r b s q u e l l e der in höchster Blüte stehende Ackerbau. Der
Wald ist aus den Niederungen fast gänzlich verschwunden.

Die Mittelschlesische Ebene

reicht auf der rechten Oderseite bis an die **Trebnitzer Hügel** und auf der
linken bis an die **Katzbach**. Sie umfaßt zunächst wieder das Tal der

Oder.

Sie hat im Mittelschlesischen Becken ununterbrochen nordwestliche Richtung,
bis sie die **Trebnitzer Hügel** erreicht. Auf dieser langen Strecke sind ihre
Ufer völlig flach, und ihr Gefälle ist sehr gering. Es beträgt nur 52 m.
Darum hat der Strom Neigung, sich zu spalten und zu verbreitern. So ist
das angrenzende Land meist waldiges Sumpfgebiet, der **Oderwald** genannt.
Er zeichnet sich durch Erlen= und Weidengebüsch und uralte, hochstämmige
Eichen aus, unter denen sich wahre Prachtexemplare befinden. Besondere
Schönheit zeigt der Oderwald zwischen **Brieg** und **Ohlau** (Peisterwitzer
Wald). Dies war ein Lieblingsjagdgebiet Kaiser Wilhelms I. Seine mächtigen Eichen umhüllen auch einen sehr gut erhaltenen slawischen Ringwall
am **Ritscheberge**.
Freilich bildet dieses Sumpfgebiet auch ein bedeutendes Verkehrshindernis zwischen den beiden Oderseiten. Die ursprüngliche Beschaffenheit des
Oderlaufes beförderte Überschwemmungen des Flusses, denen man zu wehren
suchte, indem man die zahlreichen Windungen im Mittellaufe durchstach und
so den Lauf geradelegte. Nun kann bei Hochwasser die Flut schneller ab-
laufen; besonders wird das Festsetzen der Eisschollen verhindert. Ferner sind
zu beiden Seiten des Stromes mächtige Dämme (Deiche) erbaut worden. Die
„Winterdeiche" überragen unter normalen Verhältnissen auch das Hochwasser
(z. B. der „Riesendamm" bei Brieg); die „Sommerdeiche" sind dagegen bei
starkem Hochwasser der Überschwemmung ausgesetzt. Mittels festgepflöckter
Aufsatzbretter, hinter die man Erde, Sandsäcke und Dünger stopft, verteidigt
man sie tagelang gegen den Drang der Wogen. — Für die Schiffahrt wurde
der Strom erst recht brauchbar, seit er eine Fahrrinne erhalten hat, die zu
allen Jahreszeiten mindestens einen Meter tief ist. Das ist bis zur Neiße=
mündung aufwärts durch B u h n e n erreicht. Sie sind kurze, schmale Dämme,

die einander paarweise gegenüberliegen und vom Ufer aus stromaufwärts gegen die Mitte des Flusses vorspringen. Sie steigern die Geschwindigkeit des Wassers, nötigen dieses, seine Flußrinne tiefer auszuspülen, und verhindern die Ablagerung von Sinkstoffen in ihr. Die Breite der Fahrrinne beträgt im Regierungsbezirk Liegnitz bereits 9,4 m (zwischen den Buhnenspitzen), der mittlere Wasserstand 1,6 m, die Stromgeschwindigkeit 2 m pro Sekunde; die Wasserführung, d. i. die Zahl der Kubikmeter, welche in einer Sekunde abfließen, beträgt 17 cbm. Oberhalb der Neißemündung konnte die nötige Wasserfülle nur durch Anbringung von S t a u s t u f e n erreicht werden. Das Ansammeln des Wassers wird durch sogenannte „N a d e l w e h r e" erreicht. Sie sind in 7½ km Abstand voneinander angelegt und bestehen der Hauptsache nach aus einer großen Anzahl von Holzbalken, „Nadeln" genannt, die zwischen sich nur sehr wenig Wasser hindurchfließen lassen, wenn sie unter einem Winkel von 80 ° der Strömung entgegengestellt werden. Alle diese Verbesserungen sind das Werk der Strombaukommission.

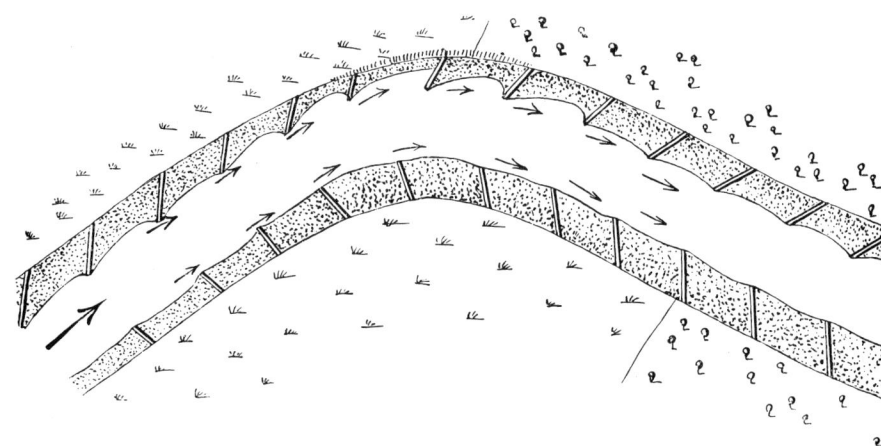

65. Buhnen.

So ist die Oder zu einer **Hauptverkehrsstraße** des Landes gemacht worden, und es hat sich auf ihr eine lebhafte Schiffahrt entwickelt. Personen- und Frachtdampfer, besonders aber von letzteren geschleppte eiserne Frachtkähne beleben den Strom. Man nennt sie „Oderkähne". Sie sind lang und schmal, mit mehreren Masten ausgerüstet und vermögen, bis 400 t Ware zu tragen. Kleinere Fahrzeuge können bei hohem Wasserstande der Oder sogar bis Ratibor gelangen. Stromab werden hauptsächlich Erzeugnisse der Zuckerfabriken, Getreide, Kohle, Erze, Metalle, Zement und Kalk, stromauf meist Petroleum, Pech, Teer, Felle, Dungmittel und Fische gebracht. Seltener als früher sind jetzt die **Matätschen,** d. s. große Holzflöße, die von Oberschlesien aus die Oder herabgeführt werden. Niedrige Strohhütten sind auf ihnen erbaut, und meist lodert auf den lose verknüpften Balken ein Feuer, an dem die Führer des Floßes ihre Mahlzeit bereiten. Diese Flöße werden von polnischen Männern gelenkt, in deren Gesellschaft sich nicht selten hochgestiefelte, starkknochige Frauen befinden.

Einen Anhalt für die Größe des Verkehrs auf der Oder geben folgende
für B r e s l a u gültige Zahlen:

Im Jahre 1911	Dampfschiffe	Segelschiffe	Güter in Tonnen
gingen durch, zu Berg:	542	8352	381 945
zu Tal:	532	5422	1 209 205
kamen an, zu Berg:	1705	5134	333 933
zu Tal:	2924	263	24 136
gingen ab, zu Berg:	2940	1729	20 616
zu Tal:	1691	2939	480 045

Gefahrbringend ist der **Eisgang** auf der Oder. Die Stauung des Eises
führt Überschwemmungen herbei. Durch die Geradelegung der Krümmungen
des Stromlaufes ist jedoch ein ungestörter Eisgang befördert worden.
Am ganzen Flusse ist jetzt ein **Hochwasser=Warnungsdienst** eingerichtet.
Mit Hilfe des Telegraphen und auf Grund langjähriger Erfahrung wird den
Anwohnern des Stromes in den Niederungen angezeigt, ob und wann sie
die Hochwasserwelle zu erwarten haben. So sind sie imstande, Vorbereitungen
zu treffen, die Feldfrüchte zu bergen und auf die Stunde der Gefahr alle
Kräfte zu sparen.
Im Mittelschlesischen Becken liegen wichtige

Orte an der Oder.

Oppelns Gründung ist auf die Fruchtbarkeit des Mergelbodens an der
Malapanemündung zurückzuführen und auf die Teilung des Stromes durch
zwei Inseln, die einen leichten Übergang gewährten.
Im 19. Jahrhundert ist die Stadt besonders aufgeblüht, weil sie der
Sitz der R e g i e r u n g   f ü r   O b e r s c h l e s i e n geworden ist und von
der bedeutendsten Bahnlinie Oberschlesiens berührt wird. Von ihr zweigen
sich hier mehrere Seitenlinien ab. Verschiedenartige L e h r a n s t a l t e n
sorgen ebenfalls für den Zuzug, und die F a b r i k t ä t i g k e i t ist nicht
gering. Den Kreidemergel der Gegend verarbeitet man besonders in Zement=
fabriken, die jährlich etwa 1½ Million Tonnen Zement liefern. Die Weiden=
kulturen an der Oder ermöglichen Korbflechterei im Großbetriebe.
Brieg verdankt seine Anlage, wie schon sein Name andeutet, seiner Lage
an dem „hohen Ufer" der Oder, das hier einen bequemen Übergang bot,
während südlich und nördlich von dieser Stelle weite Sumpf= und Wald=
strecken jede Überschreitung des Flusses unmöglich machten. Schon zur Zeit
des Mongoleneinfalls stand hier ein festes S ch l o ß. Die Stadt ist durch die
Fürsorge ihrer Herzöge aus dem Hause der P i a s t e n sehr gehoben worden.
Sie haben den Ort mit wertvollen Bauten geschmückt, von denen noch heute
Reste vorhanden sind, z. B. von dem prächtigen P i a s t e n s ch l o s s e. Später
wurde Brieg zu einer wichtigen Festung ausgebaut. Jetzt ist es wieder eine
offene Stadt und zeigt eben infolge seiner günstigen Lage ein rasches Auf=
blühen als H a n d e l s = und F a b r i k s t a d t. Bedeutend ist die Fabrikation
von Leder, Zucker und Zigarren. Auch eine der mustergültigsten H a n d e l s =
g ä r t n e r e i e n Schlesiens befindet sich hier.
Ein Denkmal Friedrichs des Großen auf dem Ringe zu Brieg erinnert
an die Schlacht, die bei dem westlich benachbarten Dorfe **Mollwitz** 1741 ge=
schlagen wurde.

66. Die Oder bei Oppeln.

Ohlau, d. h. „Stadt an der Ohle", liegt da, wo die Ohle der Oder auf ihrem Laufe am nächsten kommt. Diese Stelle war durch die beiden Flüsse im Norden und Süden sehr geschützt und gewährte außerdem einen leichten Übergang über die Oder. Darum entstand hier schon in der Slawen= zeit ein Kastell. Auch die Herzöge von Brieg legten auf diesem günstigen Platze ein S c h l o ß an, das noch heute vorhanden ist.

Die Gegend um Ohlau und die Ohle aufwärts bis **Wansen** eignet sich trefflich zum T a b a k b a u. Darum finden in Ohlau beinahe 1000 Menschen Unterhalt durch die Verarbeitung des Tabaks. Bei Wansen hat in der Neuzeit der Tabakbau dem G u r k e n a n b a u fast gänzlich weichen müssen.

Alle diese Orte liegen (Wansen ausgenommen) oberhalb Breslaus an der Oder; unterhalb Breslaus fließt sie zunächst an **Auras** vorüber, wo sich eine Schiffbauanstalt befindet, aus der eiserne Oderkähne hervorgehen.

Dyhernfurth ist durch ein schönes Schloß und einen großen Park aus= gezeichnet.

Maltsch hat sich zu einem wichtigen Oderhafen emporgeschwungen. Denn hier kommt die Oder den Gebirgsgegenden am nächsten. Die gerade Ver= bindungslinie Breslau—Liegnitz berührt diese Stelle, und ohne wesentliche Schwierigkeiten konnten von hier aus Straßen nach dem Vorgebirge angelegt werden. Der Verkehr dieses Hafens ist bedeutend gestiegen, seit er mit S t r i e g a u durch eine Bahnlinie verbunden ist. (S. auch S. 48.)

Der kleinere, weniger fruchtbare Teil des Mittelschlesischen Beckens breitet sich rechts der Oder aus.

Da finden sich weite Waldgebiete am S t o b e r, nasse Wiesengründe an der M a l a p a n e und fruchtbareres Acker= und Weideland an der W e i d a.

In der Nähe des Stobers liegt, ganz von Wald umgeben, der Markt= flecken **Carlsruhe**. Er ist ebenso sternförmig angelegt wie die Hauptstadt Badens. Das Schloß und sein schöner Park gehören dem Herzoge von Württemberg.

An der Weida ist der hauptsächlichste Ort **Namslau**. Einstmals galt die Stadt als der Schlüssel Schlesiens gegen Polen hin; denn sie war auf drei Seiten durch Sümpfe geschützt, und der Zugang vom festen Lande aus war gut befestigt. So hat sie sich mehrfach in Belagerungen gehalten. Vor der Eröffnung der Eisenbahnen war Namslau bedeutender als jetzt; denn damals ging der Verkehr nach Polen auf der großen Warschauer Straße durch die Stadt. Jetzt vollzieht er sich viel rascher und für Namslau weniger gewinnbringend auf der Eisenbahn.

In der Stadt wird mancherlei Kleingewerbe getrieben, besonders S c h u h m a c h e r e i. Bedeutend sind auch die Namslauer S c h w a r z = v i e h m ä r k t e.

In dem benachbarten Dorfe **Schmograu** soll die erste christliche Kirche Schlesiens gestanden haben.

Südwestlich von Namslau liegt das Dorf **Minkowsky**, einstmals eine Besitzung des Reitergenerals v o n S e y d l i t z. Hier verlebte er seine letzten Tage und ist auch hier begraben.

An der Rechten=Oderufer=Bahn liegt östlich von Namslau das Acker= städtchen **Konstadt**, in dem früher der bedeutendste Flachsmarkt Schlesiens ab=

gehalten wurde, und westlich das Tuchmacherstädtchen **Bernstadt.** Von hier aus führt die Bahnlinie nordwestwärts nach Oels. Das war ehemals die Hauptstadt des Fürstentums Oels, dessen Besitzer hier ein großes S ch l o ß erbauten. Es gehört zum Thronlehen Oels und ist mit diesem vereint im Besitz des jedesmaligen Kronprinzen des Deutschen Reiches. Die ehemals zum Fürstentum Oels gehörigen Allodialgüter gingen in den Besitz des Königs von Sachsen über, dem so auch das nahegelegene prächtige Schloß **Sibyllenort** zugefallen ist. Die Stadt Oels hat sich in neuerer Zeit bedeutend vergrößert, weil sich hier zwei Eisenbahnlinien kreuzen.

67. Schloß Oels.

Die Hauptbeschäftigung der B e w o h n e r dieses Beckenteiles ist A c k e r b a u , der aber nur an der Weida recht lohnend ist. Hier wird auch, besonders im Kreise Namslau und gegen Kreuzburg hin, bedeutender F l a ch s b a u getrieben. Die B e v ö l k e r u n g ist nicht sehr zahlreich; sie steigt nirgends über 95 im Durchschnitt auf 1 qkm. — Etwa von der Quelle der Weida aus geht genau südlich durch diesen Beckenteil die Grenze zwischen polnischem und deutschem S p r a ch g e b i e t. Schmale Zungen polnischen Sprachgebiets erstrecken sich bei Namslau, Minkowsky und Karlsmarkt noch ins deutsche Sprachgebiet hinein. (S. Karte auf S. 196!)

Den Teil des Mittelschlesischen Beckens, welcher links von der Oder liegt, nennt man

die Fruchtebene.

Hier ist der Wald so gut wie ganz verschwunden. Der fruchtbare Geschiebelehm bietet Boden erster Klasse zum Anbau aller Feld- und Kulturgewächse unseres Himmelsstriches dar. Die Getreidearten sämtlich, unter ihnen auch „Weißer Weizen", Gemüse, Zuckerrüben, Raps und andere Industriepflanzen werden mit großem Gewinn angebaut. Daneben hebt sich immer mehr die Zucht edler Rinderrassen. Der daraus sich ergebende Wohlstand der Landbevölkerung tritt äußerlich schon in der stattlichen Bauart der Gehöfte hervor. Die Hofanlage ist die „fränkische". Das ganze Gehöft bildet ein oft gänzlich durch Gebäude umschlossenes Viereck. Von der Straße trennt es ein Vorgarten. Ein breites Tor und ein schmales Türchen führen in den Hof, auf dessen einer Seite das Wohnhaus und die Ställe stehen. Ihnen gegenüber liegen das „Auszugshaus" und die Schuppen. Dem Tore gegenüber sind die Scheunen erbaut. Mitten auf dem Hofe liegt der nun schon vielfach ummauerte und überdachte Düngerhaufen. Die Dörfer sind östlich der sudetischen Ostrandlinie meist nicht mehr Reihendörfer, sondern ihre Gehöfte liegen an mehreren parallel laufenden Gassen mehr auf einer Stelle gedrängt beieinander. Viele sind in einen wahren Wald von Obstbäumen eingebettet. — Die Städte zeichnen sich durch große Übereinstimmung im Grundriß aus. Bei der Mehrzahl unter ihnen ist der Ring im Verhältnis zur Einwohnerzahl zu groß, rechtwinklig angelegt, mit einer Häusergruppe mitten auf ihm, zu der sehr häufig das Rathaus gehört. Die Häuser um den Ring waren ursprünglich alle mit „Lauben" versehen. Von den vier Ecken des Ringes gehen je zwei Straßen rechtwinklig aus und einander gegenüber noch je eine Straße von den Langseiten. Nahe der Südwestecke ist noch ein kleinerer Platz ausgespart, auf dem die Hauptkirche der Stadt erbaut wurde. Man sieht es allen diesen Grundrissen an, daß sie nicht geschichtlich geworden, sondern im voraus mit der Reißschiene entworfen sind. Der Grund dazu liegt in den Besiedlungsverhältnissen Schlesiens.

Die Zahl der Bewohner übersteigt an wenigen Stellen die Durchschnittsziffer der Bevölkerung ganz Schlesiens, bleibt in manchen Kreisen sogar hinter dieser zurück. Die Bevölkerung spricht nur im südöstlichsten Teile der Fruchtebene Polnisch, sonst durchweg Deutsch.

Die größeren Orte der Fruchtebene liegen sämtlich an ihrem Rande, wo die Ebene an das Vorland der Sudeten grenzt, und sind schon weiter oben besprochen worden. Von den kleinen Orten nennen wir zunächst **Proskau**, südlich von Oppeln gelegen, wo sich eine Königliche Obst- und Gartenbauschule befindet. Auf der Königlichen Domäne werden auch Meier und Meierinnen in der Milchwirtschaft ausgebildet. Nahe der Mündung der Glatzer Neiße liegen **Löwen** und **Schurgast**, deren Bewohner sich hauptsächlich von Kleinhandel und Ackerbau nähren.

Inmitten einer fruchtbaren Zuckerrübengegend am Zusammenflusse der Großen und der Kleinen Lohe finden wir **Markt Bohrau**, und da, wo das Zobtener Wasser von rechts her in die Weistritz mündet, das Städtchen **Canth**. An der Weistritz lagert hier Ton, der in der kleinen

Stadt eine lebhafte Töpferindustrie hervorrief. In der Nähe ist das Dorf **Krieblowitz** gelegen, eine Besitzung der Familie des Fürsten Blücher. Die Könige Friedrich Wilhelm III. und Friedrich Wilhelm IV. errichteten ihm hier ein stattliches Denkmal.

Die Bahnlinie Breslau—Halbstadt, die auch an Canth vorüberführt, schneidet sich mit der Bahn des Gebirgsrandes in **Königszelt**. Dieser Ort hat sich gänzlich unter dem Einflusse der Bahngründung entwickelt. Vor etwa sechzig Jahren stand an dieser Stelle noch kein Haus. Jetzt ist Königszelt ein Ort von 3300 Einwohnern mit einer großen Porzellanfabrik, zwei Kirchen und zwei Schulen — eine „amerikanische Gründung" in Schlesien. Seinen Namen leitet der Ort von der Tatsache her, daß hier 1761 Friedrich der Große einige Wochen sein Zelt aufgeschlagen hatte, als seine Armee im Lager von **Bunzelwitz** stand. Ein Denkstein in der Nähe des Bahnhofes bezeichnet die Stelle, wo „des Königs Zelt" stand. 1906 ist auf dem Pfaffen= berge bei Königszelt ein neuer Obelisk zur Erinnerung an das Lager bei Bunzelwitz errichtet worden.

Am Unterlaufe der Weistritz wächst sich **Lissa** immer mehr zu einer Vor= stadt von Breslau aus. Die Niederschlesische Eisenbahn führt an ihm vor= über und nach **Neumarkt**, dessen Umgebung besonders fruchtbar ist. Es gehört zu den ältesten Niederlassungen in Schlesien. Früher war seine Bedeutung größer, als noch der Verkehr auf der alten Handelsstraße Breslau—Dresden, die Neumarkt berührte, in Blüte stand. Der Name der Stadt bedeutete ur= sprünglich „Mittwochmarkt".

Zwischen Neumarkt und Breslau, bei **Leuthen**, schlug Friedrich der Große die Österreicher am 5. Dezember 1757.

Die nördlichste Stadt der Fruchtebene ist **Parchwitz**, nahe der Katzbach= mündung.

Der Fluß wird in diesem Teile an beiden Seiten von breiten Sumpf= strecken begleitet. Und auch das Dreieck, das er mit der Oder zusammen be= grenzt, ist reich an Sumpfstrecken und stehenden Wasserbecken. Ihr Ursprung ist wahrscheinlich auf die stauende Wirkung der Gletschermoränen der Eis= zeit zurückzuführen. Diese stehenden Gewässer werden in der Umgegend von L i e g n i t z als „Seen" bezeichnet, z. B. der **Koischwitzer** und **Jeschkendorfer See**. Der größte von ihnen aber ist der **Kunitzer See** (110 ha groß). Er hat ganz flache Ufer, nicht einmal Wald umsäumt ihn. Aber er ist wegen seiner Insel merkwürdig. Sie ist reichlich 1 ha groß und erhebt sich, von Strauchwerk umsäumt und mit Süßgräsern bedeckt, nur wenig über den See= spiegel. Diese kleine Insel bewohnt die Lachmöwe. Ende April beginnt auf der Insel das Brutgeschäft. Dann ist sie wie mit Eiern übersät. Viele tausend Eier werden gesammelt, ehe man den Möwen ihr letztes Gelege zum Ausbrüten läßt. Dann kommt eine Zeit, in der die nackten, zappelnden Jungen massenhaft den Boden bedecken. Bald werden sie aber flügge und durchstreifen beutesuchend die Umgebung des Sees.

Inmitten des Mittelschlesischen Beckens liegt, „das Herz Schlesiens",

die Hauptstadt Breslau.

Der **Name** Breslau ist entstanden aus **Wrotizlaw** und bedeutet „Stadt des Wratislaw".

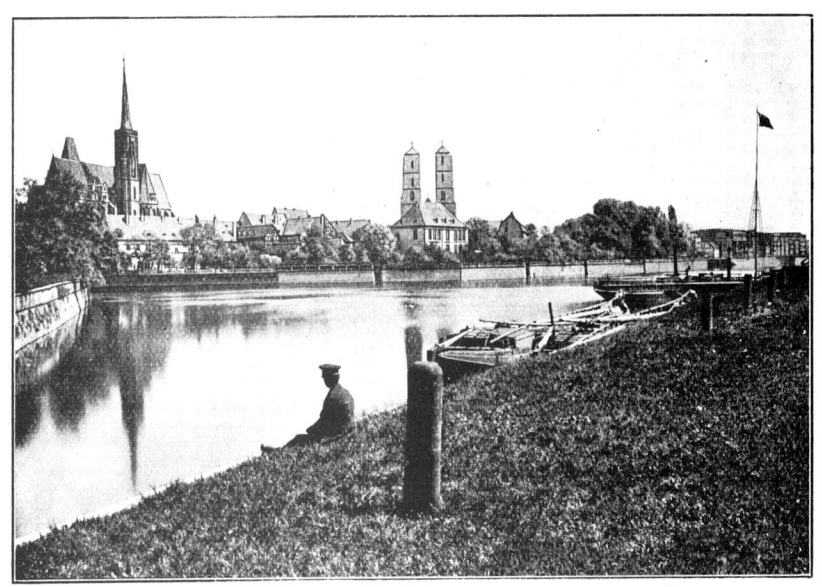

68. Die „Dominsel" in Breslau mit Dom und Kreuzkirche.

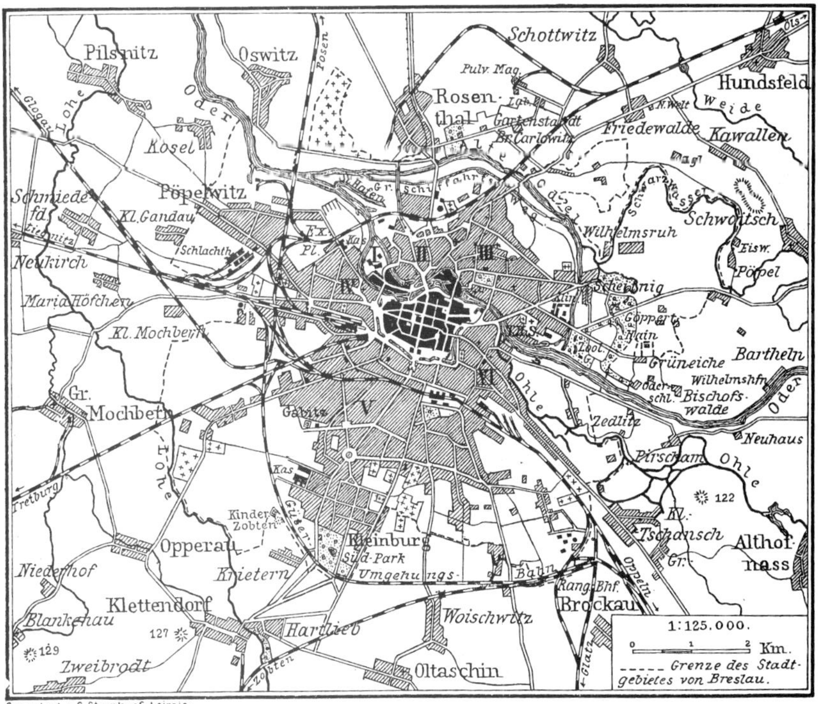

Geogr. Inst. v. G. Sternkopf, Leipzig.

69. Plan von Breslau.

I Bürgerwerder. II Odervorstadt. III Sandvorstadt. IV Nikolaivorstadt. V Schweidnitzer Vorstadt. VI Ohlauer Vorstadt. (Die Häuserviertel der Altstadt sind schwarz ausgefüllt.)

Die Stadt verdankt ihre Gründung und ihr Aufblühen der günstigen Lage.

Sie liegt in der Mitte des ganzen Landes, zu beiden Seiten der Oder, da, wo sich die Straßen von Osten nach Westen und die von Süden nach Norden schneiden. Nach dieser Stelle sind alle Sudetenpässe gerichtet. Der Oderstrom war früher viel breiter und die Sumpfgegend an seinen Ufern ausgedehnter als heutzutage. Es war darum auch viel schwerer, den Fluß zu überschreiten, und man suchte sich gern die bequemsten Stellen dazu aus. Eine solche war da, wo heute Breslau liegt.

Die Oder teilte sich hier in mehrere Arme, die schmäler waren als der ungeteilte Strom, darum auch leichter überbrückt werden konnten. Oberhalb dieser Stelle dehnten sich die Odersümpfe besonders breit aus; unterhalb erschwerten die Mündungen der Lohe, Weistritz und Weida mit ihren Sumpfgebieten den Übergang sehr. Die Stromteilung bei Breslau aber lockte zum Brückenbau und zur Ansiedlung.

Diese war auf den Inseln zwischen den Oderarmen durch den Strom selbst geschützt. In älterer Zeit schloß der Fluß drei Inseln ein, doch ist im vorigen Jahrhundert einer der Arme zugeschüttet und so die ehemalige **Dominsel** mit den übrigen Stadtteilen rechts der Oder vereinigt worden. Diese Dominsel ist jedenfalls die erste Ansiedlungsstelle gewesen.

Der größte Teil der Stadt liegt auf dem linken Ufer der Oder; der rechts gelegene Stadtteil wird von einem Seitenarme, der „alten Oder", in weitem Bogen umflossen. Die Mitte der Stadt bildet der **Ring**. Er ist ein großer, viereckiger Platz, dessen Seiten nach den vier Haupthimmelsgegenden gerichtet sind. Auf ihm steht das **Rathaus**, eine wahre Perle der

70. Das Rathaus in Breslau.

Baukunst. Es zeigt spätgotischen Stil. Zahlreiche Türmchen, Erker und Figuren schmücken es. Besonders prächtig ist sein östliches Giebelfeld, das mit bunten Farben auf Goldgrund bemalt ist und eine große Uhr enthält. Auf dem Ringe stehen die Reiterstandbilder Friedrich Wilhelms III. und Friedrichs des Großen. Dieses erinnert an die Besitzergreifung Schlesiens durch die Hohenzollern, jenes an die wichtige Rolle, die unsere Provinz in den Freiheitskriegen gespielt hat. In Breslau wurde 1813 das Bündnis zwischen Preußen und Rußland erneuert. Von hier aus ließ Friedrich Wilhelm III. am 17. März den „Aufruf an mein Volk" ergehen; von hier aus ließ er im Verein mit dem Zaren einen Aufruf an alle Deutschen zum Kampfe gegen den Korsen folgen. Hier sammelten sich die Lützower und andre Freiwillige zum Kampfe.

Von jeder der vier Ringecken gehen je zwei Straßen aus in der Ver= längerung der Ringseiten. Parallel und rechtwinklig zu diesen führen die andern Straßen der alten Stadt, die so in viele Häuservierecke geteilt ist. Sie wird südlich durch den Stadtgraben begrenzt, an dem prächtige Prome= naden entlangführen. Ihren schönsten Punkt haben sie in der Liebichshöhe. Von ihrem hohen Turme kann man das ganze Häusermeer überschauen. Eben= falls am Stadtgraben liegt der große Palaisplatz, der vom Königlichen Schloß, dem Kunstgewerbemuseum und dem Stadttheater umrahmt wird. Auch das mächtige Reiterstandbild Wilhelms I. erhebt sich am Stadtgraben.

Jenseit des Stadtgrabens liegen die Vorstädte, von denen die Schweid= nitzer mit der „Kaiser=Wilhelm=Straße" die vornehmste ist.

Außer dem Ringe enthält die Altstadt noch mehrere große Plätze, unter denen der „Neumarkt" und der „Blücherplatz" besonders zu nennen sind.

71. Das Gebäude der Königlichen Regierung zu Breslau.

Den letzteren ziert ein Standbild des Feldmarschalls Blücher. Durch seinen glänzenden Sieg an der Katzbach und seine ruhmvolle Führung der „Schlesischen Armee" hat er dies Denkmal in Schlesiens Hauptstadt wohl verdient.

Der Stadtteil rechts der Oder, ursprünglich polnisch, reicht jetzt bis an die Alte Oder heran. Zu ihm gehört die ehemalige Dominsel. Hier steht der prächtige **Dom** mit zwei gewaltigen Türmen und neben ihm die ebenfalls katholische **Kreuzkirche** mit einem hohen, spitzen Turme. Die wichtigsten evangelischen Kirchen sind die **Elisabeth=** und die **Maria=Magdalenen=Kirche,** die letztere mit zwei durch eine Brücke verbundenen Türmen.

Da, wo sich die Alte Oder vom Hauptstrom abzweigt, liegt der **Zoologische Garten.** Er dient nicht nur der Schaulust und dem Vergnügen, sondern auch wissenschaftlichen Zwecken gleich dem großen **Botanischen Garten,** in dem mannigfache einheimische und fremde Pflanzenarten in Gruppen zusammengestellt und bezeichnet sind.

Breslau ist durch seine Lage schon zum Mittelpunkte der ganzen Provinz bestimmt.

Es ist

1. **der Mittelpunkt des Verkehrs.** Dazu wird es zunächst durch seine Lage an der Oder. Die **Großschiffahrt** reicht bis über Breslau hinaus. Ein „Umgehungskanal" führt mit Hilfe der Alten Oder zur Nordseite der Stadt, wo sich Raum zur Anlage großer Umladeplätze fand. So ist der Großschiffahrt der weitere Weg die Oder hinauf eröffnet. Der große Handelshafen ermöglicht bequemes Beladen und Löschen der Oderkähne und bietet auch im Winter den Schiffen Schutz.

73. Der Städtische Handelshafen in Breslau.

Von Breslau gehen acht Eisenbahnlinien aus, und so ist die Hauptstadt auch der wichtigste Knotenpunkt des Eisenbahnverkehrs. Endlich münden die wichtigsten und ältesten Kunststraßen in Breslau und machen es so ebenfalls zu einem Mittelpunkte des Verkehrs. Von dieser Bedeutung der Stadt zeugen auch ihre großen Verkaufs= hallen, Warenspeicher und prächtigen Schaufenster. Die hohen, alten Häuser am Ringe z. B. sind meist in Verkaufsstellen umgewandelt. Wichtige Märkte werden in Breslau abgehalten, besonders Vieh=, Maschinen=, Flachs= und Wollmärkte. Fabriken aller Art sind in der Stadt und um sie her zu finden.

2. Breslau ist auch der Mittelpunkt der Verwaltung. Hier haben die höchsten Behörden ihren Sitz. Es ist „Königliche Haupt= und Residenzstadt", und darum befindet sich auch ein Königliches Palais in der Stadt.

3. Endlich haben wir in Breslau auch den geistigen Mittelpunkt Schlesiens zu erblicken. Dazu wird es durch seine Universität, deren Ge= bäude, ein mächtiger, künstlerisch wertvoller Bau, an der Oder liegt, durch die Technische Hochschule, durch zahlreiche höhere Schulanstalten und Berufs= schulen, durch mehrere Theater, unter denen das Stadttheater das bedeutendste ist, durch ein Museum der bildenden Künste mit zahlreichen Statuen, Bildern, Holzschnitten und Kupferstichen, durch ein Kunstgewerbemuseum, durch ein Museum schlesischer Altertümer, durch mehrere große Bibliotheken und end= lich durch eine Anzahl wissenschaftlicher Vereine.

Breslau ist eine durchaus deutsche Gründung und verdankt dem Deutsch= tum auch sein Aufblühen.

Nachdem die Oder bei Köben den Landrücken durchbrochen hat, tritt sie in

das Niederschlesische Becken

ein. Seine eigentümlichen Bewässerungsverhältnisse werden allein durch die Beachtung seines früheren Zustandes verständlich.

Von der Ostgrenze Schlesiens her begleiten das Katzengebirge und die Dalkauer Hügel eine breite Talflucht über die Westgrenze der Provinz hinaus und setzen sich bis zur Spree hin und über Baruth und Luckenwalde bis zur Elbe fort. In diesem Tale vermutet man das Bett eines ehemaligen breiten Stromes, der aus Polen her kam und wohl an der heutigen Elbmündung endete. Diese Talflucht nennt man das Glogau= Baruther Tal.

Ihm folgt zunächst

die Bartsch

in ihrem gesamten Laufe. Ihre Quellen liegen schon auf Posener Gebiet, im Bartschbruch, das nach Osten hin auch zur Prosna abwässert. Die Quellen der Bartsch liegen sehr niedrig; darum hat sie nahezu gar kein Gefälle. Sie fließt erst westlich, bis sie durch die Ausläufer der Trebnitzer Hügel im Kreise Wohlau nach Nordwesten gedrängt wird. Ihre Mündung liegt an der Landesgrenze. Die Bartsch zeigt am meisten den Charakter eines Tieflandflusses. Ständig begleiten sie Sumpf= und Teichlandschaften. Unter ihnen befinden sich einige, mehrere qkm große Erlenbrüche. Sie waren früher ein so bedeutendes Verkehrshindernis, daß der Lauf der Bartsch die Grenze zwischen deutschem und polnischem Gebiete bildete. An dem Flusse entfaltet sich ein solcher Reichtum der Sumpf- und Wasservogelwelt wie sonst nirgends in Schlesien, und die Bartsch war früher auch der fischreichste Fluß der Provinz. So trägt dieses Flußgebiet einen ganz eigenartigen Charakter. Infolge der ausgedehnten Wiesenlandschaften an den Flußufern wird hier viel V i e h z u c h t getrieben.

Der Hauptort an der Bartsch ist **Militsch.** Hier fand sich in alter Zeit zwischen weiten Sumpfstrecken an beiden Seiten des Flusses die einzige bequeme Übergangsstelle. Darum entstand hier schon sehr früh ein slawisches K a s t e l l, aus dem sich eine förmliche Festung entwickelte. Um sie ist viel gekämpft worden. Sie verlor ihre militärische Bedeutung erst, als Friedrich der Große die Windungen des Flusses geradelegen und so die benachbarten Sümpfe entwässern ließ. — Seiner Lage innerhalb vieler Teiche verdankt Militsch seine noch heute blühende F i s c h z u c h t. — In Militsch steht eine G n a d e n k i r c h e.

In **Kraschnitz,** im Kreise Militsch gelegen, hat ein Graf von der Recke-Volmerstein das „Samariter-Ordens-Stift" gegründet, eine Pflegeanstalt für Geistesschwache und Epileptische, verbunden mit Diakonissen-Mutterhaus, Diakonen- und Rettungshaus.

Am Westende dieses Teichgebietes liegt **Trachenberg.** Es ist der Hauptort einer freien Standesherrschaft, die dem Herzog von Trachenberg, Fürsten von Hatzfeld, gehört. Auch hier wird viel Teichwirtschaft (Fischzucht) getrieben.

Herrnstadt, zwischen Bartsch und Horle gelegen, ist schon oft überschwemmt worden. Es ist ein kleines Ackerbaustädtchen. Seine Brücken vermitteln seit 200 Jahren den Übergang von Posen nach Schlesien. Sie benutzte auch Karl XII., und Friedrich der Große kämpfte um sie 1759 mit den Russen, die Guhrau gänzlich niedergebrannt hatten. Derselbe König siedelte mit Glück hauptsächlich Rheinländer in dem von ihm entwässerten Gebiet zwischen Horle und Bartsch an, das ehemals ein Sumpfwald war.

Unterhalb Herrnstadt liegt an der Bartsch **Rützen,** einst ein Bischofsitz.

Von der Einmündung der Bartsch an folgt auch

die Oder[1])

dem alten Flußtal in westlicher Richtung bis N e u s a l z. Ihr Tal ist hier in eine Diluvialhochebene eingeschnitten. Unter dieser Diluvialdecke liegen ältere Schichten von (tertiärem) Ton, die bei Glogau vielfach erbohrt oder in Ziegeleigruben aufgedeckt wurden. Doch gelang das nirgends in dem alluvialen Odertale selbst, das deshalb als eine Grabensenkung zu betrachten ist. Auch auf dieser Strecke sind mehrere Krümmungen der Oder geradegelegt worden. (Über den Durchbruch bei K a r o l a t h s. S. 143.)

Der Oder und Bartsch fehlen die eigentlichen Wassergewächse, ersterer ohne Zweifel wegen der zu starken Strömung. Dagegen kommen diese

---

[1]) Vgl. Dr. Scholz und Dr. Knötel, **Führer durch Glogau.**

Pflanzen an den zahlreichen kleineren Nebenflüssen der Oder und Bartsch sowie in den vielen Teichen und Lumpeln des Odertales in großer Menge vor. Als Charakterpflanzen finden sich hier: Froschlöffel (Alisma plantago), Pfeilkraut (Sagittaria sagittifolia), Blumenbinse (Butomus umbellatus), Froschbiß (Hydrocharis morsus ranae), Laichkraut (Potamogeton natans), Hottonia (Hottonia palustris), Wasserfenchel (Oenanthe fistulosa), Teichrose (Nymphaea alba und Nuphar luteum), Wassernuß (Trapa natans) u. a. — Die Weidengebüsche des Odergebietes, W e r d e r genannt, bestehen zum größten Teil aus Korb- und Purpurweiden (Salix viminalis und purpurea), welche das Material zu Korbwaren liefern, die sogar in überseeische Länder ausgeführt werden.

An der Oder liegt der Hauptort dieses Beckens, **Glogau.** Die Gründung der Stadt beruht jedenfalls auf einem ganz ähnlichen Umstande wie die Breslaus. Denn auch hier spaltet sich die Oder in zwei Arme, die eine Insel einschließen. So war der Übergang über den Strom erleichtert. Dieser Übergang war um so wichtiger, als ober- und unterhalb dieser Stelle Sümpfe das Überschreiten des Stromes erschweren. — Schon früh entstand hier ein Kastell in waldiger Umgebung, auf die sein Name glog = Busch hindeutet. Um dieses wurde bereits im 13. Jahrhundert ein deutscher befestigter Ort erbaut. Er wurde Hauptstadt eines selbständigen Fürstentums und hat eine reiche Geschichte durchlebt. In den Kriegen der schlesischen Piasten gegeneinander, besonders aber im Dreißigjährigen Kriege, hat die Stadt viel gelitten, die seit 1630 Festung war. Auch die Schlesischen Kriege haben ihr mehrfach Belagerungen gebracht.

Noch jetzt ist Glogau ein starker Waffenplatz. Aber durch Hinausschieben der Festungswerke nach Osten hin ist es ermöglicht, daß sich die Stadt auszudehnen vermag. Sie weist viele schöne neue Bauten auf. Aus der alten Zeit sind infolge vielfacher Brände nur noch mehrere Kirchen erhalten, und von den mittelalterlichen Bauten des S c h l o s s e s ist nur noch der starke H u n g e r t u r m vorhanden, in dem Herzog Hans von Sagan 1488 sieben Ratsherren verhungern ließ. Bis zum Beginn des Dreißigjährigen Krieges erfreute sich die Stadt eines stets wachsenden Wohlstandes, weil sie an der Stelle lag, an der sich die wichtigen Straßen nach Polen mit dem Wasserwege kreuzten. Damals stand das T u c h m a c h e r g e w e r b e hier in hoher Blüte. Der Friedensschluß zu Münster 1648 brachte Glogau eine der drei Friedenskirchen Schlesiens. Die Schiffahrt auf der Oder hat sich in der Neuzeit immer mehr gehoben, und obendrein ist Glogau Kreuzungspunkt zweier Eisenbahnen geworden. Damit ist auch sein Verkehr bedeutend gestiegen.

Unterhalb Glogaus liegen an der Oder **Beuthen** und **Neusalz.**

Beuthen, zubenannt „an der Oder", ist auch ein sehr alter Ort. Ein böhmisches Kastell sperrte hier einst den Übergang über die Oder. Der Ort ist in seiner Entwicklung von Glogau überholt worden. Der Strom wird zum Betrieb einer großen M ü h l e und zur S c h i f f a h r t ausgenutzt.

Neusalz hat seinen Namen davon erhalten, daß hier Meersalz gewonnen worden ist. Die Stadt enthält eine H e r r n h u t e r k o l o n i e und hat infolge ihrer regen F a b r i k t ä t i g k e i t bedeutend an Einwohnerzahl zugenommen. Hier finden sich einige Eisenhütten, für welche die Erze auf dem

Strome billig herbeigeschafft werden können, und eine sehr bedeutende Zwirnfabrik.

Die Oder mußte in diesem Abschnitt ihres Laufes wegen des Eisenbahn= betriebes mehrfach überbrückt werden. Eine der ansehnlichsten Brücken führt bei **Aufhalt** (unweit Neusalz) über den Strom.

Von Neusalz aus setzt sich der alte Flußlauf westlich ins Tal der **Ochel** fort, die ihn bei weitem nicht auszufüllen vermag. Hier liegen an seinem Südsaume **Naumburg am Bober** und **Freystadt**. Letzteres treibt Kleinhandel und hat für die Umgebung Bedeutung durch seinen Pferdemarkt. Hier steht auch eine Gnadenkirche.

Noch an einem zweiten der alten norddeutschen Flußläufe hat Schlesien Anteil, am **Warschau=Berliner Tal**. Es streift aber nur den nördlichsten Teil

74. Die Oderbrücke bei Aufhalt. (Erbaut von Beuchelt & Co. in Grünberg.)

der Provinz, indem ihm das Tal der **Obra** und das **Obertal** von der Obra= mündung abwärts bis zur Bobermündung angehören. Der Charakter ent= spricht dem des Glogau=Baruther Tales. In diesem nördlichen Talzuge liegen **Rotenburg**, Schlesiens nördlichste Stadt, und **Lässgen**, Schlesiens nördlichstes Dorf.

Die B e v ö l k e r u n g des Niederschlesischen Beckens ist durchweg deutsch. An der Bartsch ist sie spärlich; sie beträgt da nur 50 Einwohner auf 1 qkm. Im Kreise G l o g a u steigt die Durchschnittszahl der Bevölkerung auf 81, fällt aber in den Kreisen F r e y s t a d t und G r ü n b e r g wieder auf 64 bzw. 60.

Das K l i m a dieses B e c k e n s ist typisch für das der ganzen Schlesischen Ebene, wenn auch gesagt werden muß, daß sich die unten mitgeteilten Zahlen in den südlicheren Teilen der Ebene durchweg etwas anders stellen.

Bei vorherrschendem W i n d e aus W, SW und O erfolgen zu allen Jahreszeiten N l e b e r s ch l a g e. Glogau hat im Jahresmittel (nach fünfjähriger Beobachtung)

167	Tage mit	Westwind,	201	trübe	Tage,
87	„ „	Ostwind,	57	halb heitere	„
80	„ „	Südwind,	155	heitere	„
36	„ „	Nordwind,	24	Gewittertage[1])	
70	„ „	Regen,			
44	„ „	Nebel,			
22	„ „	Schnee,			

Die N i e d e r s ch l a g s h ö h e (s. S. 177) betrug 40—45 cm. Die m i t t l e r e J a h r e s t e m p e r a t u r beträgt $+ 8{,}54^0$ C.

Durch die Katzbach und die Dalkauer Hügel von den andern Teilen des Schlesischen Beckens getrennt, dehnt sich westwärts

die Niederschlesisch-Lausitzer Heide

aus. Dieses große Gebiet hat im allgemeinen nördliche Abdachung. Darum haben B o b e r, Q u e i s, T s ch i r n e, N e i ß e und S p r e e, die es durchströmen, alle eine nördliche und parallele Richtung. Am Queis kommen die Ausläufer des J s e r g e b i r g e s in den Höhen von W e h r a u den F r e y s t ä d t e r H ü g e l n auf 40 km nahe und zerlegen so die Ebene in zwei Teile. Hier lag einst auch die Landesgrenze zwischen Schlesien und der Lausitz.

Nach den hauptsächlichsten Besitzern der Heide wird diese eingeteilt in die B u n z l a u e r (92,2 qkm), S p r o t t a u e r (69,86 qkm), G ö r l i t z e r (261,8 qkm) u. a. H e i d e n.

Die Gegend ist meist völlig eben und mit Diluvium bedeckt. Nur ganz vereinzelt treten durch dieses hindurch ältere Gesteinsschichten zutage. Im allgemeinen beträgt die Meereshöhe 150—170 m. Die Täler der Flüsse sind tief eingewaschen, die des B o b e r s und des Q u e i s in einer Breite von 800—2400 m und an 15 m tief.

Als größte zusammenhängende Waldfläche der Provinz bedeckt in einer Ausdehnung von 3150 qkm Kiefernwald den sandigen Boden. Die Stämme sind schlank und schmächtig und bis hoch hinauf astlos. Auch die Krone ist meist nur dünn. Ein starker Terpentingeruch herrscht hier besonders im Sommer, wenn sich brütend heiße Luft über den Wald legt. Inmitten dieser Wälder dehnen sich Sumpf- und Moorstrecken aus, die mit magerem Grase, mit Binsen, Erlen- und Weidengestrüpp bestanden sind. In ihnen gräbt man Torf und sticht das Raseneisenerz. Solche Strecken sind das **Greulicher,** **Primkenauer** und **Kotzenauer Bruch.**

Aus den Entwässerungsgräben des **Greulicher Bruches** fließt das **Schwarzwasser** zusammen, das bei L i e g n i t z in die K a t z b a ch mündet. Sein Unterlauf ist ein Teil des alten Urstromtales Breslau—Magdeburg und weist ganz die Eigentümlichkeiten solcher Urstromtäler (s. S. 163) auf: eine breite, muldenförmige Flußaue mit wenig erhöhten Rändern, die der Fluß nur zum Teil ausfüllt, moorigen Boden zu beiden Seiten des Wasser-

---

[1]) Nach Dr. Scholz und Dr. Knötel, Führer durch Glogau

75. Das Schwarzwasserbruch bei Liegnitz im Gebiete des diluvialen Urstromtales Breslau—Magdeburg. (Der Rand der Urstrom-Mulde ist, trotzdem er nicht sehr hervortritt, auf dem Bilde an dem Stoppelfelde deutlich erkennbar.)

laufes, eine mit Büschen und Baumwerk malerisch bestandene Bruchwiesen=
fläche (s. S. 165).

Bei den Orten rings um das Bruch, besonders in **Greulich** und **Moblau**,
wurde früher Torf in großem Maße gestochen und Raseneisenerz gewon=
nen, das in Eisenhütten verarbeitet wurde. Jetzt ist die Torfgewinnung
so gut wie eingestellt, und sämtliche Hochöfen sind ausgeblasen. Um
Kotzenau und an dem nach ihm benannten Bruche dagegen werden Torf und
Eisenerze noch weiterhin gewonnen und verarbeitet. Dem östlich davon ge=
legenen **Sprottebruch** entströmt die **Sprotte**, die zum Bober geht. (S. unten.)

76. Schloß Primkenau.

Das **Primkenauer Bruch** ist zum Teil trockengelegt. Die H e r r s c h a f t
P r i m k e n a u ist im Besitz des Herzogs Günter von Schleswig=Holstein,
des Bruders unserer Kaiserin, die hier ihre Jugendzeit verlebte. — Auch
hier finden sich Torfstiche und ein Eisenhüttenwerk, das 400 Arbeiter be=
schäftigt. Der jetzige Besitzer der Herrschaft hat einen prachtvollen neuen
Schloßbau aufführen lassen.

Eisenindustrie findet sich auch entlang dem B o b e r und Q u e i s.
Kittlitztreben an jenem und **Lorenzdorf** an diesem sind ihre Mittelpunkte in
der Heide, **Eulau** und **Mallmitz** aber an ihrem Nordrande. Eulau hat im
Laufe der Zeit in einem interessanten Wettbewerbe mit Sprottau gestanden.

Sprottau liegt an der Vereinigung der Sprotte mit dem Bober. Früher
fand diese weiter westlich statt, darum ist auch hier der ältere Ort entstanden,
das heutige Fabrikdorf **Eulau**.

Diese Vereinigungsstelle ist darum so wichtig, weil sie in einer Lücke

77. Sprottau.

des uralten Befestigungswalles der „Dreigräben" liegt. Sie bildeten die Westgrenze des alten Schlesierganes, zuget in einem Flügel von Krossen an der Oder südlich bis Eulau und in einem andern Flügel von Puschkau am Queis östlich über den Bober hinüber bis ans Greulicher Bruch. Bei Eulau überschritt die Straße aus der Mark Meißen in die Glogauer Ebene den Bober. Schon im Jahre 1000 nahm Otto III. diesen Weg. Hier entstand denn auch eine Burg, deren Trümmer bis ins 19. Jahrhundert zu sehen waren. Durch eine Verschiebung der Sprottemündung, die durch Über= schwemmungen des Bobers herbeigeführt wurde, rückte diese Übergangsstelle weiter nach Osten und ließ den Ort Sprottau aufblühen.

Sprottau war einst eine der reichsten Städte Schlesiens; denn sie hat seit Jahrhunderten viel Grundbesitz erworben und behauptet.

Es ist die Geburtsstadt des Botanikers G ö p p e r t und des Drama= tikers H e i n r i ch L a u b e, dem hier ein Denkmal errichtet wurde.

Inmitten der großen Heidewälder stößt der Wanderer hier und da auf kleine und große flache W e i h e r und T e i ch e, die meist einen sehr melan= cholischen Eindruck machen. Der größte von ihnen ist der **Wohlenteich** (90 ha groß), bei **Kohlfurt** gelegen. Nahe diesem alten Dorfe treffen fünf Bahn= linien zusammen, und so ist hier mitten in der Heide ein E i s e n b a h n = k n o t e n p u n k t entstanden, der eine Beamtenbevölkerung von mehreren Hunderten aufzuweisen hat und eine selbständige Parochie mit einem Geist= lichen bildet.

Durch die Heide schleichen Bäche und Flüsse träge dahin. An ihnen findet sich einiges fruchtbare Land, in dessen Nähe die meist sehr armseligen Heidedörfer entstanden sind. Die Heidebauern nähren sich kärglich von dem Ertrage der mageren Buchweizen=, Gerste=, Hafer= und Kartoffelfelder. Einigen Gewinn bringt die Bienenzucht, da die Bienen auf den Blüten des Heidekrautes gute Nahrung finden. Ohne Fabriktätigkeit und Waldarbeit wäre heutzutage die Erhaltung der gesamten Bevölkerung nicht möglich. Frauen und Kinder finden obendrein einen guten Nebenverdienst durch das Sammeln von Pilzen und Beeren, besonders Blaubeeren, deren Verschleiß ein Zweig des Großhandels geworden ist.

Die Fabrikbevölkerung findet außerdem noch Arbeit in den H o l z = st o f f = und P a p i e r =, sowie in den G l a s f a b r i k e n. Die ersteren sind durch den Waldreichtum der Gegend und das gleichzeitige Vorhandensein von Wasserkraft bedingt und finden sich darum entlang den Flüssen, z. B. in **Wehrau**, **Klitschdorf** und **Sagan** am Bober und in **Muskau** an der Neiße. Glashütten sind in der Heide ziemlich zahlreich, des Holzes und Quarzsandes wegen, die hier leicht zu haben sind. Wenn auch jetzt die Glasöfen meist gar nicht mehr mit Holz, sondern mit Gas geheizt werden, so war doch die e r st e Anlage von Glasfabriken an und in der Heide wesentlich bestimmt durch die Nähe des billigen Holzes. Hier und da, z. B. im Kreise **Hoyers= werda**, werden B r a u n k o h l e n gegraben.

Der Mittelpunkt der Glasindustrie ist **Penzig** an der Neiße. Dieses Dorf, das jetzt nahezu 7000 Einwohner zählt, hat einen erstaunlich schnellen Aufschwung genommen. Die Gründe dafür sind: die Nähe der Heide, die Wasserkraft der Neiße und die Lage an der Eisenbahn. Glas= und Eisen=

hütten, Holzschleifereien, Schneide- und große Mehlmühlen sind hier angelegt worden. Selbstverständlich kann in den Heidegebieten keine dichte B e v ö l - k e r u n g bestehen. Tatsächlich gehören sie zu den am wenigsten bevölkerten Strichen Schlesiens. Im Kreise H o y e r s w e r d a kommen nur 50 Einwohner auf 1 qkm. Darüber erhebt sich die Durchschnittszahl nirgends erheblich.

Der Abstammung nach sind die Bewohner des überwiegenden Teiles deutsch. Zwischen der N e i ß e und der S c h w a r z e n E l s t e r wohnen

Wenden.

Es sind ihrer noch etwa 25 000, die sich hier mitten zwischen Deutschen erhalten haben. Sie wohnen gleich ihren Vorfahren meist noch in Blockhäusern, die mit Stroh gedeckt sind. Das Wohnhaus kehrt seine Schmalseite der Straße zu. Ihm gegenüber liegen die Scheunen, und Mauern mit hölzernen Toren umschließen das Gehöft. Wie alle Slawen, treiben die Wenden eifrig und geschickt Ackerbau. Noch halten sie an ihrer Volkstracht fest, die bei den Frauen durch ein buntes Mieder und eine eng anschließende Haube mit breiten Bändern und einer handbreiten, aufrechtstehenden Spitzenkrause auffällig wird. Die Wenden sind kirchlich gesinnt; in ihren Grüßen, Redensarten und Hausgewohnheiten zeigt sich eine altvererbte Frömmigkeit. Trotzdem lieben sie Gesang und Tanz.

Eine Reihe größerer und kleinerer Orte von Wichtigkeit liegt dem Saume der Heide entlang.

Die Orte an der Heide

sind auf der einen Seite von fruchtbarer, oft welliger Gegend umgeben, die an Naturschönheiten nicht arm ist, auf der andern grenzt an sie die weite, ebene und reizlosere Heide. Darum treiben die Bewohner auch zum Teil A c k e r b a u , zum Teil nutzen sie die Schätze der Heide an Quarz, Holz, Eisen usw. in reger F a b r i k t ä t i g k e i t aus.

An der Grenze der Heide liegt im Osten die Stadt **Lüben** in ganz ebener Gegend. Es ist eine alte Stadt, jetzt Garnison eines Dragonerregiments und Sitz einer Provinzial-Heil- und Pflegeanstalt. Lübens Einwohnerzahl ist in ständigem Zunehmen begriffen.

Weiter südwestlich bezeichnet **Haynau** die Heidegrenze. Die Stadt ist sehr alt und weist noch mancherlei altertümliche Bauten auf, zu denen auch die evangelische Kirche gehört. Haynau hat im Dreißigjährigen Kriege und schon vorher unter der Herrschaft der Piasten schwer gelitten. In neuerer Zeit hat sich hier eine lebhafte H a n d s c h u h f a b r i k a t i o n entwickelt.

Sehr alt ist auch das westlich gelegene **Bunzlau**, d. i. „Boleslawstadt". Die Stadt entstand ganz ähnlich wie Görlitz unter dem Einflusse der alten Handelsstraße von Breslau nach Dresden, die hier den Bober überschritt. Bunzlau war auch befestigt und hat besonders im Dreißigjährigen Kriege viel gelitten. Die Befestigungsmauern stehen zwar zum größten Teil heute noch; aber die Tore sind beseitigt und die Wälle zugeschüttet worden. So konnte sich die Stadt ungehindert ausdehnen. Recht schmucke Villenstadtteile sind auf der Löwenberger Seite entstanden. Vor der Stadt errichtete im 18. Jahrhundert der fromme Maurermeister Z a h n ein W a i s e n h a u s , das noch heute besteht und den Hauptteil der „Königlichen Waisen= und Schulanstalt" bildet.

Der Tonreichtum der umliegenden Hügel hat in Bunzlau eine welt= berühmte Töpferindustrie hervorgerufen, die jetzt in mehreren Fabriken im großen betrieben wird. Ihr Wahrzeichen ist „der große Topf", ein ungebrannter Topf von doppelter Manneshöhe, der „dreißig Scheffel Erbsen mißt". Das „Bunzlauer Geschirr" wird in alle Weltgegenden ver= sandt. Außerdem bestehen jetzt in Bunzlau die großen Tonröhrenfabriken der Firmen H o f f m a n n und K ü t t n e r. Zur künstlerischen Hebung der Tonwarenindustrie ist hier eine „Keramische Schule" errichtet worden.

78. Schloß Muskau.

Die Nähe der Heide hat G l a s = und E i s e n h ü t t e n in Bunzlau entstehen lassen, und die vortrefflichen Sandsteine aus den Brüchen von **Warthau** werden in einer großen S t e i n m e t z e r e i und B i l d h a u e r e i (Zeidler & Wimmel) verarbeitet.

Bunzlau ist der Geburtsort von M a r t i n O p i t z v o n B o b e r f e l d, genannt „der Boberschwan", des Begründers der neuhochdeutschen Metrik. Auf der Promenade ist ihm ein würdiges Denkmal errichtet worden.

Bunzlau liegt an der Niederschlesisch=Märkischen Eisenbahn. Diese über= schreitet den Queis bei **Siegersdorf**, dessen Tonwarenwerke mit denen in der Umgebung **Naumburgs**, das weiter flußaufwärts liegt, wetteifern.

Auch die an der Neiße gelegene Kreisstadt **Rotenburg** betreibt Töpferei.

An demselben Flusse liegt weiter abwärts **Priebus**. In seinem alten „Hungerturme" ließ einst ein Piastenherzog den andern verhungern.

Bei **Muskau** verläßt der Fluß unsere Provinz (s. S. 111). Hier legte ein Fürst Pückler am Beginn des 19. Jahrhunderts einen ausgedehnten **P a r k** an, der Berühmtheit erlangte; denn sein Plan beruht auf sorgfältigen Studien und entspricht den Gesetzen der Schönheit. Der Park überrascht durch seine Baumgruppen, Wasserläufe, Teichflächen, Bildsäulen und Lusthäuser, die alle harmonisch zusammengehören und ein stattliches Schloß umgeben.

In neuerer Zeit ist in Muskau auch eine H e i l q u e l l e gefaßt worden, und es sind Tonwarenfabriken, Eisen= und Glashütten, Tuch= und Papier= fabriken entstanden, zu deren Betriebe teilweise die Wasserkraft der Neiße verwendet wird.

Westlich der Neiße liegt im südlichen Teile der Heide **Niesky**. Das ist die bedeutendste schlesische H e r r n h u t e r k o l o n i e. Ihre Bewohner sind in der Mehrzahl Angehörige der Brüdergemeinde. Um die einfache Kirche breitet sich ein Platz aus, an dem altmodisch gebaute, sehr stattliche Wohn= häuser stehen, an die sich zahlreiche Werkstätten, Fabrikanlagen und Gärten anschließen. Es ist alles sehr sauber gehalten. In den Kolonien herrscht großer Gewerbfleiß. In Niesky werden besonders M ö b e l und M a s c h i n e n gefertigt. Es hat auch ein P ä d a g o g i u m und reichhaltige S a m m l u n g e n aller Art.

Hoyerswerda ist die westlichste Kreisstadt und liegt an der Schwarzen Elster. Glashütten, Dampfziegeleien und =brennereien geben der Stadt einige Fabriktätigkeit. Auch Schuhmacherei im großen wird hier getrieben.

Das am weitesten westlich gelegene Städtchen Schlesiens ist **Ruhland.** Ackerbau, Glas= und Zementindustrie sowie der Aalfang und Aalhandel bilden seine bescheidenen Erwerbszweige. Nicht fern liegt **Lindenau**, das westlichste Dorf Schlesiens.

Der Hauptort am Nordrande der Heide ist **Sagan**, eine alte Stadt, die sich zu beiden Seiten des Bobers ausbreitet. Eine breite Brücke führt über ihn hinweg. Seine Wasserkraft wird zum Betriebe von T u c h f a b r i k e n und g r o ß e n M ü h l e n ausgenutzt. Auch der Herzogliche P a r k reicht an ihn heran. Er umgibt ein stattliches S c h l o ß, das Wallenstein erbauen ließ.

Hier steht eine der sechs G n a d e n k i r c h e n Schlesiens, die der Für= sprache Karls XII. von Schweden im Altranstädter Vertrage von 1707 zu verdanken sind.

In Sagan lebten und wirkten eine Zeitlang der große Astronom K e p l e r (1628—30) und der Abt Ignaz F e l b i g e r, der Reformator der katholischen Schulen Schlesiens.

Industrieorte im Kreise Sagan sind **Halbau** (Teppichfabrik und Glas= hütte), **Freiwaldau** (Ton= und Porzellanfabriken) und **Wiesau** (Glasfabriken).

Die Heidedörfer des Kreises Sagan sind meist sehr klein und armselig. Einige führen bezeichnende Namen, z. B. **Traunicht**, **Sichdichfür** und **Wärst= dubesser.**

Sagan ist die Bahnstation **Hansdorf** benachbart.

Rückblick: Die **Schlesische Ebene** erstreckt sich ungeteilt vom Eintritt der Oder in Schlesien bis zu den Dalkauer Höhen und von da aus in zwei Ästen bis an die Grenze der Provinz. Sie ist eine südliche Bucht der Norddeutschen Tiefebene und fast ganz mit Diluvium und Alluvium bedeckt. Der Chelm und der Landrücken gliedern sie in vier Becken.

1. Das **Oberschlesische Becken** umfaßt das **Odertal** sowie den Unterlauf der **Klodnitz** und der **Hotzenplotz**. Er ist meist fruchtbar. An der Oder, die in diesem Abschnitte von 192 auf 146 m Höhe fällt, liegen **Ratibor** (lebhafte Tabak-, Maschinen-, Holz- und Papierindustrie) und **Kosel** (ehemalige Festung, jetzt wichtiger Umschlaghafen für oberschlesische Industrieerzeugnisse). — Die sehr hochstehende Landwirtschaft ist in diesem Becken Haupterwerbsquelle.

2. Die **Mittelschlesische Ebene** umfaßt das **Odertal**, die **Fruchtebene** (links der Oder) und die Ebene am Unterlauf von **Stober, Malapane** und **Weida**. — Die Oder hat auf der langen Strecke von **Krappitz** bis **Köben** nur 52 m Gefälle, daher Neigung zu Teilungen und Sumpfbildung. Das machte eine sehr mühsame Flußregulierung notwendig („Oder-Strombaukommission"). Durch sie ist der Strom eine Hauptverkehrsader des Landes geworden. Die Kommission überwacht auch den Eisgang und Hochwasser-Warnungsdienst. Große Wälder begleiten den Strom („Oderwald"). Die Hauptorte an der Oder in diesem Becken sind: **Oppeln** (Zementfabriken, begründet durch den Kreidemergel der Gegend, Groß-Korbflechtereien), **Brieg** (uralter Oderübergang am „hohen Ufer", altes Herzogschloß, bedeutende Lederfabriken, große Handelsgärtnereien), **Ohlau** (zwischen hier und **Wansen** Tabakbau, deshalb hier Tabakfabriken), **Breslau** („Königliche Haupt- und Residenzstadt", hat sich dazu um die Dom- und die Sandinsel her entwickelt, die bequeme Stromübergänge schufen auf Grund ihrer günstigen Lage. Mittelpunkt der Stadt ist der Ring mit altehrwürdigem Rathaus. Mit ihm in Verbindung stehen Blücherplatz, Palaisplatz [Königliches Schloß] und der Neumarkt. Die bedeutendsten Kirchen sind: der Dom, die ev. Elisabeth-Kirche, die ev. Maria-Magdalenen-Kirche. Die Oderschiffahrt [„Umgehungskanal"], acht hier mündende Eisenbahnlinien und noch mehr Kunststraßen machen Breslau zum Mittelpunkt des Verkehrs der Provinz. Durch wichtige Märkte und die vielseitigsten Fabrikbetriebe wird es zum Handelsmittelpunkt. Als Sitz der Provinzialbehörden und einer Königlichen Bezirksregierung ist es Mittelpunkt der Verwaltung und durch seine Universität, Museen, zoologische und botanische Gärten, durch seine Bibliotheken, Theater, Schulanstalten und wissenschaftlichen Vereine auch der Mittelpunkt der Bildung), **Auras** (Schiffbauanstalt), **Dyhernfurth** (Schloß und Park) und **Maltsch** (Oderhafen). — Die Gegend rechts der Oder weist am Unterlaufe des Stobers Wald, an der Malapane nasse Wiesengründe, an der Weida aber fruchtbares Acker- und Weideland auf. **Namslau** (einstmals Hauptverkehrsort mit Polen), **Oels** (Thronlehnshauptstadt mit Kronprinzlichem Schloß), **Konstadt** und **Bernstadt** sind die städtischen Niederlassungen dieses Gebiets. **Carlsruhe**

und **Sibyllenort** sind wichtig als Mittelpunkte großer Herrschafts=
besitze. — Die Bevölkerungsdichte ist gering.

Die **Fruchtebene**, links der Oder gelegen, bietet Boden erster
Klasse und zeigt deshalb die Landwirtschaft auf höchster Stufe. Der
Reichtum des Bodens ist schon aus der stattlichen Bauart der Gehöfte
(„fränkische Hofanlage") und Dörfer zu erkennen. Die Dörfer sind
meist Rundbörfer. Die Städte weisen den einheitlichen Grundriß der
Kolonistenstädte auf, die größeren von ihnen liegen meist am Rande
der Fruchtebene. Innerhalb dieser sind **Löwen** und **Schurgast** an der
Neiße, **Canth** an der Weistritz, **Neumarkt** (eine uralte Siedlung an der
Straße Breslau—Dresden) und **Parchwitz** an der Katzbach, von anderen
Orten **Proskau** (Königliche Obst= und Gartenbauschule), **Markt Bohrau**
(Zuckerrübenbau), **Krieblowitz** (Besitzung der Familie des Fürsten
Blücher), **Königszelt** (wichtiger Eisenbahnknotenpunkt und Fabrikort),
Bunzelwitz (historisch bekannt), desgleichen **Leuthen**. — Im Winkel
zwischen Katzbach und Oder häufen sich Teiche und Seen, so der **Kunitzer
See** (mit Möweninsel), der **Koischwitzer** und **Jeschkendorfer See**.

3. Das **Niederschlesische Becken** nimmt größtenteils den ehemaligen
Flußlauf des Glogau=Baruther Tales ein. Ihm folgt heute noch zunächst
die **Bartsch** in ihrem gesamten Lauf. Sie wird von Sümpfen und
Erlenbrüchen begleitet und war früher Schlesiens fischreichster Fluß. An
ihr liegen **Militsch** (ehemals ein slawisches Kastell, heute blühende Fisch=
zucht), **Trachenberg** (freie Standesherrschaft, ebenfalls Teichwirtschaft)
und **Herrnstadt** (einst wichtiger Übergangsort). Von der Bartsch=
mündung an folgen **Oder** und **Ochel** dem alten Flußlauf. An der Oder
ist **Glogau** Mittelpunkt des ganzen Beckens, ein uralter Übergangsort,
einst starke Festung, jetzt Waffenplatz und Fabrikstadt. Unterhalb
Glogaus an der Oder noch **Beuthen** (Mühlen= und Schiffahrtsbetrieb)
und **Neusalz** (Herrnhuterkolonie, Fabriken für Garn und Eisenhütten).
Am Südrand des Ocheltales **Naumburg am Bober** und **Freystadt**. —
Der nördlichste Abschnitt des Beckens gehört dem alten Warschau=Ber=
liner Tal an, in dem die Oder und **Obra** fließen. Schlesiens nörd=
lichste Stadt, **Rotenburg**, und sein nördlichstes Dorf, **Läsgen**, liegen
hier in einer Gegend, die wie das ganze Becken Land= und Wald=
wirtschaft betreibt.

4. Die **Niederschlesisch=Lausitzer Heide** bildet den vierten Abschnitt
der Schlesischen Ebene. Sie dehnt sich ostwärts von der Katzbach und
den Dalkauer Höhen in nördlicher Abdachung aus. In derselben, meist
parallelen Richtung durchströmen sie **Bober, Queis, Tschirne, Lausitzer
Neiße** und **Spree** in breiten, zum Teil tief eingewaschenen Tälern.
Nach ihren Besitzern gliedert sie sich in die Görlitzer, Bunzlauer und
Sprottauer Heide. Eine natürliche Gliederung in zwei Teile voll=
bringen die Ausläufer des Isergebirges bei **Wehrau** am Queis einer=
seits und die der Freystädter Höhen andrerseits. Eine zusammen=
hängende Kiefernwaldfläche von mehr als 3000 qkm bedeckt den san=
digen Diluvialboden. Ausgedehnte Sumpfflächen (**Greulicher, Kotze=
nauer, Primkenauer** und **Sprotte=Bruch**) umschließt der Wald, deren

Raseneisenerz ausgebeutet wird (in **Koßenau, Primkenau, Kittliß-treben, Coronsdorf, Gulau** und **Malmiß**). Dem Sprotte-Bruch entströmt die **Sprotte,** an der **Sprottau** liegt. Auch zahlreiche Weiher und Teiche umschließt der Heidewald. Der größte ist der **Wohlenteich,** nahe dem Eisenbahnknotenpunkte **Kohlfurt.**

In der Heide herrscht die Walbarbeit als Erwerbsquelle vor. Holz- und Sandreichtum bedingen aber auch eine rege Holzstoff-, Papier- und Glasindustrie (in **Wehrau, Klitschdorf, Sagan, Muskau** [Park des Fürsten Pückler], **Halbau, Freiwaldau, Wiesau** und **Penzig**). Auch Braunkohlen werden abgebaut (Kreis **Hoyerswerda**). Der Hauptverkehr geht von den größeren Orten am Rande der Heide aus, die auch an deren Fabrikbetrieb teilnehmen, so **Lüben** (Provinzial-Heil- und Pflegeanstalt), **Haynau** (Handschuhfabriken), **Bunzlau** (Schlesiens „Töpferstadt", Keramische Schule, Königliche Waisen- und Schulanstalt) **Siegersdorf** und **Naumburg** am Queis (beide mit Tonwerken), **Rotenburg** (desgleichen) und **Sagan** (Tuchfabriken, Mühlenindustrie, Herzogliches Schloß). In der Heide sind noch erwähnenswert: **Hoyerswerda** (Glashütten), **Niesky** (gewerbreiche Herrnhuterkolonie).

Die Bevölkerungsdichte in der Heide ist gering. Ihre Durchschnittszahl erhebt sich in keinem Heidekreise über 60, auf das qkm gerechnet. — Zwischen der Lausitzer Neiße und der Schwarzen Elster wohnen im Gebiet der Heide noch etwa 25 000 Wenden, die sich ihre völkischen Eigentümlichkeiten bewahrt haben.

E. Das Klima.

Unter dem K l i m a eines Landes versteht man „den Inbegriff aller atmosphärischen Erscheinungen, wie sie innerhalb eines gewissen Zeitraums im Mittel gefunden werden". Ein Urteil darüber erhält man darum nur durch langjährige Beobachtungen. Solche wurden in Schlesien an einzelnen Orten schon vor 200 Jahren angestellt[1]), aber später wieder abgebrochen. Fortlaufend wird das Wetter auf der Breslauer Sternwarte seit 1791 beobachtet.

Große Verdienste um die schlesische Wetterkunde erwarben sich die „S c h l e s i s c h e G e s e l l s c h a f t f ü r v a t e r l ä n d i s c h e K u l t u r" und die Professoren H a l l e und D o v e. Jetzt gibt es in Schlesien etwa 300 Orte, an denen Niederschlagsbeobachtungen, und 30, an denen auch andere Wetterbeobachtungen gemacht werden. (Vgl. S. 59.)

---

[1]) Diese sowie die meisten andern tatsächlichen Angaben dieses Abschnittes sind einem Artikel von Professor Dr. Kreußer über „Das Klima Schlesiens" im 2. Bande der „Bunten Bilder aus dem Schlesierlande" entnommen.

Das Klima hängt in erster Linie von den

Wärmeverhältniffen

eines Landes ab.

Wer aus den westlichen oder Seengebieten Deutschlands nach Schlesien kommt, der findet unser Klima rauh, und anderseits klagt er wohl im Sommer über zu große Hiße. Beides mit einem gewissen Recht; denn die Durchschnittstemperatur ist in der Schlesischen Ebene im Januar nahezu 2½° niedriger und im Juli 7½° höher als in dem Teile der Niederrheinischen Tiefebene, der mit Breslau etwa unter gleicher Breite liegt. Gegenüber der Insel Helgoland betragen diese Unterschiede sogar 4°, bzw. 3°. Wer aber aus entsprechender Breite von Osten her nach Schlesien kommt, macht umgekehrte Beobachtungen. D a r a u s e r g i b t s i ch f ü r S ch l e s i e n e i n K l i m a, d a s d i e G e g e n s ä ß e d e s k o n t i n e n t a l e n u n d o z e a n i s ch e n v e r s ch m i l z t, j e n e m a b e r n ä h e r st e h t a l s d i e s e m.

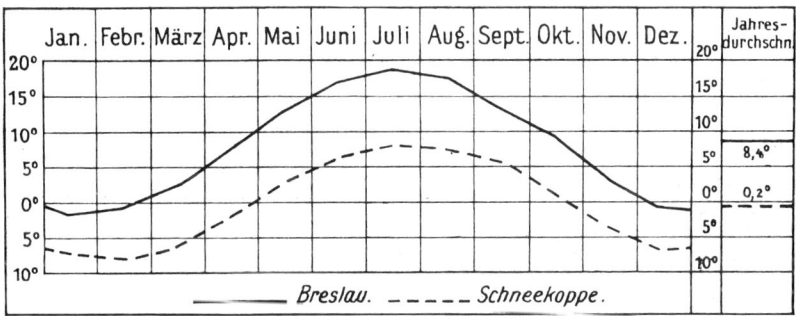

79. Klimakurven für Breslau und die Schneekoppe.

Im Sommer flieht jeder, der es ermöglichen kann, auf einige Zeit vor der Hiße aus der Ebene in die Berge der Sudeten; denn die Erfahrung zeigt, daß es hier k ü h l e r ist als dort, und z w a r u m s o m e h r, j e h ö h e r m a n i n s G e b i r g e h i n a u f st e i g t. Im allgemeinen nimmt die Temperatur im Sommer bei je 100 m Steigung um ½° ab. Daraus erklärt es sich, daß die Durchschnittstemperatur für den Juli im Bobertal und auf der Schneekoppe sich um nahezu 8° unterscheiden. Im Januar beträgt dieser Unterschied aber nur 5°; denn die Kälte steigt auf den Gip- feln nicht in demselben Maße wie in der Ebene. Es ist sogar alljährlich die Erscheinung zu beobachten, daß in den ersten Wintermonaten die Temperatur auf dem Riesengebirge z. B. höher ist als im Hirschberger Tale. So war es am 22. Dezember 1879 in der Kirche Wang 18° wärmer als am Bober. Die Hochtäler der Gebirge stellen dann Kälteseen dar, auf deren Grunde sich die kälteren und darum schwereren Luftschichten gelagert haben. So steht denn auch die d u r ch s ch n i t t l i ch e J a h r e s t e m p e r a t u r d e r S ch n e e - k o p p e mit 0,2° nur um 8,2° gegen die der Oberebene zurück. Die Schnee- koppe ist aber damit der kälteste Punkt Norddeutschlands, und in der Höhe des Meeresniveaus findet man erst am Nordkap und im Innern Sibiriens entsprechende Durchschnittstemperaturen.

Der von der Höhenlage bestimmte Unterschied in der Temperatur prägt sich am deutlichsten in der Blütezeit der Pflanzen aus. So blühen bei Beuthen (Oberschlesien) die Kirschen 8 Tage, in der Umgebung Flinsbergs sogar 11 Tage später als bei Breslau, und in manchem langgestreckten Ge= birgsdorfe fängt man die Ernte im Niederdorfe 3 bis 4 Tage früher an als im Oberdorfe.

Die durchschnittliche Wärmeschwankung zwischen dem heißesten (Juli) und dem kältesten Monate (Januar) beträgt für Beuthen (Oberschlesien) 21 °, für die ganze Provinz 20 ° (für die unter gleicher Breite in Irland und im Ural liegenden Gebiete aber 8 °, bzw. 38 °).

Weitere Beispiele für diese klimatischen Erscheinungen sind aus nach= folgender Tabelle zu ersehen:

	Jan.	Feb.	März	April	Mai	Juni	Juli	Aug.	Sept.	Okt.	Nov.	Dez.	Jahres= durchschnitt
Breslau . .	−1.6	−0.7	2.5	7.9	13.0	17.1	18.6	17.9	14.3	9.2	3.1	−0.7	8.4
Görlitz . .	−1.5	−0.6	2.3	7.5	12.4	16.4	17.9	17.2	13.8	8.7	2.9	−0.7	8.0
Grünberg .	−1.9	−1.1	1.9	7.3	12.3	16.5	17.7	16.9	13.5	8.4	2.5	−1.1	7.7
Schneekoppe	−7.9	−7.9	−6.4	−2.1	2.9	6.3	8.0	7.6	5.2	0.8	−3.6	−6.8	−0.2

Sehr wichtig für die Gesundheitsverhältnisse eines Landes sind die Wärmeschwankungen zwischen zwei aufeinanderfol= genden Tagen. Sie sind in Schlesien im allgemeinen auffällig, be= sonders groß im Frühling, und im Gebirge wieder erheblicher als in der Ebene. Ähnliches läßt sich von den Wärmeschwankungen inner= halb eines Tages sagen.

Die größte Kälte, die in Schlesien beobachtet wurde, betrug — 30 °, die größte Wärme + 40 °. Der erste Frost fällt im Flachlande meist in der zweiten Hälfte des Oktober, der letzte in der zweiten Hälfte des April. Ver= einzelte Fröste haben den mittleren Maitagen den gefürchteten Ruf der „Eis= heiligen" eingetragen.

Eine zweite wichtige Voraussetzung des Klimas ist die Größe des

Luftdruckes.

Sie ändert an jedem Orte und im Laufe des Jahres stark ab. Der mittlere Luftdruck für Glogau beträgt z. B. 755 mm, für Görlitz 742 mm und für Beuthen (Oberschlesien) 735 mm. Die Schwankungen des Luftdruckes führen die verschiedenen

Windbewegungen

herbei. Die in unserer Provinz herrschende Windrichtung ist die westliche und nordwestliche. (Vgl. S. 164.) Seltener sind die Ost= und Nordwinde, am seltensten tritt Südwind ein. Die Westwinde bringen meist Regen, die Ost= winde Dürre (warum?) und die Südwinde Gewitter, die in Schlesien im allgemeinen nicht selten, im Gebirge und in der Spreegegend sogar sehr häufig sind.

Der Nordabhang des Riesengebirges weist auch manchmal einen regel= rechten Föhn auf. Der Rücken des Gebirges trennt zuzeiten ein Gebiet hohen Luftdruckes in Böhmen und ein solches niederen Druckes in Nord=

deutschland. Darum strömt letzterem die Luft aus den schlesischen Gebirgs=
tälern zu, deren Luft infolgedessen verdünnt wird. In sie wird darum die
jenseit des Gebirges lagernde, dichtere Luft förmlich hineingesogen. Sie
strömt dann rasch über das Gebirge talwärts und wird dabei verdichtet und
erwärmt. Damit aber wächst ihre Fähigkeit, Wasser aufzunehmen, und aus
allen diesen Gründen erscheint der Föhn heftig, warm und trocken.

Alle diese Vorbedingungen bestimmen zusammen die Art und Menge der

Niederschläge.

Ihre Vorstufe sind die N e b e l. Sie stellen sich besonders im November
ein. Sehr häufig sind sie im Gebirge. Die Koppe hüllen sie oft 14 Tage
lang hintereinander ein. Weil Staubgehalt der Luft die Nebelbildung be=
fördert, weist Oberschlesiens Industriebezirk ungemein viel Nebeltage auf:
Beuthen (Oberschlesien) durchschnittlich 75 im Jahre. Die Schneekoppe
hat im Durchschnitt 264, Eichberg nur 18 Nebeltage. Bei niedriger
Temperatur bildet der Gebirgsnebel R a u h r e i f, im Gebirge „Anraum"
genannt, der alles mit einer Decke feiner Eisnadeln überzieht. Er verwandelt
nach und nach jeden Baum in einen unförmlichen Eisklumpen und fügt so den
Bäumen großen Schaden zu. Nur das Knieholz ist gegen ihn geschützt, weil
es unter der Schneedecke liegt.

Nebel und Wolken beschränken bei uns die S o n n e n s c h e i n d a u e r
so stark, daß im Durchschnitt nur 4 bis 5 Stunden Sonnenschein auf einen
Tag entfallen, und 70 bis 80 Tage im Jahre auch in der Ebene ganz ohne
Sonnenstrahl verlaufen.

Der Wind setzt an Erhebungen der Erdoberfläche mehr Feuchtigkeit ab
als in der Ebene, an der ihm zugekehrten Seite der Gebirge mehr als an
der entgegengesetzten. Da nun hauptsächlich West= und Südwestwinde Regen
bringen, erklärt sich hieraus die eigenartige Verteilung der R e g e n =
m e n g e n in Schlesien. Ein flüchtiger Blick auf eine Regenkarte[1]) zeigt,
daß die Niederschlagshöhe[2]) in einem gewissen Verhältnis zur Bodenerhebung
steht und im allgemeinen mit dieser zunimmt. So weist das Odertal die
geringsten Niederschläge auf (500 mm). Ein Querschnitt, von ihm aus zur
Schneekoppe gelegt, durchschneidet in der Fruchtebene, im Vorgebirgslande,
im Gebirgsabhang und im Gebirgskamme, in vier Höhenstufen also, ebenso
viele Niederschlagsregionen, die einander in der Regenhöhe immer um rund
100 mm übertreffen. Nur die höchsten Teile des Gebirges haben mehr als
1000 mm Regenhöhe, und sie steigert sich bis zur Schneekoppe auf nahezu
1300 mm. Auch nach Oberschlesien hin nimmt sie vom Odertal aus zu, und
zwar derartig, daß sie in Oppeln etwa 600, in Beuthen aber nahezu 700 mm
erreicht. Auf dem Landrücken bleibt sie etwas dagegen zurück. Die regen=
reichsten Monate sind für die ganze Provinz Juni bis August. P l a t z =
r e g e n und W o l k e n b r ü c h e liefern im Gebirge bis 240 mm (Schnee=
koppe am 30. Juli 1897). — Solche Regengüsse führen natürlich auch Hoch=

---

[1]) Z. B. die Hellmannsche.
[2]) Das ist die Höhe der Wasserschicht, ausgedrückt in mm, zu welcher
der Regen und das Schmelzwasser des Schnees sich auf der Erdoberfläche an=
sammeln würden, wenn das Wasser weder in den Boden eindringen, noch ab=
fließen, noch verdunsten könnte (nach Hellmann).

wasser herbei, und zwar ziemlich regelmäßig um Johanni jeden Jahres. Nicht selten veranlassen die Hochwasser (oder auch Überschwemmungen und Verwüstungen durch die Gebirgsflüsse, die dann plötzlich aus ihren Ufern treten. Dem sucht die Regierung durch kostspielige Regulierung der Flußläufe, Anlage von Staubecken und dergleichen zu steuern. (Vgl. S. 92 f.) — Die Zahl der N i e d e r s c h l a g s t a g e beträgt für das Flachland 150, für das Gebirge aber 200.

Im Winter erfolgen die Niederschläge meist in Form von S c h n e e. Im Gebirge ist die Zahl der Schneefalltage zweimal so groß als in der Ebene; aber die Menge der dort niedergehenden Schneemassen beträgt fünfmal so viel als hier. In Meterhöhe bedecken sie monatelang Kämme und Hänge des Gebirges, und darin hat die Härte des Gebirgswinters ihren wahren Grund.

Endlich ist noch zu erwähnen, daß die Niederschläge leider auch häufig in der Form von H a g e l niedergehen. Die Hagelfälle schädigen den Landbau ungeheuer. Mittel- und Oberschlesien werden von ihnen am häufigsten betroffen; andere Gegenden, z. B. der Kreis Guhrau, bleiben nahezu ganz von ihnen verschont.

F. Die Pflanzenwelt[1]).

Pflanzengeographisch läßt sich Schlesien in

drei Höhenregionen

teilen. Diese sind: die E b e n e, das V o r g e b i r g e und das H o c h - g e b i r g e. Die Grenze zwischen Ebene und Vorgebirge bildet in diesem Sinne fast genau die sudetische Ostrandlinie, und es gehört demnach der Ebene alles Gebiet zwischen 55 und 330 m Seehöhe an. Das Vorgebirge im pflanzengeographischen Sinne rechnen wir bis 1200 m, und was darüber liegt, zum Hochgebirge.

Streng genommen sind an diese Einteilungsgrenzen nur die w i l d - w a c h s e n d e n P f l a n z e n gebunden. Die a n g e b a u t e n G e w ä c h s e überschreiten sie; doch herrscht jede ihrer Arten in einer der beiden unteren Regionen vor. Die oberste Region kommt für sie gar nicht in Betracht.

1. Die Ebene.

Ihre Flora ist die jüngste Schlesiens, denn sie ist erst nach der Eiszeit entstanden. Ihre wildwachsenden Arten haben sich, von allen Himmelsrichtungen zuwandernd, vielfach durchdrungen, vermischt und bekämpft und so die der Ebene charakteristische Flora erzeugt. Für viele Arten lassen sich noch heute die Richtungen feststellen, in denen sie eingewandert sind und noch einwandern. Die durch klimatische oder andere geographische Zustände bestimmte Höhengrenze von 330 m überschreiten vorzugsweise ein- und zweijährige Bruch- und Ackerpflanzen. Im ganzen weist die Ebene etwa 400 ihr eigentümliche Pflanzenarten auf.

---

[1]) Zur Bearbeitung dieses Abschnittes wurden die Einleitung zu E. Ficks „Flora von Schlesien" sowie der Bericht der Schlesischen Landwirtschaftskammer für 1904/05 benutzt.

Die Waldbestände

der Ebene sind in manchen Gebieten sehr ausgedehnt. (Vgl. S. 119 u. 164.) Der charakteristische Nadelbaum ist die K i e f e r. Sie bildet hauptsächlich die Wälder Oberschlesiens, der Grünberger Hügel, der Niederschlesischen Heide und an der Bartsch. Ihr Unterholz ist fast ausschließlich der W a c h o l d e r (Juniperus). In den Laubwäldern an der Oder herrschen E i c h e n vor, doch finden sich hier auch A h o r n, E r l e, R ü s t e r, P a p p e l und W e i d e in großen Beständen. Das Unterholz dieser Laubwälder ist zum Teil sehr dicht und besteht meist aus W e i ß d o r n (Crataegus), H a r t - r i e g e l (Cornus), F a u l b a u m (Frangula), P f a f f e n h ü t c h e n (Evonymus) und strauchartigen U l m e n, W e i d e n und E r l e n. Über Weiden- und Erlenbrüche vgl. S. 160 u. 162.

Von den wildwachsenden

krautartigen Pflanzen

finden sich zahlreiche und interessante Arten in den humusreichen **Laub-wäldern** an der Oder und ihren Nebenflüssen. Das M a i g l ö c k c h e n (Convallaria majalis) und die F r ü h l i n g s k n o t e n b l u m e (Leucojum vernum) kommen in solchen Mengen vor, daß sie Handelsartikel bilden. Über die Sumpfflora an den Flüssen vgl. 147 u. 162.

Viel spärlicher und artenärmer ist das Pflanzenkleid in den **Nadelwald-gegenden** der Ebene. Hier ist der sandige Boden oft nur mit F l e c h t e n überzogen, und nur in den Flußtälern ist die Flora weniger eintönig. Von wirtschaftlicher Bedeutung sind die in Massen vorkommenden H e i d e l - u n d P r e i s e l b e e r e n. (S. S. 168.) Auch die rutenförmigen Zweige des B e s e n g i n s t e r s (Sarothamnus) dienen einem bescheidenen Erwerb.

M o o s e und H a l b g r ä s e r bedecken die ausgedehnten **Sumpfflächen** der Heide, aus denen sich die hohen, schilf- und kolbenblütigen Gewächse empor-strecken, während in den Moospolstern mehrere Arten insektenfressender Pflanzen ihr Dasein behaupten, z. B. S o n n e n t a u (Drosera), W a s s e r - h a l m (Utricularia), F e t t k r a u t (Pinguicula) u. a.

Die **Wiesen** bringen überall saftiges Gras hervor, und das Bestreben des Landwirts geht dahin, sie immer mehr des bunten Blumenschmuckes zu berauben, da er die Brauchbarkeit des „Futters" beeinträchtigt. Mai-, Gänse- und Butterblumen sowie die Hahnenfußarten fallen überall am meisten unter den Wiesenpflanzen auf. Das Gras wird in vielen Gegenden jährlich zweimal gemäht und entweder grün verbraucht oder zu Heu gedörrt.

Auch die **Ackerflora** ist ärmer als früher, weil durch eifrige Samen-kontrolle und sorgfältigere Bebauung der Felder den Unkräutern immer mehr gesteuert wird. M o h n, K o r n b l u m e, K o n r a d e und H e d e r i c h seien von ihren zahlreichen Arten besonders genannt.

In der **Nähe menschlicher Wohnungen** sind M a l v e n, F i n g e r - k r ä u t e r, M e l d e n, W o l f s m i l c h und S t o r c h s c h n a b e l all-bekannte Gäste.

Nicht allzu zahlreich sind die Arten von **Giftpflanzen** im Gebiet der Ebene. Die T o l l k i r s c h e (Atropa belladonna) wächst am Zobten, in der Schweidnitzer, Bolkenhainer und Jauerschen Gegend sowie in der Umgebung des Annaberges, das B i l s e n k r a u t (Hyoscyamus niger) fast überall auf Dorfstraßen, Wegen und Schuttplätzen, der S t e c h a p f e l (Datura stramonium) hauptsächlich an ähnlichen Stellen der rechten Oderseite, die N a c h t = s c h a t t e n a r t e n (Solanum nigrum und dulcamara) auf Gemüseäckern, Garten= und Schuttland, an Hecken und Zäunen überall, während der S e i d e l b a s t (Daphne mezereum) in den Laubwäldern der Ebene viel seltener ist als in denen des Vorgebirges. Dort wie hier aber wachsen zahl= reiche Arten giftiger P i l z e neben vielen eßbaren und nahrhaften Sorten.

Einzelne Bezirke der Region der Ebene sind wahrhafte J u n d g r u b e n f ü r d e n B o t a n i k e r, weil sie eine Fülle seltener Pflanzenarten auf= weisen, so z. B. die Hügel um Bremberg bei Jauer, die Striegauer Berge, die um Nimptsch sowie die Umgebung des Zobten und die Berge um Franken= stein. Reichliches Vorkommen von Kalk, Basalt und Serpentin sind die Ursache dieses Artenreichtums.

2. Das Vorgebirge.

Das niedrigere Vorgebirge — in pflanzengeographischem Sinne — trägt bis zu 600 und 700 m nicht nur in den Tälern, sondern auch bis zum Scheitel ziemlich steiler Berghänge hinauf Ackerbauflächen, und nur der kleinere Teil dieses Gebietes besteht aus Wald. Eine teilweise sehr unvor= sichtig betriebene Waldverwüstung macht sich bereits ungünstig geltend, indem sowohl zeitweise Dürre als auch plötzliche Überschwemmungen als ihre Wir= kungen zu bezeichnen sind.

Die Wälder

bestehen in den niedrigeren Vorbergen meist aus Laubwald, weiter oben aber herrschen Fichtenwaldungen durchaus vor, in die kleine Bestände oder einzelne Exemplare der E d e l t a n n e eingesprengt erscheinen. Die Laubwälder setzen sich meist aus E i c h e n, L i n d e n, A h o r n a r t e n, R ü s t e r n, B i r k e n, P a p p e l n und W e i d e n zusammen, aber auch der V o g e l = k i r s c h b a u m ist häufig in ihnen. Im Unterholz, das so ziemlich dem der Oderwälder gleicht, ist der B e r g h o l u n d e r (Sambucus racemosa) beson= ders charakteristisch.

In bezug auf die

krautartigen Pflanzen

bestehen zwischen den beiden Regionen tiefgreifende Unterschiede nicht. „Un= merklich und nur für den aufmerksamen Beobachter erkennbar, verändert sich in den der Ebene zunächst gelegenen Gegenden des Gebirges die Flora, und besonders im Nordwesten sind die Vegetationsgrenzen der beiden unteren Regionen schwer festzustellen." Die Flora wird artenärmer, je höher man kommt, sowohl in den W a l d = als auch in den A c k e r = u n d S u m p f g e = b i e t e n. Sie ist auch im ganzen Gebirgsgebiet ziemlich gleichartig und offenbar wenig abhängig von der Art des Steinuntergrundes. Nur Basalt= und Kalk= vorkommen ändern die Flora sichtlich ab. Die W i e s e n f l o r a zeigt gegen= über der der Ebene ziemlich deutliche Abweichungen.

Über die Charakterpflanzen des höchsten Vorgebirges vgl. S. 80.

3. Das Hochgebirge.

Über die Flora dieser pflanzengeographischen Region vgl. S. 67 f.

4. Die angebauten Pflanzen.

Auf Acker= und Gartenland, auf Wiesen und Weiden werden die mannig=
fachsten landwirtschaftlichen Produkte erzeugt. Der Stand der Landeskultur
ist ein sehr günstiger; denn mehr als die Hälfte der vorhandenen Bodenfläche
steht unter dem Pfluge. Freilich ist diese Bodenbenutzung in den einzelnen
Kreisen sehr verschiedenartig, so daß die Ausdehnung des Ackerlandes zwischen
$^1/_4$ (Kreis H o y e r s w e r d a) und $^9/_{10}$ (Kreis L e o b s ch ü tz) der Gesamt=
bodenfläche der Kreise schwankt. Im Verhältnis weist der Regierungsbezirk
Breslau am meisten bebautes Land auf (etwa 75%), der Regierungsbezirk
Oppeln steht ihm um 10 %, Liegnitz sogar um etwa 17 % nach.

Von den

Getreidearten

wird der **Weizen**, der den besten Boden fordert, hauptsächlich in der Frucht=
ebene rechts und links der Oder und im niedrigen Gebirge bis zu 300 m,
stellenweise bis zu 400 m angebaut. Den besten Ruf hat der „weiße Weizen"
der Frankenstein=Münsterberger Gegend. 1911 betrug die Gesamtanbau=
fläche für Weizen rund 210 000 ha.

Allgemeiner ist der Anbau des **Roggens**, dessen Anbaufläche 1911 rund
580 000 ha betrug. Er ist als Hauptbrotfrucht sowohl in den Heidegegenden
als auch im Gebirge und in der Fruchtebene zu finden. Bis 600 m Höhe
ist er allgemein verbreitet, an einzelnen Stellen des Gesenkes, des Glatzer,
Waldenburger und Riesengebirges aber steigt sein Anbau sogar über 800 m
hinauf.

Ähnliches gilt von dem Verbreitungsgebiet der **Gerste**, doch betrug ihre
Anbaufläche 1911 nur rund 140 000 ha, während die des **Hafers** 375 000 ha
erreichte. Er verträgt als härteste der Getreidearten auch noch den Anbau
in 900 m Höhe (z. B. bei Wang und Grunwald an der Mense).

Von den übrigen

Feldfrüchten

sind erwähnenswert: der **Buchweizen**, der sandigen Boden liebt und haupt=
sächlich in den Heidegegenden und in Oberschlesien angebaut wird, **Hülsen=
früchte**, deren Anbau in den mittleren Kreisen des Regierungsbezirks Bres=
lau, besonders in der Umgebung Münsterbergs betrieben wird, **Rüben**, deren
Hauptanbaustrecken ungefähr in denselben Gebieten liegen, wo sie zur Vieh=
fütterung und Zuckerbereitung verwendet werden (s. S. 96 ff. u. 153), **Gemüse**
(s. S. 98 u. 109), **Zichorie**, bei Breslau, **Raps**, **Flachs** und **Tabak**. Der An=
bau von Flachs und Tabak sind gegen früher zurückgegangen. Den ersteren
suchte man zu heben, indem man in Popelau bei Rybnik eine Flachsbau=
versuchsanstalt einrichtete und einen Flachsbauinstruktor anstellte. 1894
waren in den Kreisen Habelschwerdt, Leobschütz, Sagan, Waldenburg, Landes=
hut und Groß=Wartenberg zusammen etwa 20 ha mit Flachs bebaut, mehr
als die Hälfte davon entfallen auf den Kreis Habelschwerdt. Über Tabakbau
vgl. S. 151! Bei weitem die größte Bedeutung hat für Schlesien der **Kar=
toffelbau**. Er wurde in unserer Provinz durch Friedrich den Großen ein=

geführt. Das Landvolk trieb ihn nur gezwungen. (Geschichte von den „Frieselkissen".) Erst die Teuerung der Jahre 1770 und 1771 zeigte recht den Wert der Kartoffel und verbreitete ihren Anbau. Jetzt werden große Mengen erzeugt. Die Anbaufläche betrug 1911 etwa 340 000 ha. Die Kartoffeln dienen nicht bloß als Nahrungs= und Futtermittel, sondern werden auch in Brennereien verarbeitet (s. S. 201). So hoch im Gebirge Menschen wohnen, so hoch gedeiht auch die Kartoffel, z. B. an den Brunnenbergbauden in 1172 m Höhe. Die fruchtbarsten Teile des Landes treiben am wenigsten Kartoffelbau; so werden im Kreise S t r i e g a u nur $\frac{1}{24}$ des Gesamtbodens, im Kreise R y b n i k aber $\frac{1}{4}$ zum Kartoffelbau benutzt.

Zur Hebung des

Obstbaues

ist in den letzten Jahrzehnten sehr viel in Schlesien geschehen. Obstbauschulen (s. S. 153), Mustergärten, Wanderlehrer, Obstbau= und Obstverwertungskurse verbreiten immer mehr einen erfolgreichen Anbau, die richtige Veredelung und Ausnutzung der Obstbäume. Überall werden Chausseen und Landwege mit zweckentsprechenden Obstsorten bepflanzt; manche Gegenden aber treiben den Anbau im größten Stile. Obenan steht darin die Grünberger Gegend (vgl. S. 144), dann folgt der Gebirgsrand von Ratibor bis Neiße, „das schlesische Birnenland", dann die Umgebung der Trebnitzer Hügel, die hauptsächlich Pflaumen und Kirschen liefert, endlich auch die nördliche Abdachung des Frankenstein=Nimptscher Berglandes, wo im Frühjahr zur Zeit der Kirschenblüte die „weißen, duftenden Tücher", von denen der Dichter singt, weithin „über das Land gebreitet" sind. Roh, geröstet, eingelegt sowie in der Form von Schnaps und Wein bringen die verschiedenen Obstsorten reichen Gewinn. 1899 betrug die Zahl der Obstbäume in Schlesien schon nahezu 12 Millionen.

Weinbau

wird im großen in unserer Provinz nur noch bei Grünberg getrieben (s. S. 143 f.). Es gedeihen hier besonders die Sylvaner Rebe, Schönedel und der Traminer.

G. Die Tierwelt.

Unter den

a) wildlebenden Tieren

Schlesiens finden sich Vertreter aller Klassen und auch der meisten Ordnungen des Tierreiches.

1. Säugetiere

Die Ordnung der **Flattertiere** ist durch mehrere Arten von F l e d e r = m ä u s e n, die der **Insektenfresser** durch I g e l, M a u l w u r f und mehrere Arten S p i t z m ä u s e vertreten. Die Zahl der **Raubtiere** ist mit der ständig fortschreitenden Kultur des Landes immer mehr geschwunden, und so finden sich in dem ehemaligen Urwaldgebiete Schlesiens, in dem einst Bären, Wölfe, Luchse und Wildkatzen in Menge hausten, von Raubtieren nur noch F ü c h s e,

Dachse, Fischottern und einige Marderarten vor. Sehr zahl=
reich sind die Nagetiere vertreten. Sie richten allerorten Schaden an: die
Eichhörnchen in den Wäldern, die Hamster und Kaninchen
auf dem Felde, dort auch die Wühl= und Feldmäuse, im Hause die
Hausmaus und die Wanderratte, und nur der Hase ist als Jagd=
tier gern gesehen. Von den Paarhufern leben Reh und Edelhirsch in
unsern Wäldern, erstere besonders zahlreich in der Ebene, aber von den
Vielhufern ist wohl das in Oberschlesien und in der Niederschlesischen Heide
sein Unwesen treibende Wildschwein der einzige Vertreter in Schlesien.

2. Vögel.

Die Vogelwelt Schlesiens ist zahlreich und mannigfaltig.
Von Raubvögeln kommen sehr selten Geier, häufiger schon Adler
vor, von denen einige Arten sogar in den niederschlesischen Brüchen und ober=
schlesischen Wäldern nisten. Auch der Wanderfalke findet sich hier und da,
und Stößer und Sperber sind nur zu häufig Gäste der Hühner= und
Taubenställe. Über den Feldern treiben Bussarde und Weihen ihre
nützliche Mäusejagd. Furchtsame Gemüter werden des Nachts durch den
Ruf der Eulen und Käuze erschreckt. Wald und Feld durchtönt
das vielstimmige Konzert unserer Singvögel. Pirole, Amseln,
Nachtigallen, Sprosser, Rotkehlchen, Grasmücken und
Meisen beleben besonders die Gebüsche und Hecken der Ebene und des
Vorgebirges, während Finken, Stare, Zeisige, Gimpel und
Stieglitze auch im Gebirge ihre Stimmen erschallen lassen, wo der
Eichelhäher seine krächzenden Warnrufe ausstößt und Kreuz=
schnabel und Seidenschwanz selbst den winterlichen Wald bewohnen.
Wasserpieper und Ringdrosseln beleben sogar noch die Knie=
holzbüsche. Überall durchschießen die Schwalben die Lüfte und schmet=
tern die Lerchen in blauer Höhe; leider fallen auch überall dem blut=
dürstigen Würger die kleineren Sänger zum Opfer, und überall macht sich
auch der Sperling in seiner bekannten Frechheit breit. Blaue Man=
del=, schwarze Nebel= und Saatkrähen sowie Elstern und
Dohlen nisten in Nadelwäldern oder auf Türmen, und als große Selten=
heit findet sich in den ausgedehnten Heide= oder Gebirgswaldungen auch wohl
noch der Rabe. Eisvögel treiben an den Bergwassern ihren Raub=
fischfang, und der Kuckuck samt dem Wiedehopf lassen ihren lauten Ruf
so ziemlich überall in den schlesischen Wäldern hören. Unter den Kletter=
vögeln kann man den Wendehals wohl als Papagei unserer Wälder be=
zeichnen, und die Schwarz=, Grün= und Buntspechte verdienen
den Namen der „Zimmerleute" unter Schlesiens Vögeln mit Recht. Holz=,
Ringel= und Turteltauben mischen ihr Gurren in das Schmettern
der Sänger, und von ihren Vettern, den Hühnerarten, bergen unsere Forsten
verschiedene Arten, z. B. Auer=, Birkhühner und Fasanen,
während Rebhühner und Wachteln in Feld und Wiese ihren Unter=
schlupf suchen. Als seltene Gäste lassen sich wohl zuzeiten die zu den Lauf=
vögeln gehörigen Trappen in der Niederschlesischen Heide belauschen. Da=
gegen hat unsere Provinz keinen Mangel an Sumpfvögeln. Auf den Wiesen
der Ebene jagt der Storch, und in den Heidewäldern nisten die Reiher.

Rohrdommel und Regenpfeifer sind Standvögel der Sumpf-
wälder, desgleichen auch Kiebitz und Teichhuhn. Die Schnepfen
gehören mit den Fasanen zu dem geschätztesten Vogelwilde. Die **Schwimm-
vögel** sind durch Wasserhühner=, Stock= und Krickenten so ziemlich in allen Teichgegenden der Provinz vertreten. An den niederschlesischen
Heideteichen brütet die Grangans, und selbst der Kormoran ist in
verschiedenen Gegenden Schlesiens schon erlegt worden. Über die Möwen
vgl. S. 154.

3. Reptilien.

Sie sind nur in wenigen Arten in Schlesien vertreten. Von den **Schild-
kröten** nur eine Sorte, von den **Schlangen** nur die harmlose Ringel= und
die glatte Natter, von den giftigen als einzige Art die Kreuzotter.
Diese aber hat sich so sehr vermehrt, daß auf ihre Ausrottung Prämien ausgesetzt werden mußten. Die **Eidechsen** sind durch die gemeine grüne
Eidechse und durch die Blindschleiche in Schlesien vertreten.

4. Amphibien.

Die zu ihnen gehörigen Wasser= und Laubfrösche, die
grauen, grünen und Feuerkröten sind in der ganzen Provinz
bekannte Wasser= und Grasbewohner; ebenso finden sich fast in jedem
Tümpel die geschwänzten Arten der Lurche: Feuersalamander und
Teichmolch.

5. Fische[1]).

Ehemals waren Schlesiens Flüsse und Teiche sehr fischreich, bis die
Fabrikanlagen entlang der Bäche und Flüsse deren Wasser vergifteten
und so ein Massensterben der Fische herbeiführten. Auch das mehrfache Auftreten der Fischpest hat viel Schaden gebracht. Neuerdings aber nimmt der
Fischreichtum wieder zu, seit Verordnungen getroffen worden sind, durch die
das Wasser der Flüsse vor Verunreinigungen geschützt wird, und seit rationelle
Teichwirtschaft und künstliche Fischzucht in Schlesien getrieben werden. Letztere geht aus vom „Schlesischen Fischereiverein". Er liefert seinen Mitgliedern mit staatlicher Hilfe brauchbare Fischbrut, sorgt durch Prämienver-
teilung für Ausrottung des Fischraubzeuges[2]) und erleichtert den Absatz der
gefangenen Fische. Die teichwirtschaftliche Versuchsstation in Trachenberg
sowie die beiden Fischbrutanstalten in Schönau und Grüssau, endlich die Fisch-
pässe für laichende Wanderfische in der Matthiasflutrinne in Breslau und am
Ohlauer Wehr dienen ebenfalls der Hebung der Fischzucht. Forellen, Barsche,
Aale, Saiblinge, Karpfen, Schleien, Zander und Äschen sind die hauptsächlichsten Zuchtfische. Sie kommen sämtlich auch schon wild in den schlesischen
Gewässern vor, und zwar die Forellen hauptsächlich in Gebirgsbächen,
Karpfen, Schleien, Karauschen, Barben, Weißfische und
Rotaugen in Flüssen und Teichen der Ebene. Überall treiben der Hecht
und der winzige Stichling ihre Räubereien, und in der Oder steigen
auch Lachse, Welse und Störe stromaufwärts.

---

[1]) Vgl. Bericht der Landwirtschaftskammer für 1906/10.
[2]) Seit seinem Bestehen wurden 14 000 Mark Prämien gezahlt für ab-
geschossene Fischottern, Fischadler, Fischreiher, Kronentaucher u. a.

6. Gliedertiere.

Von ihnen sind in Schlesien die **Käfer** am artenreichsten. Darunter finden sich viele höchst schädliche Sorten, aber demgegenüber auch viel nütz= liche. Mai=, Rüssel=, Borken= und Bockkäfer u. a. werden als Blatt= und Holzverderber, der Gelbrand als Fischbruträuber, die Floh = käfer als Gemüse=, die Blütenstecher und Rüsselkäfer als Obstverderber gefährlich. Zahlreiche **Schmetterlinge** gaukeln im Sommer von Blume zu Blume oder flattern im Dunkeln begierig nach dem Lichte. Davon sind einige durch ihre Größe bemerkenswert (Schwalben= schwanz, Segelfalter, Totenkopf und Schillerfalter), andere durch ihre Farbenpracht (Pfauenauge, Füchse, Admiral, Liguster= und Wolfsmilchschwärmer, Ordensbänder u.a.), wieder andere durch ihre Schädlichkeit (Fichtenschwärmer, Kie= fern= und Prozessionsspinner, Nonne, Goldafter, Kieferneule, Spanner, Motten u. a.). Zu den **Aberflüglern** gehören mehrere Sorten wilder Bienen, Hummeln, Hornissen, Schlupf= und Blattwespen, sowie drei Arten von Ameisen, die ihr Verbreitungsgebiet über die ganze Provinz haben. Die zu den **Zwei= flüglern** gehörigen Fliegen, Mücken und Bremsen werden oft für Menschen und Vieh zu einer wahren Landplage, ebenso erweisen sich die zu den **Halbflüglern** gehörigen Schaben, Wanzen, Läuse und Ohr= würmer als höchst lästig. Von **Spinnen** sind Schlesien die Kreuz=, die Haus= und die Wanderspinne eigentümlich, und als Vertreter der **Krebse** haben wir außer dem winzigen Flohkrebs und der unappetitlichen Mauerassel den Flußkrebs zu merken. Er hatte unter demselben ungünstigen Einflusse zu leiden wie die Flußfische (s. S. 181). Die Zahl der Krebse hat sich aber in neuerer Zeit unter dem Einflusse der Fischzucht mit vergrößert, da man mit der Fischbrut häufig zugleich auch Krebsbrut aussetzt.

7. Die Würmer

sind nur spärlich in Schlesien vertreten, von den Eingeweidewürmern abge= sehen, eigentlich nur durch Regenwurm und Pferdeegel.

8. Weichtiere.

Sie haben in Schlesien nur in **Muscheln** und **Schnecken** Vertreter, von denen erstere auf dem Grunde von Gewässern als Teich= und Fluß= muschel, letztere auf dem Lande mit Gehäuse (Weinbergschnecke) oder ohne ein solches (Weg= und Salatschnecke) zum Teil als recht schädliche Blattvertilger leben.

b) Die Haustiere[1].

Ihre Aufzucht ist ein sehr wichtiger Zweig der Landwirtschaft, und den Anstrengungen der Behörden, der Landwirtschaftskammer und der zahlreichen landwirtschaftlichen Vereine ist es gelungen, alle Zweige der Haustierzucht zu heben.

Die **Rinder** waren früher klein, unansehnlich und gaben wenig Milch. Durch Einführung großer Schläge aus der Schweiz und Oldenburg ist der

---

[1] Bearbeitet auf Grund der Landwirtschaftskammerberichte für 1900/01 und 1906/10.

einheimische Schlag veredelt und nutzbringender gemacht worden, 1910 zählte man in Schlesien 1 572 943 Aluber. Der Pferdebeschlag Schlesiens hat durch die Wirksamkeit der Landgestüte in Leubus und Kosel ebenfalls eine auffällige Veredelung erfahren. Die Zahl der Pferde betrug 1910 335 837 Stück.

Die **Schafzucht**, einstmals sehr bedeutend in Schlesien, nimmt von Jahr zu Jahr ab. Sie ist infolge der Einführung billiger Wolle aus dem Ausland und Verdrängung der wollenen Waren durch baumwollene nicht mehr lohnend. 1910 betrug die Zahl der Schafe nur noch 229 029 Stück, die meist zum Schlachtbedarf gehalten werden. Dagegen hebt sich die **Ziegenzucht** ständig. Die Zahl der Ziegen betrug 1904 bereits 231 083 Stück.

Noch bedeutender ist der Aufschwung der **Schweinezucht**. Die Abfälle in Molkereien, Brennereien und Zuckerfabriken finden neuerdings bei ihr treffliche Verwendung. Die Zahl der Schweine betrug 1910 nahe an 1 274 878 Stück.

Die **Bienenzucht** verdankt ihren großen Aufschwung dem Pfarrer **Dzierzon** zu Karlsmarkt, Kreis Brieg. Er machte zuerst die Waben der Bienenstöcke beweglich und hat das Leben der Bienen genau beobachtet. Am eifrigsten wird die Bienenzucht in der Niederschlesischen Heide getrieben, wo die Heidekrautblüten ein vortreffliches „Bienenbrot" liefern. Die Imker fahren beim Beginn der Blütezeit die Stöcke in die Heide hinaus und holen sie im Spätherbste wieder herein. Im Jahre 1900 gab es 160 186 Bienenstöcke in Schlesien.

H. Die Mineralien.

Von den

1. Gesteinen[1])

werden manche in Schlesien in solchem Zustande gefunden, daß sie sich zur Verwendung beim Häuser- und Straßenbau eignen.

Granit wird gebrochen in den Strehlener, Striegauer, Görlitzer Bergen, um den Zobten, bei Jauer und an vielen Stellen des Riesen- und Isergebirges.

Sandsteinbrüche finden sich in Oberschlesien, in der Grafschaft Glatz, bei Bunzlau, Jauer, Goldberg, Lähn und Löwenberg.

Basalt wird im großen an vielen Stellen der Oberlausitz (Lichtenau, Lauban, Nieder-Linda, bei Görlitz und Nieskh), im Breiten Berge bei Striegau, bei Jauer, Goldberg, Löwenberg, Münsterberg, Falkenberg und am Annaberge gebrochen.

Baukalk liefern der Chelm, das Katzbachgebirge und die Grafschaft Glatz.

Marmor brach man früher in Prieborn bei Strehlen und gewinnt ihn jetzt noch bei Seitenberg in der Grafschaft Glatz, bei Kauffung im Katzbachgebirge, in Kunzendorf bei Neiße und in Rotenzechau, Kreis Landeshut.

Gips (s. S. 94 u. 97). **Magnesit** (s. S. 101).

Große Tongruben haben in Bunzlau und Naumburg a. Qu. Großtöpfereien und in Münsterberg eine bedeutende Tonröhrenfabrik entstehen lassen. Feuerfesten Ton liefern die Kohlengruben von Neurode und Altwasser.

---

[1]) Erweitert bearbeitet nach A. Sachs, Die Bodenschätze Schlesiens.

Kaolin bildet als ein Verwitterungsprodukt des Granits tiefe Lager bei Saarau, ein kleineres Lager auch in der Strehlener Gegend. **Lehm** findet sich überall, soweit das Diluvium reicht. Darum sind auch Ziegeleien über die ganze Ebene und das Vorgebirge zerstreut. Besonders große Dampfziegeleien aber weist die Umgebung der großen Städte auf. Kunstziegeleien befinden sich in Liegnitz, Lauban, Haynau, Siegersdorf und Naumburg a. Qu.

Edle Gesteine und **Halbedelsteine** finden sich vereinzelt an vielen Orten der Provinz. Unter diesen ist eine schlesische Eigentümlichkeit der **Chrysopras** (s. S. 101).

Außerdem seien genannt: K o r u n d (bei Krummhübel), B e r y l l, T u r m a l i n und B e r g k r i s t a l l (im Striegauer, Strehlener und Riesengebirgsgranit), S p i n e l l, S a p h i r, R u b i n, C h r y s o b e r y l l und H y a z i n t h (bei Goldberg), O p a l (im Frankensteiner Serpentin, bei Jordansmühl, Strehlen, Striegau und Görlitz), G r a n a t e n (bei Jordansmühl [weiß!], Striegau, Querbach, Schmiedeberg, Landeck, Strehlen, im Weistritztal und im Eulengrund im Riesengebirge).

2. Erze

finden sich in großer Menge in Schlesien, das freilich arm ist an den edelsten. Gold und Silber sind schon vor dem Dreißigjährigen Kriege abgebaut worden (s. S. 25, 29, 91 u. 134).

Die Erze finden sich im aufgeschwemmten Lande der jüngsten Erdschichten in S e i f f e n l a g e r s t ä t t e n, oder im kristallinischen Urgebirge in E r z g ä n g e n, oder in F l ö z e n in den Schichten jüngerer Formationen.

Eisenerze sind unter allen schlesischen Erzen die wichtigsten. Sie sind um so eisenreicher, je älter sie sind. Die jüngste Art, der R a s e n e i s e n s t e i n, hat den mindesten Gehalt an Eisen und war obendrein früher wegen seines Phosphorgehaltes schwieriger zu brauchbarem Eisen zu verhütten. Er kommt besonders in den schlesischen Heidegegenden vor (s. S. 164 f.). Älter und eisenreicher als dieses Eisenerz ist T o n e i s e n s t e i n, „toniger S p h ä r o s i d e r i t" genannt. Die jüngsten Sphärosiderite entstanden in Braunkohlengewässern Oberschlesiens, z. B. um Kieferstädtel und Carlsruhe, ältere in den Tonen zwischen Bunzlau und Löwenberg, in den Keuperebenen an der Malapane, in der Hügelgegend von Pleß und Rybnik, auch bei Neurode sowie endlich im oberschlesischen Steinkohlenrevier. Noch ältere Eisenerze sind die R o t e i s e n s t e i n e, die um den Willmannsdorfer Hochberg und bei Schmottseiffen lagern. Die ältesten schlesischen Eisenerze sind die M a g n e t e i s e n s t e i n e von Schmiedeberg. Die Eisenerze der Beuthener und Tarnowitzer Mulde sind meist manganhaltige Verbindungen des Eisens mit Schwefel, sogenannte „Sulfide". (Über sie und die andern Eisenerze s. Genaueres bei den entsprechenden Fundorten im vorhergehenden Texte.)

Zink findet man als r o t e n und w e i ß e n G a l m e i in unmittelbarer Nähe der Eisenerze in Scharley und an andern Orten des Kreises Beuthen sowie am Trockenberg und an andern Stellen des Kreises Tarnowitz, und als Z i n k b l e n d e im Kreise Beuthen.

Zinn ist im Zinnstein des Gneises von Querbach und Giehren enthalten (s. S. 81.)

Nickel wird jetzt wieder im Großbetriebe bei Kosemitz verhüttet (s. S. 101). Blei wird besonders aus dem Bleiglanz am Trockenberge gewonnen. Das Erz liefert zugleich eine bedeutende Ausbeute an **Silber**. Auch in Roßberg, Kreis Beuthen, finden sich bedeutende Bleiwerke. Bei Langenbielau und Altenberg hat man ebenfalls den Abbau des Bleies zeitweise wieder aufgenommen.

Über die Gewinnung von **Kupfer** s. S. 91 und **Arsen** s. S. 26 und 90.

Schwefel wird als Nebenprodukt in den Zinkhütten Oberschlesiens gewonnen und wurde früher auch aus den Kupferberger Erzen ausgezogen.

Unter den

3. brennbaren Mineralien

nehmen die erste Stelle die **Steinkohlen** ein. Ihre größten Lager befinden sich um Beuthen in Oberschlesien und um Waldenburg. Dort wurden sie im

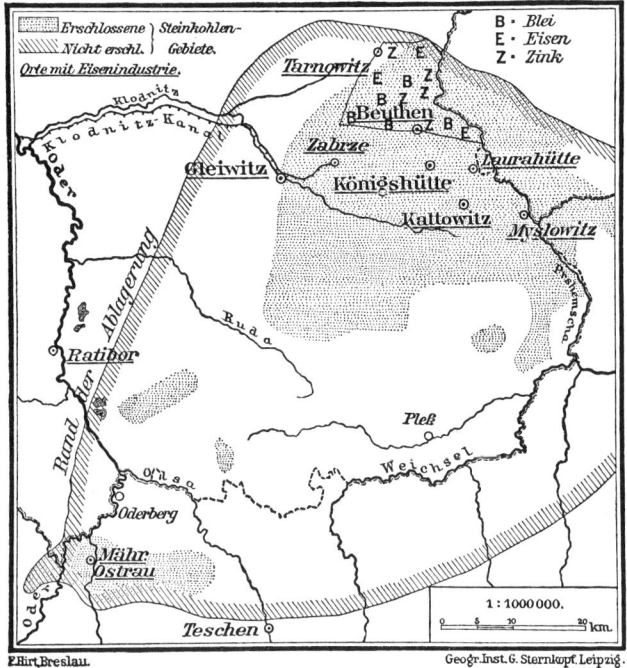

80. Das oberschlesische Steinkohlengebiet.

Jahre 1904 hauptsächlich in den Kreisen Kattowitz, Pleß, Rybnik und Zabrze in 55 Gruben abgebaut. Dem Waldenburger Revier gehörten 1904 6 Gruben des Kreises Neurode, 9 Gruben des Kreises Waldenburg und 5 Gruben des Kreises Landeshut an.

Braunkohle liefert besonders Niederschlesien durch die Gegenden am Bober und Queis, an der unteren Oder bei Grünberg, an der Lausitzer Neiße in den Kreisen Görlitz und Rotenburg sowie an der Spree im Kreise Hoyerswerda. Auch bei Trebnitz, Saarau und Wohlau im Regierungsbezirk

Breslau und bei Neiße befinden sich Braunkohlenfundorte. Die Gesamt=
produktion betrug 1909 etwa 1 200 000 t.

Torf wird hauptsächlich in den Mooren der Grafschaft und des Jser=
gebirges sowie in der Niederschlesischen Heide gestochen. Man verwendet ihn
zum Brennen und zum Einstreuen in Aborte.

Leider fehlt Schlesien das **Steinsalz** gänzlich.

J. Die Bevölkerung.

1. Zahl.

Schlesien hatte am 1. Dezember 1910 rund 5 $\frac{1}{4}$ **Millionen Einwohner**
(5 225 962), die fast sämtlich in der Provinz selbst geboren wurden. Es
befinden sich unter diesen noch nicht **35 000 Ausländer.** Dagegen wandern
sehr viele Schlesier in die andern Teile Deutschlands aus; weniger aber als
andere Provinzen liefert es Auswanderer in überseeische Länder. 1910 kamen
nur 0,12 auf 1000 Einwohner. Die Zunahme der Einwohnerzahl ist in
Perioden von fünf Jahren seit 1885 von 2,73 Prozent auf 5,57 Prozent
gewachsen.

2. Verteilung.

Im **Durchschnitt** beträgt die Einwohnerzahl in ganz Schlesien **130 auf
1 qkm.** Der am dichtesten bevölkerte Kreis ist **Beuthen** mit 1875 auf 1 qkm,
der am dünnsten bevölkerte **Guhrau** (49 auf 1 qkm). An Bevölkerungs=
dichte wird Schlesien in Preußen nur von der Rheinprovinz (263), West=
falen (204) und Hessen=Nassau
(141) übertroffen, weist seiner=
seits aber mehr als die doppelte
Zahl an Einwohnern für 1 qkm
auf gegenüber Ostpreußen und
Pommern, den am schwächsten
bevölkerten Provinzen.

Sehr stark ist auch in
Schlesien der **Zug nach den
Städten,** besonders nach Bres=
lau und nach Berlin. Die Stadt=
bevölkerung hat 1900—1905 im
Breslauer Regierungsbezirk um
56 000, im Liegnitzer um 17 000
und im Oppelner um 43 000
Köpfe zugenommen.

3. Dem **Glaubensbekenntnis**
nach sind etwas über die Hälfte
der Bewohner **Katholiken**
(2 962 783), etwas weniger als
die Hälfte **Evangelische**

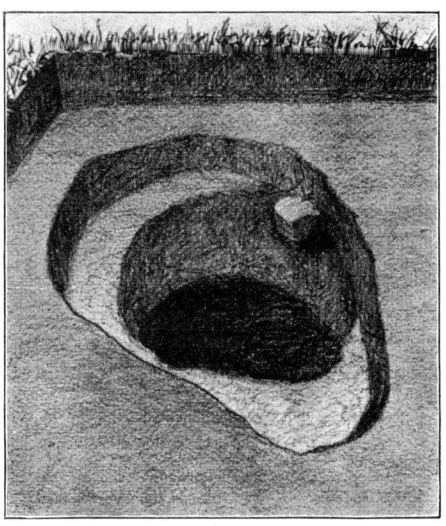

81. Steinzeitliche Wohngrube aus Jordans=
mühl, Kreis Nimptsch. 1 : 60.

(2 199 114), **19 080** Andersgläubige und etwas unter **50 000 Juden** (rund
1 Prozent). Von letzteren finden sich die meisten in Oberschlesien, sehr viele
(etwa 25 000) auch in Breslau.

4. Abstammung.

Nach der Zeit der allgemeinen Vereisung Norddeutschlands waren die ersten Bewohner Schlesiens Höhlenbewohner[1]). An der Oder und ihren Nebenflüssen sind Waffen aus Feuerstein und Geräte aufgefunden worden, die der sogen. j ü n g e r e n S t e i n z e i t angehören. In einzeln gelegenen Gräbern und Wohngruben wurden diese Funde gemacht, z. B. bei Jordansmühl. Die einzelnen Wohnräume, Feuer= und Abfallstätten liegen hier nahe beieinander. Sie hatten die Form rundlicher Gewölbe oder flacher Kessel mit bankartigen Absätzen am Rande. Die vorgefundenen Reste von Knochen beweisen, daß die Bewohner dieser Gegend damals schon Schweine, Schafe, Rinder und Hunde als Haustiere hielten. Auch verstanden sie bereits die Töpferkunst und verzierten die aus freier Hand hergestellten unglasierten Gefäße mit eigentümlichen Bandornamenten. Diese sowie die Funde von Bernstein= und Kupferschmucksachen beweisen, daß das Gebiet der oberen Oder bis Oderberg hin, auch die Gegenden um Breslau und am Zobten damals reich besiedelt waren. In Ottitz bei Ratibor wurde im steilen Lößufer des Odertales eine noch gut erhaltene, 19 m lange Höhlenwohnung aufgedeckt, die einen reichen Fund an Feuersteinwerkzeugen barg, auch Gefäßscherben mit dem charakteristischen „Schnurenornament" und Waffenspitzen aus Kieselschiefer, Diorit und Obsidian. Den Feuerstein entnahm man dem Ge= schiebelehm des Odertales und bearbeitete ihn mit einer Art Drillbohrer. „Die Obsidianfunde bil= den ein wichtiges Zeug= nis für einen Handelsver=

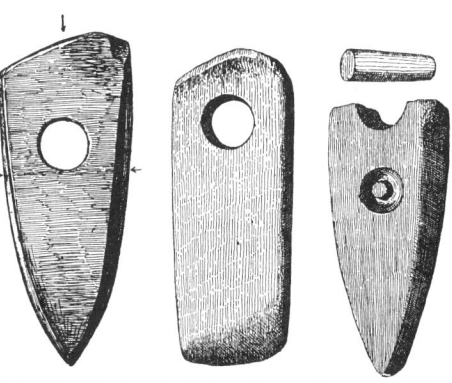

82. Streitäxte und Bohrzapfen. ¹/₃ nat. Größe.

kehr Schlesiens mit dem Süden Europas." Die Waffen aus Feuerstein waren zunächst nur Beile, später auch Pfeil= und Lanzenspitzen, ferner (mit Löchern versehene) Streitäxte und Keulen. Auch Mahlsteine, zwischen denen das Ge= treide zerrieben wurde, stellte man aus Feuerstein her. Zur Zeit der „Band= keramik" führte man das Spinnen mit Hilfe eines kegelförmigen „Wirtels" aus Feuerstein schon ganz ähnlich aus, wie es sich in einzelnen Gegenden bis in die Gegenwart erhalten hat. Auch das Weben verstand der steinzeitliche Mensch schon. Er nähte mit Nadeln und Pfriemen aus Knochen, ging auf Fischfang und Jagd und befuhr die Oder mit Einbäumen.

Später wurden Gebrauchsgegenstände aus Kupfer und Bronze her= gestellt, und zwar in Formen, die der sogenannten H a l l s t a t t p e r i o d e angehören. Das Material zu diesen Gegenständen, wohl auch diese selbst

---

¹) Dies und das Folgende nach Mertins, Urgeschichte Schlesiens; diesem Werke sind auch die A b b i l d u n g e n 82 bis 88 mit freundlicher Genehmigung des „Schlesischen Museums für Kunstgewerbe und Altertümer in Breslau" ent= nommen worden.

bezogen die Schlesier hauptsächlich aus Ungarn. Die Gräber der Bronzezeit sind zunächst noch Skelettgräber gewesen, bestanden aber aus einer Stein= packung, über die ein Erdhügel zum Schutz und als Denkmal aufgeworfen wurde. Während der mittleren Bronzezeit gingen auch die Bewohner Schle= siens zur Leichenverbrennung über und bewahrten die Aschenreste in („Buckel"=)Urnen auf, die auf besonderen Friedhöfen („Urnenfeldern") ein=

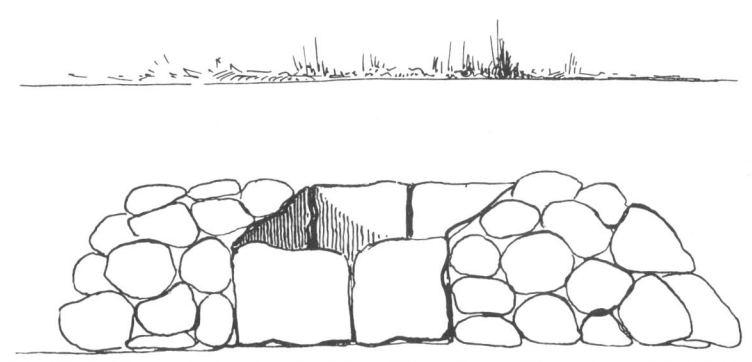

83. Steinkistengrab der vorrömischen Eisenzeit. Zöcklau, Kreis Freystadt.

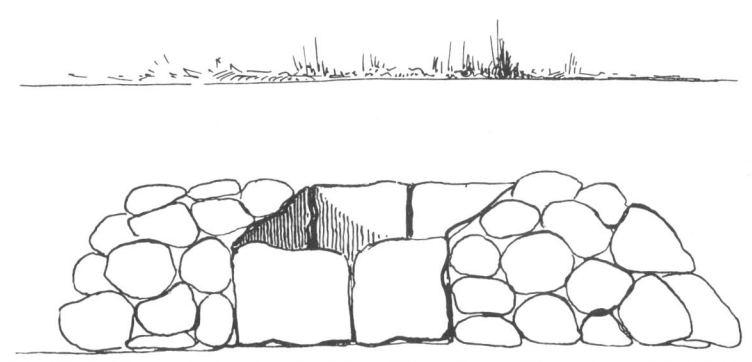

84. Brandgräber in Gräbschen bei Breslau.

gegraben wurden. Oft setzte man jahrhundertelang ein „Brandgrab" regel=
los neben das andere, und manche Urnenfelder erhielten so morgengroße
Ausdehnung. In der Umgebung von Breslau (bei Gräbschen z. B.) sind
ihrer viele aufgedeckt worden. Als sogenannte „Beigaben" finden sich in den

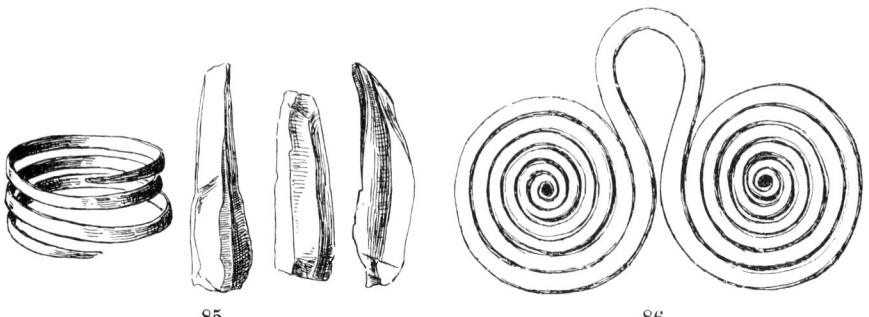

85.
Kupferspirale und Feuersteinmesser aus
einem steinzeitlichen Grabe bei Jordans=
mühl, Kreis Nimptsch. ¹/₂ nat. Gr.

86.
Kupferspirale als Schmuckstück aus
einem steinzeitlichen Grabe bei Jordans=
mühl, Kreis Nimptsch. ¹/₂ nat. Gr.

Brandgräbern neben den Urnen Hunderte von Nadeln, Knöpfen, Rasier=
messern, Armringen und Spangen sowie Äxte, Sicheln, Schwerter, Pfeil=
spitzen u. a. aus Bronze vor. Besonders eigentümlich sind die kunstvoll ge=
stalteten Gewandnadeln, die „Fibeln oder Bügelnadeln", Tassen und ein kleiner
Wagen aus Bronze, dessen Deichsel mit Vogelfiguren verziert ist. — Die

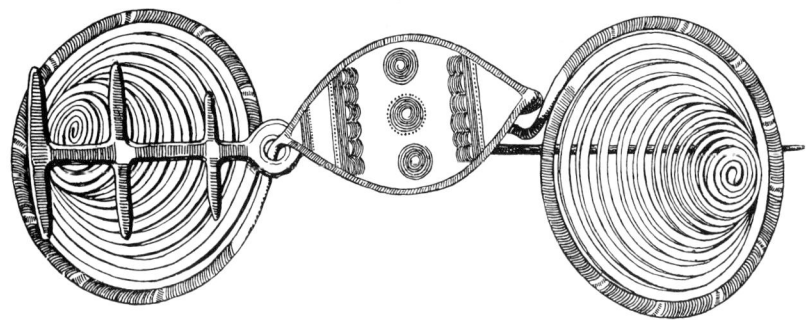

87. Brustschmuck aus Bronze. Gefunden bei Schweidnitz. ⅓ nat. Gr.

ausgedehnten Urnenfelder lassen darauf schließen, daß zur Bronzezeit die
Schlesier schon in Dörfern beisammen wohnten.

Etwa im 7. Jahrhundert v. Chr. setzte in Schlesien die Verwendung
des Eisens als Werkmetall ein. Die ersten Eisengeräte wurden aus dem
Süden eingeführt, doch haben später wandernde Metallarbeiter aus dem
Raseneisenerz Schlesiens selbst Eisen gewonnen, wie die erhaltenen Schmelz=
öfen in den Kreisen Öls und Steinau beweisen.

Zur Zeit der römischen Kaiser herrschte das Eisen als Material für
Waffen, Schmuck und Geräte auch in Schlesien unbedingt vor. In den

Leichenbrandurnen zahlreicher Begräbnisplätze fand man neben ihnen Hunderte von Tongefäßen, die, ohne Drehscheibe hergestellt, einen erstaunlichen
Formenreichtum, sogar Bemalung aufweisen. Eine große Zahl gleichaltriger
Grabstätten auf demselben Platze läßt auf eine dichte Bevölkerung schließen,
und die Überreste von verkohlten Getreidekörnern und Speisen weisen auf den
Betrieb von Ackerbau und Viehzucht in festen Wohnplätzen hin. Eine bild-
liche Darstellung auf einer bei Lahse (Kreis Wohlau) gefundenen Urne beweist,
daß zur Eisenzeit die Bewohner Schlesiens Pferde züchteten und den Hirsch
mit Bogen und Pfeil jagten. In der Eisenzeit war auch schon Goldschmuck
verbreitet, wie der kostbare Goldring zeigt, den man bei Vogelsang, Kreis
Nimptsch, fand.

Offenbar erfreute sich die damalige Bevölkerung Schlesiens eines gewissen Wohlstandes und bewies in der Herstellung und Verzierung der Ton-
geräte bereits künstlerisches Schaffen.

Zur Römerzeit angelegte
Grabstätten, besonders die in ihnen
gemachten Münzenfunde berechtigen
zu der Annahme, daß Schlesien im
2. und 3. Jahrhundert n. Chr. im
Zuge einer Handelsstraße lag, die sich
vom Schwarzen Meer bis zur Ostsee erstreckte und nach dem Zeugnis römischer Geschichtschreiber dem
Bernsteinhandel diente[1]. Aus den
Gräber- und vereinzelten Münzen-
funden läßt sich weiterhin folgern,
daß bis zur Völkerwanderung hauptsächlich das Oder-, Lohe-, Weistritz-,
Katzbach- und Bartschtal sowie das
Lößland der linken Oderseite bewohnt
waren. Die großen Waldgegenden

88.
Vase mit Darstellung einer Hirschjagd.
Lahse, Kreis Wohlau. ⅕ nat. Gr.

der Sudeten, der Heide und des Landrückens müssen nahezu ohne Bevölkerung gewesen sein.

Die germanische Bevölkerung hat Schlesien zur Zeit der Völkerwanderung verlassen; wahrscheinlich ist nur ein Rest der Silinger um den Zobten
her zurückgeblieben. In die verlassenen Wohnsitze fluteten von Osten her die
Slawen.

Bis zum Jahre 1000 war Schlesien dann ein **ganz slawisches Land** und
gehörte zu Polen.

Damals[2] waren nicht nur die Höhen des Riesengebirges, sondern auch
das Flachland der Oder mit dichtem Walde bedeckt. Von einem Grenzwald
im Osten und Süden aus dehnten sich meilenweit wüste Heiden; in den
Waldsümpfen hatten zahlreiche Herden von Wildschweinen ihr Lager; am
Rande der Heide suchte der braune Bär den wilden Honig, und die Kiefern-
äste auf der Heide zerriß das Elen mit seinem unförmlichen Geweih. An

[1] Vgl. Stenzel, Geschichte Schlesiens.
[2] Von hier ab ist dieser Abschnitt Freytags „Bildern aus der deutschen
Vergangenheit" entnommen.

den Flüssen aber baute zahlreich der Biber, und um die Teiche schwebte der Fischadler und über ihm bei edle Juybsulle. Die größten Ortschaften waren gewöhnlich einer **B u r g** angebaut, mit einem Graben und Palisadenzaun („Doppelringwall") umgeben. Die Mehrzahl der **A n s i e d l u n g e n** aber waren Einzelhöfe.

Im frühen Mittelalter begann die **allmähliche Zurückeroberung Schle=siens für das Deutschtum.** Sie ist eine der größten Kulturtaten, die die deutsche Geschichte kennt.

Das **Vordringen des Deutschtums** in Schlesien hängt mit dem über= tritte Polens zur christlichen Kirche im 10. Jahrhundert und mit den mannig= fachen verwandtschaftlichen Beziehungen der Piasten zu deutschen Fürsten= häusern zusammen. Ein zahlreicher deutscher Ritterstand zog in die Land= schaft. Aus deutschen Höflingen und ihren Vettern wurden schnell schlesische Grundbesitzer; an Stelle der slawischen Kastellanei trat das d e u t s c h e L e h n g u t. Mehr noch beförderte die Geistlichkeit deutsche Sitten.

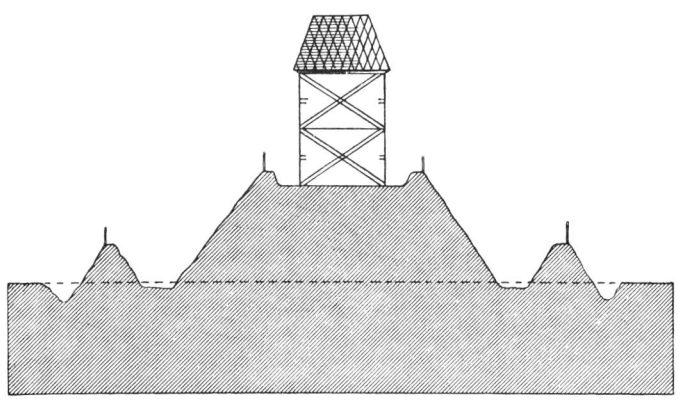

89.   Slawischer Doppelringwall.

P r i e s t e r und **M ö n c h e** wanderten unablässig von Westen her in das halbwilde Land. Augustinerchorherren aus Artois gründeten das Sandkloster in Breslau, Zisterzienser aus Pforta an der Saale schon im zwölften Jahr= hundert das reiche Kloster Leubus, und Nonnen desselben Ordens aus Bam= berg rief die heilige Hedwig nach Trebnitz. „Und jedes Kloster stand als ein Festungswerk deutschen Wesens." Besonders Boleslaus der Lange (um 1160) tat viel für diese Verbreitung des Deutschtums. Seinem Beispiel folgten die kleineren Grundbesitzer, und so entstanden viele K o l o n i s t e n o r t e. Die Anlage eines deutschen Ortes geschah regelmäßig nach derselben Methode. Die Grundherren machten Kontrakte mit einem Unternehmer. Er hatte die deutsche Stadt oder Bauernschaft einzurichten. Dafür wurde er selbst Vogt der Stadt oder Schulze des Dorfes. Er war Ortsobrigkeit, hatte die Steuern zu erheben und abzuliefern. Die Gemeindegenossen saßen als freie Männer in erblichem Besitz. Die Kolonisten wählten für ihre Ansiedlungen am liebsten Flußtäler. Von der Berglehne zu beiden Seiten des Tales wurde jedem Ansiedler ein Streifen Landes zugeteilt, und zwischen ihnen erbaute er seinen Hof. Diese streifenförmige Einteilung der Feldflur ist noch jetzt an vielen Orten zu erkennen. Oft wurden mehrere Slawendörfer zu einem d e u t f ch e n Dorfe vereinigt. Vielfach aber gründete man in der Nähe des slawischen Ortes einen neuen deutschen. Dann erhielt jener den Beinamen „Alt" oder „Polnisch", dieser die Zubezeichnung „Neu" oder „Deutsch".

Wo Gelegenheit zu einem Markte war, oder wo sich größere Tätigkeit regte und die Fremden zahlreicher wurden, da gaben die Landesherren dem rittermäßigen Unternehmer das Recht zur Anlage einer S t a d t nach deutschem Rechte. Die Städte — Goldberg wird schon 1211 als Stadt genannt, Breslau erst zur Zeit des Mongoleneinfalls — erhielten außer dem Ackerland oft Wald, Weide, Fischerei, Jagdrecht, zuweilen auch das Meilenrecht für städtische Gewerbe. Die Bürger waren sämtlich frei und regierten ihr Gemeinwesen selbst.

Der **Herkunft** nach sind die Deutschen Schlesiens teils Niedersachsen, teils Franken. Aber es ist aus diesen verschiedenartigen Volksstämmen ein einheitlicher Stamm mit einer ganz bestimmt entwickelten **Mundart** entstanden. Bei dieser unterscheidet sich allerdings der Gebirgsdialekt deutlich vom „Neiderländischen", dessen charakteristische Laute ei und au sind.

Was die slawischen Piasten des dreizehnten Jahrhunderts begannen, beendeten die deutschen Hohenzollern des achtzehnten Jahrhunderts: erst die Eroberung Schlesiens durch sie vollendete die Germanisierung des Landes, „erst seit der Zeit erhielten die Schlesier das Selbstgefühl, eine eigene Landsmannschaft Deutschlands zu sein in unauflöslichem Verbande mit ihren Bruderstämmen". So hat F r i e d r i ch d e r G r o ß e besonders für die Germanisierung Oberschlesiens auf der rechten Oderseite gesorgt. — Die Bevölkerung Schlesiens hat ihre preußisch-deutsche Gesinnung schon ein halbes Jahrhundert nach der Besitzergreifung durch die Hohenzollern in den Kriegen von 1806 und 1807 und in den Freiheitskriegen bewiesen.

Die U n t e r r i ch t s - und die A m t s s p r a ch e ist jetzt überall die deutsche, und die Kenntnis der deutschen Sprache sowie die Fertigkeit in ihrem Gebrauche macht auch in den Kreisen des Regierungsbezirks Oppeln, wo das Polnische noch vielfach Familiensprache ist, sichtbare Fortschritte (f. S. 120). Ebenso tritt das Wendische, welches in den Kreisen Rotenburg und Hoyerswerda auf dem Lande Familiensprache ist, immer mehr zurück (f. S. 169). Ganz vereinzelt wird in einigen Dörfern im Süden des Regierungsbezirks Oppeln, der Grafschaft Glatz und der Kreise Groß-Wartenberg und Strehlen auch Tschechisch geredet (f. S. 36 u. 99). Die Städte tragen auch in diesen Gegenden durchaus deutschen Charakter, in ihnen hört man nur ausnahmsweise eine andere als die deutsche Sprache. (Vgl. die Karte auf Seite 196!)

5. Der Charakter des Volkes.

„Die Schlesier von **deutscher** Abstammung sind ein lebhaftes Volk von gutmütiger Art, heiterem Sinn, genügsam, höflich und gastfrei, eifrig und unternehmungslustig, arbeitsam, aber nicht sehr dauerhaft und sorgfältig, behende und reichlich in Worten, aber nicht ebenso eilig zur Tat, mit einem reichen Gemüt, sehr geneigt, Fremdes anzuerkennen und auf sich wirken zu lassen, und doch mit nüchternem Urteil. Beim Genuß sind sie heiter, ja poetischer als die meisten andern Stämme." (Gustav Freytag.)

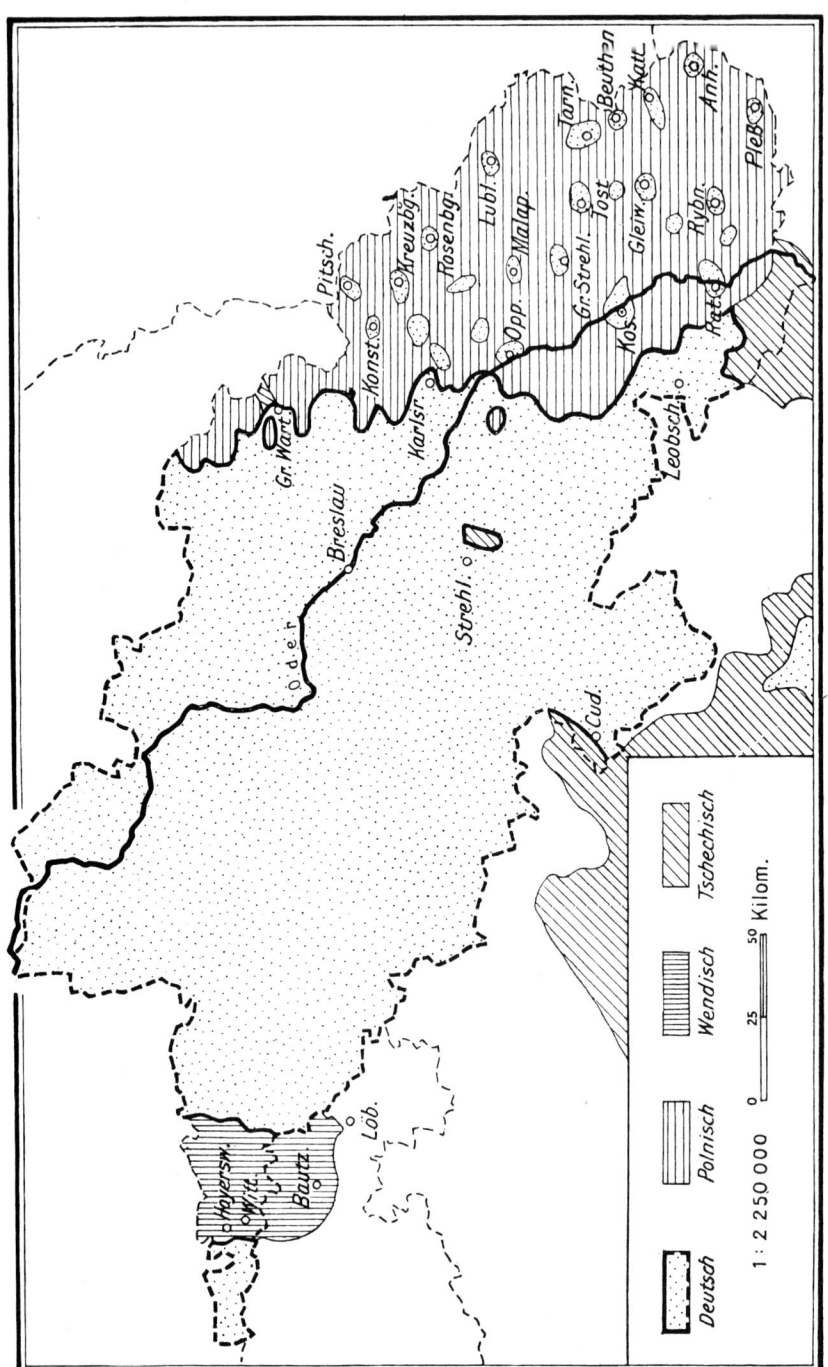

90. Verteilung der Sprachen auf die Provinz Schlesien.

„Der Schlesier ist vor allem gemütlich; er ist gesprächig, voll trockenen Humors. Er hat Neigung zu religiöser Schwärmerei. Er hat Familiensinn, liebt die Kinder und hängt fest an der Heimat. Er ist aber auch derb, leichtsinnig und sinnlich." (Karl Weinhold.)

Diese Eigentümlichkeiten zeigen sich mehr oder weniger klar auch an den **berühmtesten Schlesiern.** Zu ihnen gehören wissenschaftliche Größen, z. B. der Geologe Werner (gebürtig aus Wehrau) und der Astronom und Physiker Dove (gebürtig aus Liegnitz), der Maler Adolf von Menzel (geboren zu Breslau), die Dichter und Schriftsteller: Martin Opitz von Boberfeld (der „Boberschwan", geboren zu Bunzlau), Andreas Gryphius (der Dichter des ersten schlesischen Dialektdramas „Die geliebte Durnruse", geboren zu Glogau), Friedrich Logau (geboren zu Brockgut bei Nimptsch), Christian Günther (geboren zu Striegau), Joseph von Eichendorff (geboren zu Lubowitz bei Ratibor), August Kopisch (geboren zu Breslau), Karl von Holtei (geboren zu Breslau), Heinrich Laube (geboren zu Sprottau), Gustav Freytag (geboren zu Kreuzburg) und Gerhard Hauptmann (geboren zu Salzbrunn).

6. Der Verkehr.

Ihm dient für die **Großschiffahrt** die Oder (s. S. 13 und 146 ff.). Der Landverkehr vollzieht sich auf zahlreichen **Kunststraßen,** die das Land gleich einem dicht geflochtenen Netze überspannen. Sie sind fast allerwärts mit Obstbäumen bepflanzt. Hauptsächlich aber vermitteln den Verkehr

die Eisenbahnen.

1. Die **Oberschlesische** und die **Niederschlesisch=Märkische Eisenbahn** bilden die Hauptstrecken des Landes. Sie beginnen beide in Breslau.

Die **Oberschlesische Eisenbahn** führt die Oder aufwärts bis Kosel. Dort teilt sie sich. Eine Linie führt ostwärts über Gleiwitz und Kattowitz. Bei Myslowitz schließt sie sich an die Bahnstrecke Wien—Warschau an.

Ein anderer Zweig dieser Strecke führt von Kosel südwärts bis Oderberg, wo sie sich an die Linien nach Wien und Pest anschließt.

Die **Niederschlesisch=Märkische Eisenbahn** führt zunächst nach Liegnitz, in dessen Nähe sie sich gleichfalls in zwei Linien spaltet.

Die eine führt über Sagan nach Berlin, die andere bis Kohlfurth, wo wieder eine Spaltung stattfindet.

Von hier aus führt eine Linie in nördlicher Richtung in die Mark, eine andere in westlicher Richtung durch die Oberlausitz weiter über Falkenberg nach Halle, eine dritte in derselben Richtung über Görlitz und Dresden nach Leipzig.

2. Die **Rechte=Oderufer=Bahn.** Sie geht ebenfalls von Breslau aus und führt über Oels und Kreuzburg an die Landesgrenze bei Myslowitz.

3. Die **Breslau—Mittelwalder Bahn.** Sie führt von Breslau über Glatz nach Mittelwalde, wo sie sich an die österreichischen Linien nach Prag und Wien anschließt.

4. Die **Breslau—Freiburger Bahn.** Sie führt von Breslau über Freiburg an die böhmische Grenze, wo sie sich mit der Linie nach Prag vereinigt.

5. Die **Breslau—Stettiner Bahn.** Sie führt von Breslau die Oder abwärts, die sie mehrfach überschreitet, über Glogau an die märkische Grenze und endet in Stettin.

Diese Hauptlinien werden durch andere, nicht minder wichtige Linien durchschnitten und verbunden:

6. Die **Gebirgsbahn.** Sie führt von Glatz über Hirschberg nach Görlitz und kreuzt sich mit der Freiburger Bahn.

7. Die **Bahn des Gebirgsrandes.** Sie führt von Ratibor über Neiße, Kamenz, Schweidnitz, Königszelt, Liegnitz nach Raudten.

Eine Anzahl Linien führen in die Provinz Posen, unter ihnen sind wichtig:

8. die Linie **Breslau—Posen,**
9. die Linie **Oels—Gnesen,**
10. die Linie **Liegnitz—Kobylin** und
11. die Linie **Sagan—Glogau—Lissa.**

Wo sich mehrere Bahnlinien schneiden, entstehen sogenannte **Knoten=punkte.** Außer Breslau sind die wichtigsten: Königszelt, Kohlfurt, Kamenz, Myslowitz, Liegnitz und Görlitz.

Schlesien hat auch Anteil an mehreren **Weltverkehrslinien.** Die Orient-linie Hamburg—Berlin—Breslau—Wien—Budapest—Belgrad—Saloniki und Konstantinopel führt mitten durch die Provinz. Eine zweite Linie nach Konstantinopel führt über Myslowitz, Krakau, Lemberg, Bukarest und Con-stanza. Die 2000 km ihrer Länge werden in 53 Stunden zurückgelegt.

Alle schlesischen Eisenbahnen unterstehen den **Königlichen Eisenbahn=direktionen** zu Breslau, Kattowitz, Posen und Halle. Zur Direktion B r e s - l a u gehören die Betriebsinspektion Breslau, Glatz, Glogau, Görlitz, Hirsch-berg, Liegnitz, Neiße, Sorau und Waldenburg; zur Direktion K a t t o w i tz die Betriebsinspektionen Beuthen, Gleiwitz, Kattowitz, Kreuzburg, Oppeln, Ratibor und Tarnowitz. Für die zur Direktion P o s e n gehörigen schlesischen Strecken kommen die Inspektionen zu Lissa, Glogau, Krotoschin und Ostrowo in Frage, für die zur Direktion H a l l e gehörigen die Inspektionen zu Hoyerswerda und Kottbus II.

Die G e s a m t l ä n g e des schlesischen Staatsbahnnetzes betrug 1910 rund 4500 km, das der Privat=, Neben= und Kleinbahnen etwa 300 km.

7. Industrie und Handel.

Eine Eigentümlichkeit, die Schlesien mit einigen andern preußischen Pro-vinzen teilt, sind die J n d u s t r i e z e n t r e n. Solche sind besonders: das Oberschlesische Bergwerksgebiet, die Waldenburger und die Reichenbacher Gegend. Die Grundlage für die Industrie der ersteren beiden bilden die Kohlenschätze dieser Gegenden, zu denen in Oberschlesien noch die Erzschätze hinzukommen. Wichtige Industriegebiete sind außerdem noch die Grafschaft Glatz, das Hirschberger und Landeshuter Tal und die Niederschlesische Heide. Sitze der Industrie sind aber auch sämtliche größeren Städte der Provinz.

Die Industriezweige

Schlesiens sind sehr mannigfaltig. Obenan steht die

metallurgische Industrie,

und in dieser wieder die E i s e n i n d u s t r i e. Ihre Sitze sind Oberschlesien und die Niederschlesische Heide. (Einzelheiten s. in den Landschaftsbildern.) Die schlesische Eisenindustrie liefert Walzeisen, Eisenbleche, Drahtstifte, Nägel,

Schrauben, Gasröhren, Emailwaren, Ketten, Pflugſchare, Schlittſchuhe, Schraubſtöcke, allerhand Guß- und Stahlwaren, Ofenbauſachen, Baubeſchläge u. a. Zur Herſtellung dieſer Waren wurden im Jahre 1909 im Oberbergamtsbezirk Breslau rund 900 000 Tonnen Roheiſen im Werte von rund 60 Millionen Mark verbraucht.

Die zweite Stelle nimmt die Zinkinduſtrie ein. Die im Jahre 1910 gewonnene Menge des Blockzinks betrug 140 000 Tonnen mit einem Werte von rund 70 Millionen Mark. Der Sitz dieſer Induſtrie iſt Oberſchleſien (ſ. S. 127). In ſeinen Zinkwalzwerken wurden im Jahre 1909 47 000 Tonnen Zinkbleche hergeſtellt.

Auch die Bleiinduſtrie Oberſchleſiens iſt bedeutend (ſ. S. 134). In ganz Schleſien wurden im Jahre 1910 41 000 Tonnen Blockblei im Werte von rund 12 Millionen Mark gewonnen und zum Teil in Bleiglätte umgewandelt.

Meiſt ausländiſches Zinn wird zu Blattzinn und meiſt ausländiſches Kupfer zu Draht, nahtloſen Kupferröhren, zu Meſſing und Meſſingwaren verarbeitet.

Maſchinenfabrikation, Brückenwagen- und Eiſenbahnwagenbau hängen aufs engſte mit den obigen Induſtriezweigen zuſammen und werden in vielen größeren Plätzen der Provinz betrieben.

Auch die Erzeugung anderer

mineraliſcher Waren

iſt bedeutend.

Obenan ſteht hierin die Kalk-, Ton- und Schamotte-Induſtrie (ſ. S. 88, 98, 136 und 170). Allein die oberſchleſiſchen Kalkwerke des Oppelner und Groß-Strehlitzer Kreiſes ſtellten im Jahre 1901 380 000 Tonnen Stückkalk her. Die Glas- und Glaswareninduſtrie hat ihren Sitz im Rieſengebirge und in der Heide (ſ. S. 76 u. 168). Es werden Tafelglas und Hohlglas, ferner Glaswaren zu Beleuchtungszwecken und Luxuswaren gemacht. Porzellanfabriken finden ſich beſonders im Bereiche des Waldenburger und Rieſengebirges.

Erheblich iſt ferner noch die Gewinnung von Arſenikalien in Reichenſtein, die im Jahre 1911 1862 Tonnen im Werte von 400 000 M. betrug.

Meiſt in oberſchleſiſchen Fabriken werden hergeſtellt: Schwefelſäure (1911: 200 000 Tonnen), ſchweflige Säure, Kupfervitriol und Zinkvitriol.

Die Verwendbarkeit des Glimmers zu Beleuchtungs- und elektriſchen Zwecken (Iſolierung) hat die Induſtrie von Glimmerwaren ſehr gehoben.

Erheblich iſt Schleſiens Steininduſtrie. Über ihren Sitz ſ. S. 99 u. 103 ff.! Die Produktion betrug 1904 im Striegauer Gebiet 443 000 Tonnen.

In einem gewiſſen Zuſammenhange mit den mineraliſchen Erzeugniſſen Schleſiens ſteht deſſen Erzeugung von

Chemikalien.

Die chemiſchen Fabriken liefern Ammonſalze, Salmiakgeiſt, Weinſtein und Weinſteingeiſt, Zitronenſäure, Karbol-, Jod- und Salizylpräparate, Chinin, Milchzucker, Queckſilberſalze, Vitriole, Bleipräparate, Zinkweiß,

Soda, Pottasche und künstliche Düngemittel. Bedeutend ist auch die Seifen=
fabrikation.

Nach der Metallindustrie behauptet in Schlesien die

Textilindustrie

den zweiten Platz. Sie hat ihren Sitz in der Reichenbacher Gegend, in der
Grafschaft, im Riesen= und Isergebirge und in einzelnen bedeutenden Städten.
Sie erstreckt sich auf Spinnerei von Leinen=, Baumwoll= und Wollgarnen und
deren Färbung und Bleicherei sowie auf Weberei von Baumwoll=, wollenen
und halbwollenen Waren, auf Teppichfabrikation und auf Herstellung von
Jute= und Seidenwaren. Ende 1911 waren im Handelskammerbezirk
Schweidnitz, zu dem das Reichenbacher Industriegebiet gehört, 16 636 mecha=
nische Webstühle aufgestellt (1870: 1206). Die Zahl der Handweber betrug
1904 hier 3120 Personen (1870 noch 14 910 Personen, 1850 sogar 20 253
Personen).

91. Blick in den Saal der Abteilung: Jacquard=Weberei der Firma
Websky, Hartmann & Wiesen in Wüstewaltersdorf.

Es werden hauptsächlich hergestellt: Barchent, bunte Kleiderstoffe, Ziechen,
Schürzen, bunte Hemdenstoffe, bunte Taschentücher, Damast= und Jacquard=
gewebe, Hand= und Tischtücher u. a.

Sehr erheblich ist auch Schlesiens

Holzindustrie.

Die Wasserläufe der Gebirge werden zum Betriebe großer Schneide=
werke, Furnierwerke, Parkettfabriken u. a. benutzt, und viele Möbelfabriken
verarbeiten in= und ausländisches Holz. Immer zahlreicher sind an den Ge=
birgsflüssen auch die „Holzschleifen" geworden, in denen der Rohstoff zur
Papierbereitung aus Holz hergestellt wird. Druck=, Schreib=, Pack=, Luxus=,

Spitzen=, Buntpapier und Pappen werden daraus bereitet, desgleichen auch Tapeten.

Gegen diese Industriezweige treten die Fabrikation von S t r o h = und F i l z h ü t e n, k ü n s t l i c h e n B l u m e n, selbst die von L e d e r und L e d e r w a r e n zurück, trotzdem Schlesien einige sehr große Gerbereien — in Brieg sogar die größte Deutschlands — und in Haynau auch bedeutende H a n d s c h u h f a b r i k e n aufzuweisen hat.

Wichtige Industriezweige beruhen auf der Landwirtschaft und werden in Verbindung mit ihr betrieben.

Zur
landwirtschaftlichen Industrie

gehört die S t ä r k e f a b r i k a t i o n. Es werden hierzu Kartoffeln in großen Mengen verwendet.

In 49 Fabriken wurden 1909/10 rund 2 Millionen Tonnen Rüben zu rund 300 000 Tonnen R o h z u c k e r aller Art verarbeitet. Damit ent= fallen auf Schlesien etwa 15 Prozent aller in Deutschland verarbeiteten Zuckerrüben.

875 Brennereien bereiteten im Jahre 1910/11 in Schlesien S p i = r i t u s, und zwar aus Kartoffeln, Getreide, Mais, Melasse, Beeren, Brauereiabfällen, Trauben= und Obstwein. Man gewann daraus 3½ Mill. hl Spiritus, der rund 31 Mill. Mark Steuern eintrug. Daneben wurden zu gewerblichen Zwecken, zur Essigbereitung, zu Putz=, Heizungs=, Koch= oder Beleuchtungszwecken, zu wissenschaftlichen und Heilzwecken 1½ Mill. hl steuerfrei abgelassen und zum Teil denaturiert. 2 Mill. hl entfallen auf den Trinkverbrauch.

In demselben Zeitraume stellten 472 Brauereien B i e r aus Getreide und Malzsurrogaten her. Die Brausteuer betrug fast 9 Mill. Mark.

Das in Schlesien erzeugte und das eingeführte Getreide werden zum größten Teil in M e h l umgewandelt. Im Jahre 1900 dürften 100—110 000 Tonnen Weizen und Roggen verarbeitet worden sein. Fabrikmäßig werden daraus auch allerhand Teigwaren (Nudeln u. dgl.) sowie Graupen her= gestellt.

In Münsterberg wird D ö r r g e m ü s e im großen bereitet.

In der Umgebung Breslaus verarbeiten einige Fabriken die Zichorien= wurzeln und Zuckerrüben zu K a f f e e s u r r o g a t e n.

Im Vorgebirge wird an vielen Orten F r u c h t s a f t p r e s s e r e i be= trieben. Man stellt Kirsch=, Blaubeer=, Himbeer= und Preiselbeersaft her. Desgleichen auch O b s t w e i n in größerer Menge aus Obst, Heidel=, Johannis= und Stachelbeeren.

Industriezweige, die mit dem Weinbau zusammenhängen, sind die S c h a u m w e i n = und K o g n a k b e r e i t u n g in Grünberg (s. S. 143 f.).

Ungeachtet des bedeutenden Niederganges im Anbau des Tabaks gab es 1903 doch immer noch etwa 3000 Tabakbauer in Schlesien, die zusammen für 60 000 Mark Tabak erzielten. Dieser und sehr viel ausländischer Tabak wird in zahlreichen Rauch= und Schnupftabakfabriken verarbeitet.

Die Herstellung von Butter und Käse ist heutzutage in Schlesien schon überall auch Großbetrieb und wird in den zahlreichen M o l k e r e i e n besorgt.

Der
Handel
Schlesiens ist teils Binnen-, teils Ausfuhr- und teils Einfuhrhandel. Der
Durchgangshandel ist, entsprechend der geographischen Lage Schlesiens, un-
bedeutend.
Über die Handelsstraßen siehe S. 197 f.

Der Binnenhandel
erstreckt sich auf die größere Menge der im Lande erzeugten oder hergestellten
Produkte. Auch die eingeführten Waren sind zum größten Teile durch den
Zwischenhandel Gegenstände des Binnenhandels.

Die Einfuhr (der Import)
von Waren nach Schlesien erstreckt sich auf

1. pflanzliche Stoffe,
und zwar besonders auf G e t r e i d e (aus Rußland und Ungarn), M a i s
(aus Ungarn, Rußland und Rumänien), F l a c h s (aus Rußland), L e i n -
s a m e n (desgl.), H a n f (desgl.), R a p s (desgl. und Rumänien), B a u m -
w o l l e (aus Liverpool), K a u t s c h u k, G u t t a p e r c h a, P a l m k e r n e,
P a l m ö l (sämtlich aus unsern Kolonien), K o l o n i a l w a r e n (aus allen
Erdteilen), S ü d f r ü c h t e (aus Italien und Spanien), W e i n (aus Frank-
reich, Italien, Spanien, Österreich u. a.), N u ß h ö l z e r (aus Skandinavien
und Rußland), F a r b h ö l z e r (aus Amerika), Q u e b r a c h o h o l z (aus
Amerika), K o k o s n u ß ö l (aus Cochinchina und Ceylon), T a b a k (aus
Sumatra, Java, Borneo, Mexiko, Kuba, Brasilien, aber auch aus Mannheim
und Schwedt),

2. tierische Stoffe,
und zwar besonders auf W o l l e (aus Australien), B u t t e r (aus Holstein),
K ä s e (aus der Schweiz), H e r i n g e (aus Norwegen und von der Nordsee-
küste), P e l z e und F e l l e (aus Rußland und Amerika),

3. Mineralien,
und zwar besonders auf E i s e n e r z e und R o h e i s e n (aus Skandinavien
und Schottland), K u p f e r (Neuholland und Amerika), Z i n n (aus England), P e t r o l e u m (meist amerikanisches, aber auch galizisches und rus-
sisches), J u w e l e n, D i a m a n t e n und P e r l e n,

4. Industrie-Erzeugnisse,
z. B. auf L e d e r w a r e n (aus Offenbach und England), K u n s t g l ä s e r
(aus Böhmen), B r o n z e n (aus Paris), L e i n e n g a r n e (aus Österreich,
1911 über das Hauptzollamt Liebau allein 2 856 200 kg), r o h e L e i n -
w a n d (ebendaher, Ort und Zeit gleich: 11 300 kg).

Die schlesische Ausfuhr (der Export)
erstreckt sich auf:

1. Pflanzenstoffe,
und zwar besonders auf G e t r e i d e, in erster Linie Weizen und Hafer (nach
den Elbstationen und Berlin), Z u c k e r (1911: 11 Mill. Doppelzentner, von
denen England nahezu 7½ Millionen und die Vereinigten Staaten etwa
140 000 Doppelzentner entnahmen), S p i r i t u s, W e i n (s. S. 143 f.), O b s t
und O b s t w e i n (aus Grünberg, Karolath), D ö r r g e m ü s e (aus Münster-

berg), Zichorien (aus Breslaus Umgebung), Fruchtsäfte (aus dem Gebirge und der Heide), Holz (aus dem Gebirge und den Heiden),

2. tierische Stoffe,

davon nur rohe und gesalzene Häute (nach Amerika), lebendes und geschlachtetes Vieh (nach Berlin),

3. Mineralien,

besonders Braunkohle (aus Niederschlesien), Steinkohle (aus Ober- und Mittelschlesien, Gesamtförderung 1911: rund 42 Mill. Tonnen im Werte von 371 Mill. Mark), Eisen-, Zink-, Blei- und Schwefelerze (aus Oberschlesien, bzw. der Heide), Arsenikerze (s. S. 25), Nickelerze (s. S. 101) und die aus ihnen gewonnenen Metalle und Waren,

4. Industrie-Erzeugnisse,

besonders: Maschinen aller Art, Glas und Glaswaren (aus der Grafschaft Glatz, dem Riesengebirge und der Niederschlesischen Heide), Porzellanwaren (aus dem Riesen- und Waldenburger Gebirge), Tonwaren (aus den Vorgebirgen [s. S. 170]), Chemikalien (besonders nach Rußland), Bier, Baumwollgarne und -waren (aus der Reichenbacher Gegend, nach den Vereinigten Staaten, Südamerika, Australien, Süd- und Westafrika, Ostindien, der Levante sowie dem gesamten Ost-, Nord- und Südeuropa), Woll- und Halbwollwaren (Herstellungsorte und Absatzgebiete dieselben, außerdem aber noch aus Görlitz, Grünberg, Liegnitz, Schweidnitz und andern Orten), Leinengarn (aus dem Hirschberger Tale, der Breslauer und Reichenbacher Gegend, nach Thüringen, Sachsen, Westfalen, Ostreich), Leinenwaren (ebendaher, nach Nordeuropa, England, Holland, der Schweiz und den Vereinigten Staaten), Teppiche (aus Schmiedeberg, fast nur noch ins deutsche Inland), Leder (aus Brieg), Lederwaren (nach China), Glacéhandschuhe (aus Haynau, nach England und Amerika), Möbel (nach Rußland und in den Orient), Papier (aus der Grafschaft, dem Riesen- und Isergebirge, nach dem Inlande, den Niederlanden, Rußland und andern Ländern).

8. Die Verwaltung des Landes.

Schlesien ist eine Provinz des Preußischen Staates, steht also unter der Regierung des preußischen Königs. Sein oberster Beamter in der Provinz ist der Oberpräsident.

Er hat seinen Sitz in Breslau. (Wie heißt der gegenwärtige?) Er überwacht die Ausführung der Staatsgesetze im allgemeinen und hat auf alle Vorkommnisse von besonderer Wichtigkeit persönlich zu achten. Ihm stehen zur Seite ein Oberpräsidialrat als sein Stellvertreter und mehrere Regierungsräte als Präsidialräte. Er führt den Vorsitz, bzw. die Aufsicht

1. in der Oder-Strombauverwaltung,

2. im Provinzialrate, der sich aus einem ernannten und fünf vom Provinzialausschusse gewählten Mitgliedern zusammensetzt und als Staatsbehörde Geschäfte der allgemeinen Landesverwaltung zu besorgen und eine Vermittelung zwischen den Provinzial- und Landesbehörden zu bilden hat,

3. in den Meliorationsbauämtern,

4. über die Impf- und Lymphe-Erzeugungsanstalt in Oppeln.

Dem Oberpräsidenten sind folgende

Provinzialbehörden

unterstellt:

1. Das **Provinzial-Schulkollegium.** Es besteht aus dem Oberpräsidenten als Präsidenten, einem Oberregierungs- und einer Anzahl Provinzial-Schulräten und hat das höhere Schulwesen zu leiten und zu beaufsichtigen.

2. Das **Medizinal-Kollegium.** Es hat die Gesundheitspflege der Provinz zu überwachen und setzt sich zusammen aus dem Oberpräsidenten und dessen Stellvertreter, fünf Medizinalräten, einem Departementstierarzt und einem Apotheker.

3. Die **Provinzial-Steuerdirektion.** Zu ihr gehören der Provinzial-Steuerdirektor und etwa zehn Regierungsräte. Ihr Ressort ist

a) das Erbschaftssteueramt und Stempel-Fiskalat,

b) Beaufsichtigung der zehn **Hauptsteuerämter** zu Breslau I, II, Gleiwitz, Glogau, Görlitz, Liegnitz, Öls, Oppeln, Sagan und Schweidnitz,

c) Beaufsichtigung der sechs **Hauptzollämter** zu Landsberg O.-S., Liebau, Mittelwalde, Myslowitz, Neustadt O.-S. und Ratibor,

d) Beaufsichtigung der 70 **Nebenzollämter**, 93 **Steuerämter**, 9 **Zollabfertigungsstellen**, 24 **Zuckersteuerstellen** und 6 **Abfertigungsstellen für inländischen Branntwein.**

4. Die **General-Kommission** zur Regelung gutsherrlich-bäuerlicher Verhältnisse, zusammengesetzt aus dem Oberpräsidenten, sechs Mitgliedern und einem Vermessungsinspektor.

Als Königlicher Kommissarius überwacht der Oberpräsident

die Selbstverwaltungsbehörden der Provinz;

denn Schlesien ist wie jede andere Provinz Preußens ein Gemeindeverband, ausgestattet mit den Rechten einer Körperschaft zum Zwecke der Selbstverwaltung ihrer Angelegenheiten, „Provinzial-Verband" genannt.

Die Selbstverwaltungsbehörden sind:

1. der **Provinzial-Landtag.** Er setzt sich aus 134 Mitgliedern zusammen, die von den Kreistagen, bzw. Stadtbehörden auf 6 Jahre gewählt werden. Alle zwei Jahre mindestens muß eine Sitzung stattfinden. Zu ihr ladet der Oberpräsident ein, der sie auch eröffnet und schließt. Geleitet wird die Sitzung von dem Landeshauptmann, der vom Provinzial-Landtag erwählt und vom Könige bestätigt werden muß. Der Provinzial-Landtag berät über das Armen-, Blinden-, Irren-, Taubstummenwesen, über Chaussee- und Landwegebau und andere allgemeine wirtschaftliche Angelegenheiten der Provinz, stellt den Provinzial-Haushalt und die Provinzial-Abgaben fest und verteilt sie auf die einzelnen Kreise.

Die Beschlüsse des Provinzial-Landtages hat vorzubereiten und auszuführen

2. der **Provinzial-Ausschuß.** Er setzt sich aus dem Vorsitzenden, dem Landeshauptmann und dreizehn Mitgliedern zusammen, die der Provinzial-Landtag auf sechs Jahre wählt. Er hat außerdem das Vermögen der Provinz zu verwalten, die Provinzial-Beamten zu ernennen, soweit dies nicht durch den Landtag geschieht, sie zu beaufsichtigen u. a.

3. Zu den Provinzial-Beamten der **Zentralverwaltung** gehören der Landeshauptmann und zehn Landesräte, von denen einer zum höheren Baufache befähigt sein muß.

Ihr sind unterstellt:

1. die Provinzial-Hilfskasse,
2. die Landeskultur-Rentenbank,
3. die Provinzial-Darlehnskasse,
4. die Provinzial-Heil- und Pflege-anstalten zu Brieg, Bunzlau, Lüben, Kreuzburg, Leubus, Plag-witz, Rybnik und Tost,
5. die Taubstummenanstalten zu Breslau, Liegnitz und Ratibor,
6. die Blindenunterrichtsanstalt zu Breslau,
7. die Idiotenanstalten zu Krasch-nitz, Leschnitz, Liegnitz und Breslau,
8. das Museum der bildenden Künste in Breslau,
9. die Kommission zur Erforschung und zum Schutze der Denkmäler,
10. die Hebammen-Lehranstalten zu Breslau und Oppeln,
11. die Provinzial-Wegeverwaltung,
12. der Landarmen-Verband (dazu Arbeits- und Landarmenhaus in Schweidnitz),
13. die Provinzial-Land-Feuer-Sozietät,
14. die Fürsorge für verwahrloste Kinder.

Die Kommunalverwaltung der Oberlausitz ist selbständig (s. S. 116).

Unter dem Oberpräsidenten stehen auch

die Bezirksregierungen

insofern, als er für sie Beschwerde-Instanz ist.

Schlesien ist amtlich in drei Regierungsbezirke eingeteilt. Sie heißen Breslau, Liegnitz und Oppeln.

An der Spitze jedes Regierungsbezirks steht der **Regierungspräsident.** (Wie heißt gegenwärtig der unseres Regierungsbezirks?) Unter ihm arbeiten **Regierungsräte** in drei verschiedenen Abteilungen. Die erste Abteilung, die Präsidialabteilung, bearbeitet das Militär-, Verkehrs- und Sicherheits-wesen, die zweite das Kirchen- und Schulwesen und die dritte das Steuer-, Domänen- und Forstwesen. Jeder Abteilung steht ein Oberregierungsrat vor. Die erste Abteilung wird vom Regierungspräsidenten allein und unter persönlicher Verantwortung, die übrigen werden kollegialisch versehen.

Der Bezirksausschuß

steht dem Regierungspräsidenten in ähnlicher Weise zur Seite wie der Provinzialrat dem Oberpräsidenten. Er setzt sich zusammen aus dem Regierungspräsidenten, zwei ernannten und vier vom Provinzialausschuß ge-wählten Mitgliedern und deren Stellvertretern. Der Bezirksausschuß ist im Verwaltungsstreitverfahren die Regierungsinstanz.

Jeder Regierungsbezirk ist in

Kreise

geteilt[1]). Schlesien hat im ganzen 73 Kreise. Von ihnen kommen auf den
Regierungsbezirk Oppeln 26, auf Breslau 26 und auf Liegnitz 21 Kreise.
Zwölf davon, nämlich die über 25 000 Einwohner zählenden Städte Breslau,
Brieg, Schweidnitz, Beuthen, Kattowitz, Königshütte, Oppeln, Neiße, Glei=
witz, Ratibor, Liegnitz und Görlitz, sind „Stadtkreise", die übrigen
„Landkreise". An der Spitze des Stadtkreises steht der Oberbürger=
meister, an der Spitze des Landkreises, und zwar als königlicher Be=
amter,

der Landrat.

Er soll sich möglichst persönlich überzeugen von der richtigen Hand=
habung der Staatsgesetze, von Übelständen in der Verwaltung des Kreises
und deren Verbesserung. Er wohnt darum auch im Kreise und ist oft ein
im Kreise ansässiger Großgrundbesitzer. Er hat auch die gesamte Polizei=
aufsicht im Kreise unter sich. Zur Ausübung derselben sind ihm Gen=
darmen beigegeben. Die laufenden schriftlichen Arbeiten des Landrats=
amtes besorgen der Kreissekretär und andere Kanzleibeamte. Als
Stellvertreter des Landrates werden vom Kreistage zwei Kreisdepu=
tierte gewählt.

Der Landrat führt den Vorsitz in den Sitzungen des Kreisausschusses
und des Kreistages. Der **Kreistag** setzt sich aus Vertretern des Groß=
grundbesitzes, der Land= und der Stadtgemeinden zusammen. Der Kreistag
hat die Selbstverwaltungsangelegenheiten des Kreises zu beraten, z. B. Wege=
und Wasserbauten, Armenpflege u. a. Er hat ferner zu bestimmen, in
welcher Weise gewisse Staatssteuern aufzubringen und zu verteilen sind;
er muß das Vermögen des Kreises verwalten, die Verteilung und Auf=
bringung der Kreisabgaben beschließen, den Kreishaushaltsplan feststellen
sowie die Zahl und Besoldung der Kreisbeamten und den Kreisausschuß
wählen. Die Sitzungen des Kreistages sind öffentlich.

Der **Kreisausschuß** besteht aus dem Landrate und mehreren Mit=
gliedern. Er hat die Beschlüsse des Kreistages vorzubereiten und auszu=
führen, die Beamten des Kreises zu ernennen und zu überwachen.

Die kommunalen Bauangelegenheiten des Kreises leitet der **Kreisbau=
meister,** die staatlichen der **Königliche Kreisbauinspektor.**

Die Verwaltung der

Landgemeinden

besorgen der **Gemeindevorstand** (in größeren Gemeinden) und die **Gemeinde=
vertretung** oder =**versammlung** (in kleineren Gemeinden). Ihre Mitglieder
heißen **Gemeindeverordnete** und werden von sämtlichen stimmberechtigten
Gliedern einer Landgemeinde mündlich auf sechs Jahre gewählt. Zu diesen
Körperschaften gehören stets auch der **Gemeindevorsteher** und mehrere
Schöffen. Diese werden von der Gemeindeversammlung (oder vom Gemeinde=
vorstand) auf sechs Jahre durch Stimmzettel gewählt.

---

[1]) Verzeichnis der Kreise s. Abschnitt K, S. 215.

Der **Gemeindevorsteher** beruft und leitet die Gemeindevertretung, er=
hebt die Steuern und führt die Verordnungen der Behörden sowie die Be=
schlüsse der Gemeindeversammlung aus, beaufsichtigt die Verwaltung des
Gemeindevermögens und das Rechnungs= und Kassenwesen der Gemeinde,
stellt die (von der Gemeindevertretung gewählten) Beamten an, beaufsichtigt
sie und vertritt die Gemeinde nach außen hin. Er verwaltet außerdem unter
der Aufsicht des Amtsvorstehers die Polizeigeschäfte in der Gemeinde. Die
Schöffen haben den Gemeindevorsteher in seinen Amtsgeschäften zu unter=
stützen und im Notfalle zu vertreten.

Größere Güter bilden für sich einen selbständigen **Gutsbezirk**, der nicht
dem Gemeindevorsteher unterstellt ist, sondern von dem **Gutsvorsteher** ver=
waltet wird. Er hat für den Gutsbezirk die Befugnisse des Gemeinde=
vorstehers.

Die Verwaltung der

Stadtgemeinde

liegt dem Magistrat und der Stadtverordnetenversammlung ob.

Der **Magistrat** besteht aus dem Bürgermeister, einem Beigeordneten
und mehreren besoldeten (in größeren Städten) oder unbesoldeten
Magistratsmitgliedern. Sie führen in Städten bis zu 5000 Einwohnern
den Titel „Ratsmänner", in Städten bis zu 10 000 Einwohnern „Rats=
herren" und in den andern „Stadträte". Sie werden von der Stadtver=
ordnetenversammlung gewählt, und zwar der Bürgermeister immer auf
zwölf, der Beigeordnete und die Ratsherren aber nur auf sechs Jahre. Der
Magistrat hat die Gesetze und die Verfügungen der ihm vorgesetzten Be=
hörden auszuführen, die städtischen Gemeindeanstalten (Gasanstalt, Hospital
u. a.) zu beaufsichtigen, die Einkünfte und das Vermögen der Stadt zu ver=
walten, die Gemeindebeamten anzustellen und zu beaufsichtigen und die Ge=
meindeabgaben vorzuschlagen und zu verteilen. Ferner muß er Vorschläge
zur Hebung und Verwaltung des städtischen Gemeinwesens ausarbeiten und
der Stadtverordnetenversammlung zur Genehmigung und Bewilligung der
Geldmittel vorlegen. Jedem Mitgliede des Magistrats ist ein besonderer
Verwaltungszweig (Dezernat) übertragen, dem einen das Bau=, dem andern
das Beleuchtungs=, dem dritten das Armenwesen usw. Die Sitzungen des
Magistrats leitet der Bürgermeister. In großen Städten sind die Stadträte
für Bau= und für Schulsachen technisch gebildet.

Die **Stadtverordnetenversammlung** besteht aus Vertretern der wahl=
berechtigten Bürger, das sind alle männlichen selbständigen Bewohner des
Stadtbezirkes, die keine Armenunterstützung empfangen, ihre Abgaben ent=
richten, das Bürgerrechtsgeld bezahlt haben oder Beamte oder Haus=
besitzer sind.

Die Stadtverordneten werden immer auf sechs Jahre gewählt, und
zwar mündlich. Ihre Sitzungen leitet der **Stadtverordnetenvorsteher**. Sie
sind teils öffentlich, teils geheim. Den öffentlichen darf jedermann, der
Magistrat aber allen Sitzungen beiwohnen. Die Stadtverordnetenver=
sammlung wählt die Magistratsmitglieder, beaufsichtigt die Stadtverwaltung,
beschließt über die Benutzung des Gemeindevermögens, entscheidet über den

Besitz des Bürgerrechts, über die Gültigkeit der Wahlen zur Gemeinde=
vertretung und über die Art und Höhe der Gemeindesteuern (Gewerbe=,
Grund= und indirekte Steuern).

Magistratsmitglieder und Stadtverordnete bilden gemeinsam soge=
nannte **Deputationen** oder **Kommissionen**, zu denen auch andere stimmfähige
Bürger zugezogen werden können. Sie haben die Beleuchtungs=, Armen=,
Forst= und andern Angelegenheiten zu verwalten. An der Spitze einer solchen
Kommission steht ein Magistratsmitglied (Dezernent).

Die gesamte Stadtverwaltung leitet und beaufsichtigt der **Bürger=
meister**. Große Städte haben einen Ersten (Ober=) und einen Zweiten
Bürgermeister. Der Bürgermeister übt in der Stadt als Polizeianwalt auch
die Polizeigewalt aus. Zu ihrer Ausführung sind ihm Polizeibeamte unter=
stellt. Der Bürgermeister hat das Recht, Polizeistrafen zu verhängen. Zur
Erledigung der laufenden Verwaltungsarbeiten sind ihm eine Anzahl Be=
amte beigegeben, die von der Stadt besoldet werden, z. B. der **Käm=
merer**, der **Stadtsekretär** u. a.

Zur Wahrnehmung der Polizeigewalt auf dem Lande sind **Amtsvor=
steher** bestellt. Zu ihren **Amtsbezirken** gehören entweder eine große oder
mehrere kleine Landgemeinden. Die Amtsvorsteher sind dem Landrat
unterstellt.

Das Kirchenwesen

steht in der **evangelischen Kirche** unter der Leitung des **Königlichen Konsisto=
riums**. Zum Konsistorium gehören der **Konsistorialpräsident**, zwei **General=
superintendenten** und mehrere **Konsistorialräte**. Sein Sitz ist in Breslau.
Es hat die Prüfungskommission für die Kandidaten des evangelischen
Predigtamtes zu bestimmen und die 56 „Diözesen" Schlesiens zu beaufsich=
tigen. An der Spitze jeder Diözese stehen ein oder zwei **Superintendenten**.
Sie führen die Aufsicht über das Kirchenwesen und die **Pastoren** des Bezirks.

Die evangelischen Gemeinden haben infolge der „Preußischen Gemeinde=
und Synodalordnung vom Jahre 1873" das Recht der Selbstverwaltung.
Sie liegt in den Händen des Gemeindekirchenrats und der Gemeindever=
tretung. Der **Gemeindekirchenrat** besteht aus den Pastoren der Gemeinde
und aus vier bis zwölf „Ältesten", die teils von dem Patron der Gemeinde
ernannt, teils von der Gemeinde gewählt werden. Eine **Gemeindevertretung**
haben nur Gemeinden von über 500 Seelen. Sie hat stets dreimal soviel
Mitglieder als der Gemeindekirchenrat. Beide Vertretungen stehen in ähn=
lichem Verhältnis zueinander wie Magistrat und Stadtverordnetenversamm=
lung. Den Vorsitz in den Sitzungen des Gemeindekirchenrats führt der
erste Pastor, ebenso auch in denen der Gemeindevertretung. An den letzteren
nimmt stets der Gemeindekirchenrat teil. Gemeinsam wird von den beiden
Körperschaften auch das Kirchenvermögen verwaltet und die Höhe der kirch=
lichen Umlagen festgesetzt. Alljährlich einmal finden sich Abgeordnete der
kirchlichen Gemeinden zur **Kreissynode** zusammen, der auch sämtliche Geist=
lichen der Diözese angehören. Die Synode berät die gemeinsamen Ange=
legenheiten der Gemeinden und führt die Aufsicht über die Vermögens=
verwaltung, das kirchliche und sittliche Leben der Gemeinden. Die Kreis=

synoden unserer Provinz bilden zusammen den Verband der **Provinzial-synode.** Ihre Abgeordneten werden teils von den Kreissynoden gewählt, teils vom König ernannt; ein Mitglied wird aus der evangelisch-theologischen Fakultät der Universität Breslau von dieser erwählt. Die Provinzial-synode hat die Befugnisse der Kreissynode in erweitertem Maße und übt selbständige Teilnahme an der kirchlichen Gesetzgebung und an der Ver-waltung der allgemeinen Kirchengelder und -kollekten aus. Ihr Präses wird von ihr selbst gewählt.

In den **katholischen Gemeinden** heißen die Seelsorger **Pfarrer.** In jeder katholischen Gemeinde werden ein Kirchenvorstand und eine Gemeinde-vertretung gewählt. Der **Kirchenvorstand** besteht aus dem Pfarrer und aus vier bis zehn **Kirchenvorstehern.** Diese werden durch die Gemeinde ge-wählt. Der Kirchenvorstand verwaltet das kirchliche Vermögen. Er wählt aus seiner Mitte einen Vorsitzenden und dessen Stellvertreter. Die Zahl der Gemeindevertreter ist dreimal so groß wie die der Kirchenvorsteher. Ihre Zustimmung zu den Beschlüssen des Kirchenvorstandes ist notwendig besonders bei Veräußerungen des Eigentums der Kirche, bei Anleihen, Neu-bauten, bei Festsetzung der kirchlichen Umlagen u. a.

An den Sitzungen dürfen der Vorsitzende des Kirchenvorstandes oder sein Vertreter teilnehmen. Mehrere katholische Kirchengemeinden bilden ein **Archipresbyteriat,** in dem ein **Erzpriester** die Aufsicht führt.

78 Archipresbyteriate Schlesiens gehören zum **preußischen Anteile des exemten Bistums Breslau.** An seiner Spitze steht der **Fürstbischof** von Breslau, ihm zur Seite ein **Weihbischof** und unter ihm das **Domkapitel,** bestehend aus einem Dompropst, einem Dombechant, mehreren residierenden Domherren, mehreren Ehrendomherren, Domvikaren u. a., ferner die **Diö-zesanbehörden,** bestehend aus mehreren fürstbischöflichen Kanzleiräten und Generalvikaren sowie aus dem fürstbischöflichen Konsistorium.

Die Grafschaft Glatz gehört zum **preußischen Anteile der Prager Diözese** und untersteht somit dem **Fürst-Erzbischof zu Prag,** dessen Stellvertreter ein Pfarrer in der Grafschaft ist.

Der Distrikt Katscher bildet den **preußischen Anteil der Olmützer Diözese** und steht somit unter dem **Fürst-Erzbischof zu Olmütz,** dessen Vertreter ein Pfarrer dieses Bezirkes ist.

Das Schulwesen.

Die höchste Bildungsanstalt Schlesiens ist die **Universität** in Breslau. Auf ihr werden von zahlreichen Professoren Vorlesungen in allen Wissens-gebieten gehalten.

Zu ihrem Besuche berechtigt der Besuch der meisten **höheren Schul-anstalten,** deren es in Schlesien viele Arten gibt.

Volksschulen haben nun schon die kleinsten Dörfer aufzuweisen. Sie stehen unter der Leitung der **Königlichen Regierung,** der wieder **Kreis-** und **Ortsschulinspektoren** unterstellt sind; die letzteren sind meist Geistliche.

Die **Schulunterhaltungslasten** tragen in erster Linie die Gemeinden. Der Staat hilft nur bei Unvermögen aus, zahlt aber regelmäßige Beiträge zum Gehalt der Lehrer. Die Gemeinden haben durch die **Schuldeputation** (in den Städten) und durch den **Schulvorstand** (auf dem Lande) ein gewisses Aufsichtsrecht. Zu beiden Körperschaften gehören regelmäßig der Ortsschulinspektor und ein Lehrer. Schuldeputation und Schulvorstand haben für eine angemessene Anzahl von Schulen im Orte, für regelmäßigen Schulbesuch, ordnungsmäßige Baulichkeiten u. a. mehr äußerliche Dinge zu sorgen, dagegen haben sie kein Recht, in den Unterrichtsbetrieb einzugreifen.

Von allgemeinen **höheren Schulen** befanden sich (1912) in Schlesien:

I. 41 **Gymnasien:**
Breslau (7), Brieg, Bunzlau, Beuthen, Frankenstein, Glogau (2), Görlitz, Glatz, Gleiwitz, Hirschberg, Jauer, Kattowitz, Königshütte, Kreuzburg, Lauban, Liegnitz (2, eine Königl. Ritterakademie), Leobschütz, Neiße, Neustadt, Oppeln, Oels, Ohlau, Pleß (evangel. Fürstenschule), Patschkau, Ratibor, Sagan, Strehlen, Groß-Strehlitz, Schweidnitz, Waldenburg, Wohlau, Myslowitz, Zaborze.

II. 10 **Realgymnasien:**
Breslau (2), Görlitz, Grünberg, Landeshut, Reichenbach (Wilhelmsschule), Neiße, Tarnowitz, Ratibor, Striegau.

III. 7 **Oberrealschulen:**
Breslau, Beuthen, Gleiwitz, Kattowitz, Freiburg, Hirschberg, Liegnitz.

IV. 3 **Progymnasien:**
Goldberg (Schwabe-Priesemuth-Stiftung), Kosel, Rybnik.

V. 3 **Realprogymnasien:**
Löwenberg, Lüben, Sprottau.

VI. 7 **Realschulen:**
Breslau (3), Glogau, Görlitz, Königshütte, Haynau.

VII. Höhere Lehranstalten für die weibliche Jugend:

1. 52 **Lyzeen:**
Breslau (15), Beuthen (2), Brieg, Bunzlau, Karlowitz, Glatz, Gleiwitz (2), Glogau, Görlitz, Grünberg, Hirschberg, Jauer, Kattowitz, Königshütte, Lauban, Leobschütz, Liebental, Liegnitz (2), Myslowitz, Neiße (2), Neustadt O.-Schl., Oels, Oppeln (2), Ratibor (3), Sagan, Schweidnitz (2), Striegau, Waldenburg, Warmbrunn, Zabrze.

2. 19 **Oberlyzeen:**
Breslau (8), Karlowitz, Frankenstein, Gleiwitz (2), Görlitz, Kattowitz, Liebental, Liegnitz, Oppeln, Ratibor, Schweidnitz.

3. 1 **Studienanstalt:**
Breslau. (Im Entstehen sind: Kattowitz und Liegnitz.)

Zu den **Berufsschulen** gehören:

1. die **Königlichen Präparandenanstalten:** a) evangelische zu Schweidnitz, Striegau, Schmiedeberg, Greiffenberg, Freystadt, Pleß, b) katholische zu Oppeln, Rosenberg, Ziegenhals, Zülz, Striegau, Landeck, Patschkau, Pleß, Myslowitz, Tarnowitz,

2. die **Königlichen Schullehrerseminare:**
a) **evangelische** zu Kreuzburg, Brieg, Münsterberg, Oels, Steinau, Liegnitz, Bunzlau, Sagan, Reichenbach O.-L., Schweidnitz,

b) **katholische** zu Oberglogau, Leobschütz, Zülz, Peiskretscham, Pilchowitz, Proskau, Ratibor, Rosenberg, Ziegenhals, Tarnowitz, Myslowitz,
Habelschwerdt, Frankenstein, Breslau, Liebental,

c) **Lehrerinnenseminare:** Breslau, Beuthen (kath.), Löwenberg (evangel.),

3. die **Landwirtschaftsschulen** in Liegnitz und Brieg und das **Landwirtschaftliche Seminar** in Schweidnitz,

4. die **Königliche Obst- und Gartenbauschule** in Proskau,

5. die **Kunst- und Kunstgewerbeschule** in Breslau,

6. die **Kriegsschulen** in Neiße und Glogau,

7. die **Kadettenanstalt** in Wahlstatt,

8. die **Preußische Fachschule für Textilindustrie** in Langenbielau,

9. die **Königliche Keramische Fachschule** in Bunzlau,

10. die **Handelslehranstalt** in Görlitz,

11. die **Weberei-Lehrwerkstätte** in Dittmannsdorf, Kr. Waldenburg.

Besondere **Schul- und Erziehungsanstalten** sind:

1. die **Taubstummenanstalten** in Breslau, Liegnitz und Ratibor (2),

2. die **Blindenunterrichtsanstalt** in Breslau,

3. die **Idiotenanstalten** zu Liegnitz, Kraschnitz („Samariter-Ordens-
stift"), Leschnitz am Annaberg und Schreiberhau (zugleich Rettungshaus),

4. die **Rettungshäuser** (besonders wichtige in Schreiberhau, Neusalz,
Bunzlau, Wiltschau bei Breslau),

5. die **Waisenhäuser** zu Breslau (10), Beuthen (3), Deutsch-Piekar,
Bunzlau, Neusalz, Gleiwitz (2), Peiskretscham, Glogau, Reichenbach O.-L.,
Goldberg, Grottkau, Guhrau, Herrnstadt, Jauer, Kattowitz, Bogutschütz,
Laurahütte, Kreuzburg, Schadewalde, Leobschütz, Liebental, Lublinitz, Neu-
stadt O.-S., Ratibor, Reichenbach i. Schles., Rybnik, Sagan, Schweidnitz (3),
Steinau, Tarnowitz, Nieder-Hermsdorf (bei Waldenburg), Wüstewaltersdorf.

Die Rechtspflege

wird zunächst durch etwa 130 **Königliche Amtsgerichte** ausgeübt. An jedem
sind ein oder mehrere Richter beschäftigt, von denen einer die Aufsicht führt.
An den Amtsgerichten werden Gesetzesübertretungen und kleinere Ver-
gehen vor dem **Schöffengericht** verhandelt. Den Vorsitz hierbei führt ein
Amtsrichter. Ihm sind zwei **Schöffen** als Beisitzer beigegeben. Sie haben
über Schuldig oder Nichtschuldig zu entscheiden. Bei diesen Verhandlungen
erhebt der **Amtsanwalt** als Vertreter des **Staatsanwalts** die Anklage. Er
schlägt die Höhe der Strafe vor, über die dann der Gerichtshof entscheidet.
Amts- und Staatsanwalt sind in allen Fällen zur Anklage verpflichtet, in
denen die öffentliche Ruhe oder Sicherheit gefährdet oder verletzt erscheint.
Die Verteidigung der Angeklagten führen **Rechtsanwälte**.

Mit Ausnahme von Privatklagesachen können Rechtsstreitigkeiten auch
vor den **Schiedsmann** gebracht werden. Das Amt eines solchen ist ein
Ehrenamt. Er hat zu versuchen, ob sich die streitenden Personen nicht aus-
söhnen oder zu einem Vergleiche bestimmen lassen.

Die 130 Amtsgerichte unterstehen zusammen mit den **14 Landgerichten**
zu Beuthen, Breslau, Brieg, Glatz, Gleiwitz, Glogau, Görlitz, Hirschberg,

Liegnitz, Neiße, Oels, Oppeln, Ratibor und Schweidnitz dem Oberlandes-
gerichte zu Breslau. Dies ist der höchste Gerichtshof Schlesiens und setzt
sich zusammen aus einem Oberlandesgerichtspräsidenten, mehreren Senats-
präsidenten, mehreren Oberlandesgerichtsräten, ferner mehreren Rechtsan-
wälten und Notaren, endlich aus einem Oberstaatsanwalt und mehreren
Staatsanwälten. Auch an der Spitze jedes Landgerichts steht ein Präsident.
    Landes- und Oberlandesgerichte verhandeln und entscheiden immer nur
im Kollegium. Diese Zusammensetzung mehrerer Richter heißt bei diesen
S e n a t, bei jenen K a m m e r. Alle Gerichte unterstehen dem **Justiz-
minister**.
    Die Landgerichte bilden in den sogenannten Zivil- und Strafsachen die
z w e i t e I n s t a n z, denn bei ihren Zivil-, bzw. Strafkammern kann gegen
die Urteile der Amtsgerichte Berufung eingelegt werden. Bei Zivilsachen,
deren Wert mehr als 300 Mark beträgt, sowie bei allen „mittleren" Strafsachen sind sie erste Instanz.
    Das Oberlandesgericht ist zweite Instanz für alle Sachen des Land-
gerichts und dritte oder Revisionsinstanz für die Strafsachen der Amtsgerichte.
    Laien nehmen außer bei den Schöffengerichten an der Rechtsprechung
noch teil bei den **Schwurgerichten**. Sie treten am Landgericht zusammen und
bestehen aus einem Gerichtshof und zwölf Geschworenen, die Laien sind.
Diese haben zu entscheiden, ob der Angeklagte schuldig ist oder nicht. An
diesen Wahrspruch (Verdikt) der Geschworenen ist der Gerichtshof gebunden
und hat nur die Strafe zu bestimmen. Vor das Schwurgericht kommen nur
die schwersten Verbrechen.

Das Militär

Schlesiens gehört dem 5. und 6. Armeekorps an, und zwar bilden die
Soldaten Mittel- und Oberschlesiens das 6. und die von Niederschlesien zusammen mit denen von Posen das 5. Armeekorps.
    Der **kommandierende General** des 6. Armeekorps wohnt in Breslau,
der des 5. in Posen.
    Glogau, Neiße und Glatz sind **Fortifikationen**. Sie dienen sämtlich
nur noch als Waffenplätze, Glogau und Glatz auch als Festungsgefängnisse.
    Jeder Schlesier ist wie jeder andere Deutsche wehrpflichtig. Und zwar
reicht die **Wehrpflicht** vom vollendeten 17. bis zum vollendeten 45. Lebens-
jahre. Nur körperliche Untüchtigkeit befreit vom Militärdienst. Bei
Musterungen und beim **Ober-Ersatzgeschäft** wird über die Tüchtigkeit zum
Militärdienst durch Offiziere und Ärzte entschieden. Mehrere Kreise zusammen bilden einen **Landwehrbezirk**. Ihn beaufsichtigt das **Bezirkskom-
mando**. Es besteht aus mehreren Offizieren, Feldwebeln, Unteroffizieren
und Mannschaften, die hauptsächlich die Listen über die ausgedienten Mannschaften führen, damit z. B. im Falle eines Krieges die Soldaten aufs
schnellste zusammengerufen werden können. Das geschieht durch den „Zu-
stellungsbefehl der allerhöchsten Mobilmachungsorder". Einer der Bezirks-
offiziere hält mehrmals im Jahre mit den jüngeren ausgedienten Soldaten
Kontrollversammlungen ab.

Die Königlichen Bergbehörden

bestehen aus einem Berghauptmann, mehreren Ober- und mehreren Bergräten sowie mehreren Oberbergamts-Markscheidern. Sie haben das gesamte Bergwerks- und Hüttenwesen der Provinz zu beaufsichtigen. Ihnen sind unterstellt die drei **Königlichen Berginspektionen** zu Königshütte, Tarnowitz und Zabrze, die drei **Hüttenämter** zu Friedrichshütte, Gleiwitz und Malapane, sowie die beiden **Bergschulen** zu Tarnowitz und Waldenburg.

Kaiserliche Behörden

unserer Provinz sind:

1. Die Kaiserliche Bankverwaltung.

Ihr gehören in Schlesien an: die **Reichsbankhauptstelle** zu Breslau, die 8 **Reichsbankstellen** zu Oppeln, Kattowitz, Gleiwitz, Glatz, Schweidnitz, Glogau, Görlitz und Liegnitz und die 27 **Reichsbanknebenstellen** in Kreuzburg, Neiße, Ratibor (zu Oppeln) — Königshütte (zu Kattowitz) — Beuthen, Tarnowitz, Zabrze (zu Gleiwitz) — Habelschwerdt, Neurode (zu Glatz) — Frankenstein, Freiburg, Langenbielau, Reichenbach, Striegau, Waldenburg (zu Schweidnitz) — Grünberg, Neusalz, Sagan (zu Glogau) — Bunzlau, Lauban, Muskau, Weißwasser (zu Görlitz) — Hahnau, Hirschberg, Jauer, Landeshut (zu Liegnitz) — Brieg (zu Breslau).

2. Die Kaiserliche Post- und Telegraphenverwaltung

wird geleitet von den drei **Kaiserlichen Oberpostdirektionen** zu Breslau, Liegnitz und Oppeln. Zu jeder gehören ein Oberpostdirektor, mehrere Posträte, Oberinspektoren und Inspektoren.

Es umfaßten 1912

die Oberpostdirektion	Breslau	Liegnitz	Oppeln
P o s t ä m t e r I. K l a s s e . .	33	18	21
„ II. „ . .	28	14	18
„ III. „ . .	91	83	96
P o s t a g e n t u r e n	325	317	344
P o s t s c h e c k ä m t e r	1	—	—
B a h n p o s t ä m t e r	2	—	—
T e l e g r a p h e n ä m t e r . .	1	2	3
F e r n s p r e c h ä m t e r	1	—	—
Verkehrsanstalten	482	434	482

1910 umfaßten die

	Breslau	Liegnitz	Oppeln
Telegraphen- und Fernsprech- verbindungsleitungen . . .	31 845 km	32 481 km	29 007 km
Ortssprechleitungen	93 292 „	36 129 „	38 608 „

Scheck-, Bahnpost-, Telegraphen- und Fernsprechämter stehen im Range von Postämtern I. Klasse. Postagenturen werden an weniger verkehrsreichen Orten eingerichtet und durch einen Postagenten versehen, der aus den besseren Ortseinwohnern gewählt wird. Das Postamt I leitet ein Postdirektor, das Postamt II ein Postmeister und das Postamt III ein Postverwalter.

Zur Erhaltung all dieser Behörden bedürfen der Staat und die kommunalen Behörden der

Steuern.

Man teilt sie in direkte und indirekte. **Direkte Steuern** sind solche, die unmittelbar von den steuerpflichtigen Personen nach Maßgabe ihrer Leistungsfähigkeit erhoben werden. Sie sind Staats-, Einkommen-, Ergänzungs- (Vermögens-) und Betriebssteuern, ferner sogenannte Zuschläge zu diesen, Schul- und Kirchensteuern sowie die Zuschläge zu den Grund-, Gebäude- und Gewerbesteuern. Die letztgenannten drei Steuerarten werden nur veranlagt, aber nicht erhoben, sie sind zugunsten der Gemeinden „außer Hebung gesetzt". Die **Veranlagung** zu den Staatssteuern geschieht durch die **Königliche Steuer-Veranlagungs-Kommission**, und zwar auf Grund einer Selbsteinschätzung. An ihrer Spitze steht der Landrat. Nach den Staatssteuern richten sich alle andern Abgaben. Steuerfrei sind alle Einkommen unter 900 Mark. Von diesem Einkommen aufwärts steigern sich die Steuern **progressiv** mit dem Einkommen. Die althergebrachten Steuerprivilegien sind meist beseitigt. Die **Grund-** und **Gebäudesteuern** werden von den **Königlichen Katasterämtern** veranlagt, die auch die Flurkarten zu führen und amtliche Feldmessungen vorzunehmen haben. Alle direkten Steuern werden von den Ortsbehörden eingezogen und den **Königlichen Kreis-Steuerkassen** abgeliefert, nachdem die Gemeindesteuern für den Ortshaushalt abgezogen worden sind. Die Kreiskassen liefern das, was von den Staatssteuern nach Bestreitung der Staatshaushaltsausgaben im Kreise etwa übrigbleibt, an die **Regierungshauptkasse** ihres Bezirkes ab. — Die **indirekten Steuern** sind Abgaben, welche bei der Herstellung oder dem Verbrauche gewisser Gegenstände erhoben werden. Diese Steuer hat der Käufer, bzw. der Konsument einer Ware als Aufschlag auf den Preis der Ware zu entrichten. Solche Steuern sind die Salz-, Zucker-, Tabak-, Brennerei- und Brausteuer. Auch Zölle und Stempelgebühren zählen hierher.

K. Verzeichnis der Kreise.

Nr.	Kreis	Größe qkm	Einwohnerzahl 1910	Auf 1 qkm	Nr.	Kreis	Größe qkm	Einwohnerzahl 1910	Auf 1 qkm
	A. Regierungsbezirk Breslau.				12	Lauban....	518,83	72423	140
1	Breslau				13	Görlitz (Stadt)	18,44	85806	—
	(Stadt)	42,29	512105	—	14	„ (Land)	863,32	61501	71
2	Breslau				15	Rotenburg..	1125,07	71564	64
	(Land)	739,72	95237	127	16	Hoyerswerda.	868,98	43067	50
3	Ohlau....	617,46	54963	89	17	Sagan....	1111,87	59605	54
4	Brieg (Stadt)	10,59	29035	—	18	Sprottau...	730,15	39882	55
5	„ (Land)	597,29	39104	65	19	Bunzlau...	1044,30	64813	62
6	Strehlen...	344,91	35978	104	20	Goldberg-			
7	Münsterberg.	343,54	32036	93		Haynau..	609,39	51843	85
8	Glatz.....	527,26	64852	123	21	Schönau...	348,91	26020	75
9	Habelschwerdt	791,52	56939	72		**C. Regierungsbezirk Oppeln.**			
10	Neurode...	317,04	52872	167	1	Oppeln(Stadt)	16,33	33907	—
11	Waldenburg.	377,70	168714	449	2	„ (Land)	1408,91	117906	83
12	Schweidnitz				3	Kosel.....	675,51	75673	114
	(Stadt)	14,88	31329	—	4	Ratibor			
13	Schweidnitz					(Stadt)	21,93	38424	—
	(Land)	576,17	71866	122	5	Ratibor			
14	Striegau...	299,69	45936	153		(Land)	836,55	118923	138
15	Neumarkt...	712,11	57155	80	6	Kreuzburg..	553,11	51906	93
16	Reichenbach..	362,07	69779	193	7	Rosenberg.	898,80	52341	55
17	Nimptsch...	376,17	29127	77	8	Lublinitz...	1010,82	50388	50
18	Frankenstein.	482,77	45319	94	9	Tarnowitz...	327,59	77588	236
19	Wohlau....	803,43	43985	55	10	Beuthen			
20	Steinau....	422,32	23893	57		(Stadt)	22,50	67718	—
21	Guhrau....	679,40	33775	49	11	Beuthen			
22	Militsch	932,77	47679	51		(Land)	98,92	195844	1875
23	Groß-Warten-				12	Zabrze....	119,64	159810	1316
	berg....	813,88	48414	59	13	Königshütte			
24	Namslau...	584,18	33452	57		(Stadt)	6,17	72641	—
25	Oels.....	899,96	65408	73	14	Kattowitz			
26	Trebnitz....	820,12	52453	64		(Stadt)	4,65	43173	—
	B. Regierungsbezirk Liegnitz.				15	Kattowitz			
1	Grünberg...	857,96	58118	60		(Land)	181,67	216807	1165
2	Freystadt...	875,63	55707	64	16	Pleß.....	1065,00	122897	116
3	Glogau....	936,04	75811	81	17	Rybnik....	853,01	131630	157
4	Lüben.....	630,58	33067	52	18	Gleiwitz....			
5	Liegnitz(Stadt)	18,10	66620	—		(Stadt)	27,92	66981	—
6	„ (Land)	619,32	41730	67	19	Tost-Gleiwitz.	879,95	80515	93
7	Jauer.....	328,82	36143	110	20	Gr.-Strehlitz.	895,16	73383	82
8	Bolkenhain..	359,18	29991	84	21	Leobschütz..	690,77	82635	133
9	Landeshut..	397,30	52555	132	22	Neustadt...	798,94	97537	123
10	Hirschberg..	598,55	87952	147	23	Neiße (Stadt)	8,50	25938	—
11	Löwenberg..	751,32	62365	85	24	„ (Land).	703,47	75285	167
					25	Falkenberg..	604,37	37526	63
					26	Grottkau...	519,75	40610	78

L. Verzeichnis

der schlesischen Städte, Landgemeinden und Gutsbezirke von 2000 und mehr Einwohnern nach der Zählung vom 1. Dezember 1910.

(Die Städte sind durch ein * bezeichnet.)

Stadt, Landgemeinde oder Gutsbezirk	Reg.-Bezirk	Einwohnerzahl (abgerundet)	Stadt, Landgemeinde oder Gutsbezirk	Reg.-Bezirk	Einwohnerzahl (abgerundet)
*Alt-Berun	Oppeln	2200	Chrosczütz	Oppeln	2700
Alt-Läsfig	Breslau	2000	Chwallowitz	„	2300
Alt-Poppelau	Oppeln	2300	Colonnowska	„	2100
Alt-Schalkowitz	„	2700	Dammratsch	„	2300
Alt-Tschau	Liegnitz	2200	Deutsch-Krawarn	„	3500
Altwasser	Breslau	17300	Deutsch-Lissa	Breslau	4500
Antonienhütte,			Deutsch-Piekar	Oppeln	9300
Gutsbezirk	Oppeln	9300	Deutsch-		
Bad Flinsberg	Liegnitz	2100	Rasselwitz	„	2900
*Bauerwitz	Oppeln	2700	Dittersbach	Breslau	12600
Bernsdorf	Liegnitz	3300	Domb	Oppeln	13700
*Bernstadt	Breslau	4600	Eichenau	„	8400
*Beuthen	Liegnitz	3100	Ellgoth	„	4100
*Beuthen	Oppeln	67700	Ellguth	„	4600
Bielschowitz	Oppeln	12600	Emanuelsegen,		
Birkenhain	„	4800	Gutsbezirk	„	3000
Birkental	„	4800	*Falkenberg	„	2100
Birtultau	„	2500	Fellhammer	Breslau	6100
Biskupitz	„	14000	*Festenberg	„	3400
Bismarckhütte	„	22700	*Frankenstein	„	8700
Bittkow, Gem.	„	4000	*Freiburg	„	9800
Bittkow mit			Freiwaldau	Liegnitz	2900
Hohenlohehütte,			*Freystadt	„	4800
Gutsbezirk	„	2300	*Friedeberg	„	2600
Bobrek	„	8200	*Friedland	Breslau	5100
Bogutschütz	„	22900	Friedrichsdorf	Oppeln	2400
Bolatitz	„	2200	Geibsdorf	Liegnitz	2400
*Bolkenhain	Liegnitz	3800	*Georgenberg	Oppeln	2200
Branitz	Oppeln	3500	Gieschewald,		
*Breslau	Breslau	511900	Gutsbezirk	„	4400
*Brieg	„	29000	*Glatz	Breslau	17100
Brockau	„	6900	*Gleiwitz	Oppeln	67000
Brynow	Oppeln	2900	*Glogau	Liegnitz	25100
Brzenskowitz	„	2500	*Görlitz	„	85800
Brzezowitz	„	2200	Gogolin	Oppeln	3100
*Bunzlau	Liegnitz	16100	*Goldberg	Liegnitz	7000
Carlsruhe	Oppeln	2100	Goslawitz	Oppeln	2500
Chorzow	„	10900	*Gottesberg	Breslau	10600

Stadt, Landgemeinde oder Gutsbezirk	Reg.=Bezirk	Einwohner=zahl (abgerundet)	Stadt, Landgemeinde oder Gutsbezirk	Reg.=Bezirk	Einwohner=zahl (abgerundet)
Gräbschen	Breslau	2500	Königszelt	Breslau	3300
*Greiffenberg	Liegnitz	3500	*Konstadt	Oppeln	3600
Groschowitz	Oppeln	2900	*Kosel	"	7800
Groß=Chelm	"	2300	*Kotzenau	Liegnitz	4200
Groß=Döbern	"	2500	Kranowitz	Oppeln	3000
Groß=Dombrowka	"	3600	*Krappitz	"	3700
Groß=Eulau	Liegnitz	2100	*Kreuzburg	"	11600
Groß=Mochbern	Breslau	2300	Kunnersdorf	Liegnitz	5400
Groß=Peterwitz	Oppeln	2800	Kunzendorf	Breslau	4000
*Groß=Strehlitz	"	5800	Kunzendorf	Oppeln	4400
*Groß=Wartenberg	Breslau	2300	Laband	"	4800
*Grottkau	Oppeln	4700	*Landeck	Breslau	3300
*Grünberg	Liegnitz	23200	*Landeshut	Liegnitz	13600
*Guhrau	Breslau	4900	Langenau	Oppeln	2600
*Guttentag	Oppeln	3000	Langenbielau	Breslau	18500
*Habelschwerdt	Breslau	6200	*Lauban	Liegnitz	15500
Hämmer (Ratiborhammer)	Oppeln	2200	Laurahütte	Oppeln	16100
Hausdorf	Breslau	4300	Lendzin	"	2100
*Haynau	Liegnitz	10500	*Leobschütz	"	13100
Herischdorf	"	3800	*Liebau	Liegnitz	4700
Hermsdorf	"	2600	*Liegnitz		66600
*Hirschberg	"	20600	Lipine	Oppeln	18200
Hohenbirken	Oppeln	2400	*Löwen	Breslau	3500
Hohenlinde	"	10300	*Löwenberg	Liegnitz	6300
*Hoyerswerda	Liegnitz	6000	*Loslau	Oppeln	3500
*Hultschin	Oppeln	3000	*Lublinitz	"	4200
*Hundsfeld	Breslau	2200	Ludgerstal	"	3100
Imielin	Oppeln	3300	Ludwigsdorf	Breslau	3700
Janow	"	5300	*Lüben	Liegnitz	7800
*Jauer	Liegnitz	13600	Lugnian	Oppeln	2400
Kandrzin=Pogorzelletz	Oppeln	3600	Makoschau	"	2300
*Kanth	Breslau	3000	Mallwitz	Liegnitz	3100
Karf	Oppeln	6100	Maltsch	Breslau	2600
*Katscher	"	3700	*Marklissa	Liegnitz	2300
*Kattowitz	"	43200	Michalkowitz	Oppeln	3900
Kauffung	Liegnitz	3000	Miechowitz, Gemeinde	"	9200
Klettendorf	Breslau	2400	Miechowitz, Gutsbezirk	"	8000
Klodnitz	Oppeln	3700	Mikultschütz	"	13800
Knurow	"	2600	*Militsch	Breslau	3800
Kochlowitz	"	7200	Mittel-Langenöls	Liegnitz	3600
*Königshütte	"	72600	*Mittelwalde	Breslau	2800
			Moys	Liegnitz	2400

Stadt, Landgemeinde oder Gutsbezirk	Reg.-Bezirk	Einwohnerzahl (abgerundet)	Stadt, Landgemeinde oder Gutsbezirk	Reg.-Bezirk	Einwohnerzahl (abgerundet)
*Münsterberg	Breslau	8600	*Ottmachau	Oppeln	3700
*Muskau	Liegnitz	4500	*Parchwitz	Liegnitz	2100
*Myslowitz	Oppeln	17800	*Patschkau	Oppeln	6200
*Ramslau	Breslau	6100	Paulsdorf	"	5600
*Neiße	Oppeln	25900	*Peiskretscham	"	5300
Neudorf (Kreis Kattowitz)	"	8100	Peisterwitz	Breslau	2600
Neudorf (Kreis Oppeln)	"	5600	Penzig	Liegnitz	7000
Neu-Heiduk	"	6200	Petersdorf	"	3500
*Neumarkt	Breslau	5000	Petershofen	Oppeln	2400
*Neurode	"	7700	Peterswaldau	Breslau	6700
*Neusalz	Liegnitz	13500	Petrowitz	Oppeln	3500
Neu-Salzbrunn	Breslau	2900	*Pitschen	"	2500
*Neustadt	Oppeln	18900	*Pleß	"	5300
Nieder-Herms-dorf	Breslau	11400	Podlesie	"	2000
Nieder-Rybultau	Oppeln	4500	Polsnitz	Breslau	4400
Nieder-Salz-brunn	Breslau	2300	Preiswitz	Oppeln	2100
Nieder-Wüste-giersdorf	"	3500	*Primkenau	Liegnitz	2800
Niedobschütz	Oppeln	3100	Proskau	Oppeln	2300
Nieskty	Liegnitz	2400	Pschow	"	2100
*Nikolai	Oppeln	8400	Radlin	"	5100
*Nimptsch	Breslau	2200	Radzionkau	"	10300
*Ober-Glogau	Oppeln	7000	*Ratibor	"	38400
Ober-Hermsdorf	Breslau	2200	Rauscha	Liegnitz	3200
Ober-Lazisk	Oppeln	2300	Rauschwalde	"	2100
Obernigk	Breslau	2400	*Reichenbach	Breslau	16400
Ober-Peilau I	"	2700	*Reichenbach	Liegnitz	2200
Ober-Rybultau	Oppeln	2200	*Reichenstein	Breslau	2100
Ober-Salzbrunn	Breslau	7400	*Reinerz	"	3300
Ober-Walden-burg	"	4800	Rengersdorf	"	2100
*Oels	"	11700	Reußendorf	"	3800
*Ohlau	"	9000	Richtersdorf	Oppeln	3400
*Oppeln	Oppeln	33900	Rokittnitz	"	2600
Orzegow, Gem.	"	7700	Rosdzin	"	12400
Orzegow, Guts-bezirk	"	6500	*Rosenberg	"	5700
Orzesche	"	3100	Rosental	Breslau	2000
Ostrog	"	4800	Roßberg	Oppeln	20000
Ostroppa	"	3000	Rothenbach	Liegnitz	4900
			Rothwasser	"	2500
			Ruda, Gemeinde	Oppeln	14100
			Ruda, Guts-bezirk	"	4700
			*Rückers	Breslau	2100
			*Ruhland	Liegnitz	2600
			*Rybnik	Oppeln	11700

Stadt, Landgemeinde oder Gutsbezirk	Reg.=Bezirk	Einwohner= zahl (abgerundet)	Stadt, Landgemeinde oder Gutsbezirk	Reg.=Bezirk	Einwohner= zahl (abgerundet)
Saarau	Breslau	3100	Tillendorf	Liegnitz	2100
*Sagan	Liegnitz	15100	*Tost	Oppeln	2400
Scharley	Oppeln	11000	*Trachenberg	Breslau	3400
Schlegel	Breslau	3700	*Trebnitz	„	7700
Schlesiengrube,			Tscherbeney	„	2100
Gemeinde	Oppeln	7000	Tworkau	Oppeln	2100
Schlesiengrube,			*Ujest	„	2100
Gutsbezirk	„	3300	Ullersdorf	Breslau	2600
*Schmiedeberg	Liegnitz	5900	Volpersdorf	„	2300
Schönwald	Oppeln	4000	Waldau	Liegnitz	2500
Schomberg	„	4800	*Waldenburg	Breslau	19700
Schoppinitz	„	9700	*Wansen	„	2400
Schosdorf	Liegnitz	2200	Warmbrunn	Liegnitz	4400
Schreiberhau	„	5700	Weigelsdorf	Breslau	2600
*Schweidnitz	Breslau	31300	Weißstein	„	11100
Schwientochlowitz,			Weißwasser	Liegnitz	11800
Gemeinde	Oppeln	16200	Wieschowa	Oppeln	2500
Schwientochlowitz,			Wiese	„	2300
Gutsbezirk	„	7500	*Wittichenau	Liegnitz	2300
*Seidenberg	Liegnitz	2800	*Wohlau	Breslau	5800
Seitendorf	Breslau	2300	*Wünschelburg	„	2700
Siegersdorf	Liegnitz	2800	Wüstewalters-		
Siemianowitz	Oppeln	18300	dorf	„	2200
*Sohrau	„	4900	Zaborze	Oppeln	27100
Soßnitza	„	4300	Zabrze	„	63300
*Sprottau	Liegnitz	7700	Zalenze	„	15100
*Steinau	Breslau	5200	Zawadzki	„	3000
*Strehlen	„	9500	*Ziegenhals	„	9000
*Striegau	„	14600	Zirlau	Breslau	2100
*Tarnowitz	Oppeln	13600	*Zobten am Berge	„	2300
Tichau	„	6000	*Zülz	Oppeln	2800

M. Namen= und Sachregister.
(Die fetten Zahlen bezeichnen die Hauptstellen.)

Abersbach 10. **44.** **52.**
Adler, Stiller 22. 38.
— Wilder 38.
Adlergebirge 10. **31.** 38.
Agnetendorf 72. 76.
Albendorf **36.** 41. 57.
Altenberg 84.
Alt=Heide 37. 40.
Altvater 16. 18. 19.
Altvatergebirge 9. 17.
Altwarthau 94.
Altwasser 48. 52.
Anhalt 121. 138.
Annaberg 10. 134. **136.** 138.
Annakapelle 72.
Arnsdorf 76. 78.
Ascherkoppe 29.
Aufhalt 163.
Aupa 60. 78.
Auras 151. 172.
Bartsch 13. 139. 142. 160 f. 173.
Bartschbruch 160.
Bauden 68 ff.
Bauerwitz **96.** 117. 147.
Baumgarten 101. 117.
Beczwa 14.
Bergbehörden 213.
Bergland der rechten Oberseite 119 ff.
Bernstenstein 84. 95.
Bernstadt 152. 172.
Berun 8. **119.** 138.
Beuthen a. O. 162. 173.
Beuthen (Oberschlesien) 125. 127. **129.** 133. 138. 189.
Beuthener Wasser 122. 138.
Bevölkerung 189 ff.
Bewässerung 13 ff.
Bezirksausschuß 205.
Bezirksregierungen 205.
Biberstein 79. 83.
Biele 22.
— Freiwaldauer 19. 117.
— Landecker 23. 38.
Bieletal 23.
Bielegebirge 22.
Bielekamm 18 f.
Birawka 119. 146.
Bischofskoppe **16.** 19. 147.
Blacknitz 75.
Blaugrund 60.
Bleiberge 40. **55.** 84 f. 88. 95.
Bober 40 f. 57. 75. 95. 164. 166. 173.
Bobertal 50. **53.** 78.
Bobertalsperre 92. 95.
Bober=Katzbach=Gebirge 9. 84 ff. 104.
Bodisch 36.
Böhmische Kämme **31.** **54.** **57.** 78.
Böhmisch=Glatzer Grenzgebirge 20. **30 ff.** 38.
Bolkenhain 85. 89. 95.

Bolkenhainer Becken 89.
Volksburg 89.
Vorsigwerk=Biskupitz 131. 132. 138.
Brand 30.
Braunau 10. 52.
Braunauer Ländchen 8. 36.
Braunkesselthal 60.
Breiter Berg 104. 118.
Bremberg 106.
Breslau 154. 155. 156 ff. 172. 175.
Brieg 147. **149.** 172.
Brinnitza 7. **122.** 133. 138.
Brückenberg 72.
Brünnelheide 18.
Brunnenberg 54. **57.** 78.
Buchberg, Keulichter 80 f. 83.
Buchholz 94.
Buchwald 55.
Bukowine 36.
Bunzelwitz 154. 173.
Bunzlau 85. 87. 94. **169.** 174.
Bunzlauer Heide 164.
Buschweibellöcher 54.
Camenz 97. **99.** 117.
Canth 153.
Carlsruhe 151. 172. 196.
Charlottenbrunn 49. 52.
Chelm 11. 13. **136.** 138. 146.
Chemische Industrie 199 f.
Colonnowska 136. 138.
Cunnersdorf 76. 78.
Czuchow 125.
Dalkauer Höhen 12 f. 139. 142. 145.
Deichsel, Schnelle 91. 95.
Deschnaer Koppe 31. 38.
Deutsch=Pielar 122 f.
Dirschel 97.
Dittersbach 48. 52.
Dörnikau 34.
Dohnau 107.
Donau 13.
Drama 134. 138.
Drehnow 8.
Dreikaiserreichsecke 122. **124.** 138.
Drifttheorie 11.
Dürre Koppe 21.
Dyhernfurth 151. 172.
Ebersdorf 26. 41.
Eglitz **55.** 78.
Eichberg 76. 78.
Eichholz 107.
Eisenbahnverkehr 197.
Eisenkoppe 84. 90. 95.
Eisersdorf 24. 37.
Eiszeit 11. 60. 75.
Elbe 13. 54. 66. 78.
Elbfall 66. 78.
Elbgrund 57. 66.
Elbseifen 66. 78.

Elbwiese 57. 66.
Elster, Schwarze 169.
Erdmannsdorf 75 f. 78.
Erlitz 32.
Erlitztal 30. 32.
Ernsdorf 103.
Erratische Blöcke 11.
Erzgewinnung 136.
Eulau 166. 174.
Eule, Hohe 29. 38.
Eulengebirge 9. 11. 20. **28 ff.** 38. 49. 101.
Falkenberg, Stadt 96. 117.
Falkenberge 55. 78.
Falkenberger Steinau 96. 117.
Faulbrück 103. 118.
Faule Obra 143.
Feldfrüchte 181.
Festenberg 139.
Fichtlich 16. 23.
Findlinge 11.
Fischbach 55 f. 78.
Flinsberg 80 f. 83.
Flohrsdorf 111.
Föhn 176.
Follmersdorf 26.
Forstberge **44.**
Forstkamm 57.
Forstlangwasser 57.
Frankenstein 10. **100.** 117.
Frankenstein=Nimptscher Berg-land 100 ff. 117.
Fraustadt 142.
Freiburg 40 f. 48. **50.** 52.
Freiheit 53.
Freiwaldau 16. 19. **171.** **174.**
Freiwaldauer Biele 19. 117.
Freyhan 8. 142.
Freystadt 163. 173.
Freystädter Hügel 104.
Friedeberg 83.
Friedersdorf a. Qu. 82 f.
Friedland 8. 44. 48. 52. 81. 96.
Friedländer Paß 44.
Friedrichshütte 111.
Friesensteine 54. 78.
Fruchtebene 153. 173.
Fürstensteiner Grund 49. 52.
Gansberg 104.
Geiersberg 101. 109. 117.
Georgenberg 104. 118.
Geschiebe 11.
Gesenke 14 ff. 96.
Getreidearten 181.
Giehren 81.
Giersdorf 72. 76.
Gieschewald 128 f.
Glaserberg 18.
Glatz 8 ff. 32. 38 ff.
Glatzer Gebirge 13. **20 ff.** 38.
— Kessel 37.
— Neiße 8. 16. 21. 38. **96.** 116 f.
— Steine 20. 38. **44.** 52.